GERALDO CHACON
NEUSA DE ONOFRE
PEDRO ALCÂNTARA

LITERATURA PORTUGUESA E BRASILEIRA

VOLUME 1

EDITORA FLÂMULA

Direitos desta edição reservados à
Editora Flâmula Ltda
Rua Antônio Pestana, 375
06756-010 - Taboão da Serra - SP
Tele/fax:(011) 7967-1192

Capa: Foto da capa: USP - Relógio e antiga reitoria.
Arte final: Virtual, Chacon, Jonny
Fotolito: Augusto Associados

Prep. de Orig.: Geraldo Chacon

Diagramação: Cláudia Inui

Fotolitos do miolo: Editora Flâmula Ltda.

Revisão: Mônica Hagström

ISBN - 85-86124-028

PEDIDOS:

Livrarias:

Catavento - Tel.: (011)289-0811 - Fax.: (011)251-3756 - SP/SP
Letras - Tel.: (0152) 21-4754 - Sorocaba/SP

Consumidores:

Editora Flâmula - Tel/Fax.: (011) 7967-1192
Publigraph - Tel.: (011) 278-5197 - (011) 270-7028- SP/SP

EDITORA FLÂMULA LTDA
SÃO PAULO / 1996

APRESENTAÇÃO

Esta obra tem como principal finalidade apresentar de modo organizado informações que auxiliem os estudantes na resolução das questões de literatura dos exames vestibulares. O primeiro volume da série visa notadamente à prova da FUVEST após sua edição, mas pretende também ser um complemento para as três séries do segundo grau, já que em três anos de curso, fica muito difícil ler um grande conjunto de obras. Então, os professores poderão exigir a leitura de uma determinada obra de certo período, por exemplo, *Senhora*, de José de Alencar e pedir que estudem neste livro a obra *Memórias de um sargento de milícias*, de Manuel Antônio de Almeida, propondo um estudo comparativo que pode ser feito em grupo ou individualmente, com avaliação através de seminários, debates ou prova escrita.

Em nenhum momento, pensamos que este nosso humilde trabalho possa ou venha substituir as obras originais. Pelo contrário, insistimos que essa leitura é imprescindível pelo próprio prazer que se desfruta ao contato com uma obra de arte e porque estará melhor preparado o jovem que o fizer. Claro que terá ainda melhores condições aquele que, além de ler as obras, estudar por este livro e ainda, quando possível, assistir aos espetáculos teatrais e filmes feitos a partir das obras aqui analisadas. Claro que as digressões e os discursos metalingüísticos de *Dom Casmurro* e de *São Bernardo* dificilmente teriam condições de aparecer numa adaptação teatral ou cinematográfica em todo seu esplendor. O que importa na adaptação é a fidelidade ao conteúdo, ao enredo e às características das personagens. Censurável, no ano passado, foi a adaptação feita pela Globo a partir de *Memórias de um sargento de milícias*, em que a Vidinha aparecia como cigana e cartomante, completamente diferente do original, em que a personagem é mulata, canta modinha e toca viola. A mesma empresa, no entanto, já fez uma adaptação séria e bonita do romance *São Bernardo.* Louvável também a encenação de *O noviço*, pelo grupo TAPA, que mantém agora a encenação de *Morte e vida severina*, que ninguém pode perder, tanto por estar entre as obras sugeridas pelos examinadores, quanto pela qualidade de trabalho desse grupo que vem prestando excelente contribuição à nossa cultura. É sempre bom, solicitar apoio dos professores em qualquer caso de adaptação, para evitar assimilação de qualquer alteração incorreta ou inconveniente.

Ô ninho de passarim,
ovinho de passarinhar:
se eu não gostar de mim,
quem é mais que vai gostar?

(Guimarães Rosa)

SUMÁRIO

1. AUTO DA BARCA DO INFERNO
de Gil Vicente, por Geraldo Chacon 09

2. LIRA DOS VINTE ANOS
de Álvares de Azevedo, por Geraldo Chacon 19

3. MEMÓRIAS DE UM SARGENTO DE MILÍCIAS
de Manuel Antônio de Almeida, por Neusa de Onofre 33

4. A CIDADE E AS SERRAS
de Eça de Queirós, por Geraldo Chacon 49

5. DOM CASMURRO
de Machado de Assis, por Geraldo Chacon 73

6. CONTOS NOVOS
de Mário de Andrade, por Geraldo Chacon 109

7. SÃO BERNARDO
de Graciliano Ramos, por Geraldo Chacon 123

8. CAMPO GERAL
de Guimarães Rosa, por Pedro Alcântara 155

9. MORTE E VIDA SEVERINA
de João Cabral de Melo Neto, por Geraldo Chacon 173

10.MEMORIAL DO CONVENTO
de José Saramago, por Geraldo Chacon 181

11.EXERCÍCIOS E RESPOSTAS 203

Auto da Barca do Inferno

de Gil Vicente
por Geraldo Chacon

I - BIOGRAFIA

Não se sabe com precisão nem quando nem onde nasceu o grande dramaturgo, mas é provável que tenha sido por volta de 1465. Também desconhecemos sua formação escolar, mas deve ter freqüentado alguma escola do tempo ou, pelo menos, deve ter sido orientado por algum religioso culto na sua adolescência. Houve quem afirmasse que ele foi ourives da corte da Rainha Velha D. Leonor, mas há historiadores conceituados que colocam em dúvida tal afirmação.

A primeira notícia certa de sua existência data de 1502, quando encena o Monólogo do Vaqueiro, fundindo daí para frente a sua vida com o teatro lusitano, até 1536, quando encena sua última peça, *Floresta de Enganos*.

Em 1513, Gil Vicente é nomeado Mestre da Balança e, em 1516, tem seus versos publicados no *Cancioneiro Geral*, de Garcia de Resende. Em 1517, deixa o cargo de Mestre da Balança. Em 1519, nasce sua filha Paula, e no ano seguinte, seu filho Luís. Sabemos também que em 1531/2, demonstrando grande ousadia e prova de prestígio, Gil Vicente profere um sermão no claustro de São Francisco de Santarém, criticando os religiosos por explicarem o terremoto que abalou o país naquele ano como um castigo contra a falta de fé dos cristãos-novos (judeus convertidos). Ao relatar esse episódio, em uma carta ao rei D. João III, monarca cujo nascimento foi comemorado em 1502 com a primeira de suas peças, o dramaturgo faz referência à sua idade avançada. Deveria estar provavelmente com uns 65 anos.

Em 1536, após escrever e encenar *Floresta de Enganos*, retira-se para o interior e de novo perdemos contato com o homem, tendo dele apenas notícias pouco seguras ou garantidas, como a da sua morte, provavelmente em 1537 ou 1540. Gil Vicente deixou-nos quarenta e seis peças, das quais uma em castelhano e 16 bilíngües.

II - BIBLIOGRAFIA

AUTOS: *Auto pastoril castelhano* (1502), *Auto dos Reis Magos* (1503), *Auto da Sibila Cassandra* (1509), *Auto da Fé* (1510), *Auto das barcas* (Trilogia das barcas: Inferno, Glória e Purgatório.) (1517-1519), *Auto pastoril português* (1523), *Auto da Cananea* (1534), *Auto de Mofina Mendes* (1534).

TEATRO ROMANESCO: *Comédia de Rubena* (1521), *D. Duardos* (1522), *Comédia do viúvo* (1524), *Amadiz de Gaula* (1533).

FANTASIAS ALEGÓRICAS: *Frágua do Amor* (1524), *Nau de Amores* (1527), *Auto da Lusitânia* (1532).

FARSAS: *Juiz da Beira* (1525), *Farsa dos almocreves* (1527), *O Clérigo da Beira* (1529), *Romagem de Agravados, Auto da Índia* (1509), *O velho da horta* (1512), *Farsa dos físicos* (1512 ou 1516), *Quem tem farelos*? (1515), *Farsa de Inês Pereira* (1523).

III - INTRODUÇÃO

O *Auto da Barca do Inferno* data de 1517 e foi representado na câmara da rainha D. Maria, tendo motivado Gil Vicente a desenvolver uma continuação que acabou gerando a *Trilogia das Barcas*. Esta é uma das únicas peças em que falta aquela característica sempre presente e relevada pela crítica como uma das grandes qualidades de Gil Vicente: o lirismo. Prevalece em seu lugar o grande realismo com que o autor passa em revista a sociedade de seu tempo, que, nesta peça, vê-se ao mesmo tempo modelo e espectadora da própria encenação. Assim, a platéia é aqui admoestada pela lição de que os pecados podem privá-la da salvação eterna.

IV - RESUMO DA OBRA

O Diabo e seu companheiro preparam a embarcação. Vem um fidalgo, transportado por um moço em uma cadeira, como compete a um homem de sua posição, e pergunta ao Diabo qual é o destino daquela barca. Despreza a barca do Diabo, dizendo que ela se parece com um cortiço e defende-se com a alegação de que deixou alguém rezando por ele. O Diabo dá boas risadas e manda-o entrar, assim como no passado já tinha feito entrar o pai dele. Pergunta o fidalgo se não há outro navio, ao que o Diabo responde:

DIABO - Não senhor, que este **fretastes**[1],
e primeiro que expirastes
me tínheis dado sinal.
FIDALGO Que sinal foi esse tal?
DIABO De que vós vos contentastes.
FIDALGO A estoutra barca me vou.
Hou da barca, para onde is?
Ah barqueiros! Não me ouvis?
Respondei-me! Hou lá! Hou!...
Por Deus, bem fadado estou!
Quanto a isto é já pior.
Que **jericos**[2], oh senhor!
Cuidam cá que sou um **grou**[3]![4]

1. Fretar, alugar.
2. Burros, ignorantes.
3. Ave pernalta.

ANJO - Que mandais?

FIDALGO - Que me digais,
pois parti tão sem aviso,
se a barca do Paraíso
é esta em que navegais.

ANJO - Esta é; que demandais?

FIDALGO - Que me deixeis embarcar;
sou fidalgo de **solar**,[5]
é bem que me recolhais.

ANJO - Não se embarca tirania
neste **batel**[6] divinal.

FIDALGO - Não sei porque haveis por mal
que entre minha senhoria.

ANJO - Para vossa fantasia
é mui pequena esta barca.

FIDALGO - Para senhor de tal marca
não há aqui mais cortesia?

Venha a **prancha**[7] e o **atavio**[8],
levai-me desta ribeira!

ANJO - Não vindes vós de maneira
para entrar neste navio.
Essoutro vai mais vazio:
a cadeira entrará
e o rabo **caberá**[9]
e todo o vosso senhorio.

Ireis lá mais espaçoso,
com **fumosa**[10] senhoria,
cuidando na tirania
do pobre povo queixoso!
E porque de generoso
desprezastes os pequenos,
achar-vos-eis tanto menos
quanto mais fostes fumoso.

DIABO - À barca, à barca, senhores!
Oh! Que maré tão de prata!

---

4. A professora Lúcia Miketem advertiu-me para o fato de sua edição registrar ponto de interrogação. Verifiquei a edição da DIFEL e encontrei ponto final, mas na edição da Melhoramentos, de onde fiz a transcrição, estava com ponto de exclamação. Optei por manter esse registro.
5. Solar é antiga morada de família. Ele quer dizer que é nobre de tradição, de família tradicional.
6. Pequeno barco.
7. Tábua que permite ao passageiro ingressar no barco.
8. Atavio é o mesmo que enfeite, ornamento, mas não faz sentido no verso. Pode-se entender aqui, figuradamente, que deve vir a prancha e os demais apetrechos necessários para o embarque.
9. De modo ambíguo, o anjo refere-se aqui à cauda do manto, vestuário dos fidalgos, mas alude também aos seus pecados que o levarão ao inferno.
10. Está por vaidosa, orgulhosa. Até há pouco tempo ainda se empregava a expressão "fumos de vaidade".

Um ventozinho que mata
e valentes remadores!

E cantando:

"vos me venirés a lá mano
e lá mano veniredes,
e vos veredes
peixes nas redes."

FIDALGO - Ao inferno todavia!
Inferno há aí para mim?
Ó triste! Enquanto vivi
não **cuidei**[11] que aí o havia.
Tive que era fantasia;
folgava ser adorado;
confiei em meu estado
e não vi que me perdia

Continua o fidalgo queixando-se de sua desdita. Depois pede ao Diabo para voltar à vida apenas para ver sua namorada que lhe escrevia mil juras de amor, ou, então, ao menos para ver sua mulher que devia estar chorando e rezando por causa de sua morte. Rindo-se muito, o Diabo denuncia que a moça já estava requebrando-se para outro no momento de sua morte e que a esposa chorava, mas era de alegria. Quanto às lástimas que ela proferia, fazia-o porque assim tinha aprendido com sua mãe, mas não por sinceridade de sentimentos. O Diabo dispensa o moço da cadeira e invoca outros viajantes que devem se apresentar: *"À barca, à barca, boa gente, que queremos dar à vela*!"

Vem, em seguida, um **onzeneiro**[12], que tenta igualmente entrar na barca do Anjo, mas é repelido por este, com a acusação de que sua avareza, sua ganância, é peso que aquela barca não pode transportar. Vai o homem ao Diabo e pede consentimento para voltar à vida e pegar seu dinheiro que ficou numa arca, mas é convidado a fazer companhia ao fidalgo. Logo, vem Joane, o **parvo**[13], dizendo ao Diabo que morreu de caganeira e desfaz-se em longo insulto quando ouve que aquela barca se dirige ao inferno:

DIABO - Ao Inferno, entra cá!
PARVO - Ao Inferno, em hora-má?!
Hiu!Hiu! Barca do cornudo,
Pero Vinagre, beiçudo,
rachador de Alverca, huhá!
Sapateiro da Candosa!
Entrecosto de carrapato!
Hiu!Hiu! Caga no sapato,
filho da grande aleivosa!

11. Não julguei ou não pensei.
12. O mesmo que agiota, que empresta dinheiro a juros altos.
13. Tolo, bobo, de pouca inteligência.

Tua mulher é tinhosa
e há-de parir um sapo
chentado[14] num guardanapo,
neto da cagarrinhosa!
(...)
Hiu! Hiu! Lanço-te uma pulha
de pica naquela!
Hiu! Hiu! Hiu! Caga na vela,
ó com Cabeça-de-grulho!
Perna de cigarra velha,
caganita de coelha,
pelourinho de Pampulha,
rabo de **forno de telha.**[15]

Retira-se o Parvo e vai à barca do Anjo, que apesar de sua linguagem chula, deixa-o entrar, com a alegação de que não há qualquer malícia no que diz e faz: "Tu passarás, se quiseres; porque não tens afazeres, por malícia não erraste; tua simpleza te baste para gozar dos prazeres."

Vem depois um sapateiro que é também repelido pelo Anjo e recebido pelo Diabo, pois roubava nos preços. Após esse, vem um Frade, trazendo pela mão uma jovem, e um broquel[16] e uma espada na outra mão, e um casco debaixo do capelo[17]. O Frade vem cantando e dançando o tordião.[18] Ironicamente o Diabo censura-o pela vida desregrada que levou. Ingênua e vaidosamente o Frade atende ao Diabo que lhe pediu uma aula de esgrima. Demonstrando desenvoltura, o religioso ensina:

FRADE - ***Deo gratias***![19] Demos **caçada**![20]
Então logo um contra, sus!
Um **fendente**[21], ora sus!
Esta é a primeira **levada.**[22]
Alto! Levantai a espada!
Talho[23] largo, e um **revés**![24]
E logo colher os pés,
que todo o al não é nada.

Quando o recolher se tarda,
o ferir não é prudente.

---

14. Metido, pregado, enfiado.
15. A linguagem do bobo chama a nossa atenção tanto pela falta de sentido, de nexo, que muitas vezes fere a lógica, quanto pelo baixo nível. Isso, por um lado, torna a fala do parvo coerente, e, por outro, produz humor, já que se deve proporcionar a tal tipo de personagem a liberdade que ele deve se dar pela sua condição de alienado.
16. Escudo antigo, redondo e pequeno.
17. Trazia por baixo do chapéu de padre um capacete, indicando que era dedicado às lutas armadas.
18. Dança mundana e moderna daquele tempo.
19. Em latim, expressão que significa "Graças a Deus" ou "Demos graças a Deus".
20. O mesmo que "comecemos a luta".
21. Em linguagem de esgrima daquele tempo, designava um golpe que se dá de cima para baixo.
22. Levada, na terminologia da esgrima, é o primeiro golpe, ou primeiro ataque.
23. Golpe aplicado da direita para a esquerda.
24. Exatamente o oposto de talho, golpe que se aplica da esquerda para a direita.

Eia, sus! Mui largamente,
cortai na segunda guarda!
- guarde-me Deus de espingarda,
ou de varão denodado;
aqui estou tão bem guardado
como a palha na albarda.
Saio com meia espada...
Houlá! Guardai as queixadas!

Inutilmente tenta o Frade fugir da barca demoníaca e entrar na barca divinal. Acaba como os outros, conformando-se com sua desdita e embarcando para o inferno: *"Sim, tomai-me lá Florença*[25] *e cumpramos a sentença e ordenemos de partir."*

"Tanto que o Frade foi embarcado, veio uma ***alcoviteira***[26] *, por nome BRÍGIDA VAZ"*, que assim responde ao Diabo, sobre a carga que pretende embarcar:

DIABO - E trazeis vós muito **fato**[27] ?
BRÍGIDA - O que me convém levar.
DIABO - Que é o que haveis de embarcar?
BRÍGIDA - Seiscentos hímens postiços
e três arcas de feitiços
que não podem mais levar.

Três armários de mentir
e cinco cofres de enleio,
e alguns furtos alheios,
assim em jóias de vestir
guarda-roupa de encobrir,
enfim - casa movediça;
um estrado de cortiça
com dois sofás de embair.

A maior carga que é:
essas moças que vendia.
E desta mercadoria
trago eu muitas, pois é!

Em continuação, tenta, como os demais, evitar a viagem ao inferno, procurando seduzir o Anjo com sua fala **melíflua**[28] e fingida. Esse discurso deveria produzir muito riso nas pessoas da platéia que conheciam bem o tipo ali representado.

---

25. Florença é a moça que o acompanha. Ao contrário do rapaz da cadeira que transportava o nobre, a moça não é impedida de entrar pelo Diabo. A razão parece-nos simples. Enquanto a relação da moça com o padre era voluntária e pecaminosa, a do rapaz com o nobre era obrigatória. Isso não era pecado, era sofrimento.

26. Alcoviteira deriva do verbo alcovitar que significa servir a alguém de intermediário em relações amorosas.

27. Fato aqui deve ser entendido como mala, bagagem ou assemelhado.

28. Que flui como o mel. Voz doce, suave, feita de modo forçado para agradar.

"E chegando à barca da Glória, diz ao Anjo:

BRÍGIDA		Barqueiro, mano, meus olhos, prancha à Brígida Vaz!
ANJO	-	Eu não sei quem te cá traz...
BRÍGIDA	-	Peço-vo-lo de **giolhos**![29] Cuidais que trago piolhos, Anjo de Deus, minha rosa? Eu sou Brígida, a preciosa, que dava as moças a molhos.[30] A que criava as meninas par o cônego da Sé... Passai-me, por vossa fé, meu amor, minhas boninas, olhos de perlinhas **finas**[31]! E eu sou apostolada, angelada e **marteirada**[32] e fiz obras mui divinas. Santa Úrsula não converteu tantas **cachopas**[33] assim: e todas salvas por mim, que nenhuma se perdeu. E aprouve Àquele do Céu que todas acharam dono.[34] Cuidais que dormia eu sono? Tempo nenhum se perdeu.

Como todos, a alcoviteira vai constrangida para a barca do Diabo e logo depois dela vem um judeu carregando um bode. O Diabo afirma que o animal não pode ir e o judeu tenta suborná-lo com dinheiro. O Parvo acusa o judeu de ter mijado no terreno da igreja em dia de finados e comido carne no dia de Nosso Senhor. Finalizando, o Diabo determina: *"Vós, Judeu, ireis à toa, que sois mui ruim pessoa."*[35]

Na seqüência, vêm um Corregedor e um Procurador que nada conseguem com seu latim, a não ser ironias do Parvo em um latim macarrônico, que mais ridiculariza os dois. Em seguida, vem um enforcado que foi condena-

---

29. De joelhos, quer dizer, ajoelhada.
30. Quer dizer que fornecia moças em grande quantidade.
31. É como se ela dissesse: "... ó minha flor, meus olhos de pérolas finas!"
32. Ela diz que era filiada a todas as congregações religiosas que existia, mas como vai para o inferno assim mesmo, a conclusão moral é de que nada adianta a alguém filiar-se a uma congregação se não segue uma boa conduta, se não vive para o bem.
33. O mesmo que moça, rapariga.
34. Com essas palavras deixa claro seu ofício de cafetina, de alcoviteira.
35. Há duas possibilidades de interpretação. Uma delas é que o Judeu não vai para o inferno, mas ficará vagando, à toa, sem destino e sem sentido. Outra é de que o Judeu é tão ruim que não pode viajar na barca com os demais, tendo de ir à tona, fora do barco.

do pelos seus furtos e é recebido pelo Diabo com o comentário de que "*Este foi bom embarcar!*"

Para finalizar, aparecem quatro Cavaleiros que morreram na luta contra os mouros, por isso passam direto pela barca do Diabo, que mantém com eles o seguinte diálogo:

DIABO - Cavaleiros, vós passais
e não perguntais onde is?
CAVALEIRO - Vós, Satanás, presumis?
Atentai com quem falais!
OUTRO CAV. - E vós, que nos demandais?
Sequer conheceis-nos bem:
morremos nas partes d'além,
e não queirais saber mais.
DIABO - Entra cá! Que cousa é essa?
Eu não posso entender isto!
CAVALEIRO - Quem morre por Jesus Cristo
não vai em tal barca como essa!

Os cavaleiros retomam seu caminho direto para a barca da Glória, e logo que chegam o anjo lhes diz:

ANJO - Ó Cavaleiros de Deus,
a vós estou esperando,
que morrestes **pelejando**[36]
por Cristo, Senhor dos Céus!
Sois livres de todo o mal,
mártires da Madre Igreja,
que quem morre em tal peleja
merece paz eternal.
(E assim embarcam.)

V - SÍNTESE

De um lado, há um barco capitaneado pelo Diabo. Do lado oposto, há outro barco, dirigido por um Anjo. Vêm um Fidalgo, um Onzeneiro, um Parvo, um Sapateiro, um Frade acompanhado de uma moça. Vêm ainda, a alcoviteira Brígida Vaz, o Judeu, o Corregedor, o Enforcado e quatro Cavaleiros que morreram nas Cruzadas, lutando contra mouros. Somente o Parvo e os quatro Cavaleiros conseguem escapar da barca infernal e entrar na barca do Anjo.

O primeiro, por ser tolo e não poder responder pelos seus feitos destituídos de malícia. Os outros, porque morreram lutando pela Igreja, que naqueles tempos defendia a idéia de que quem morresse na luta contra os infiéis iria direto para o céu por mais pecados que tivesse. Esse final comprova o moralismo do dramaturgo e demonstra que a sua crítica fundamental era dirigida não

36. Gerúndio de pelejar, que significa lutar.

contra as instituições, mas contra os homens que não viviam de acordo com as leis e normas de seu tempo.

VI - ESTRUTURA DA OBRA

O *Auto da Barca do Inferno* foi composto em versos redondilhos maiores (O/ra /ju/ro a/ Deus/ que é/ gra/ça!) , organizados em oitavas, isto é, estrofes de oito versos. As rimas obedecem ao esquema ABBAACCA. A peça não revela um encadeamento de ações com base na causa e efeito, visando a construção de um clímax, de um crescendo. Também não gira em torno de uma pessoa ou de uma vida. Pelo contrário, a peça funciona como uma seqüência de quadros independentes, como se fosse um teatro de revistas, com cenas interligadas apenas pelo interesse bastante claro de criticar aquilo que se considera errado.

São pobres e simples tanto o cenário quanto a montagem.

É arbitrária a estrutura interna das peças vicentinas. Além disso, Gil Vicente parece fugir do drama, das grandes e profundas emoções. No entanto, para compensar tudo isso, revela um enorme poder para fixar e descrever os mais diversos tipos, valendo-se de uma sucessão de quadros como nas novelas de cavalaria. Acreditamos que seu sucesso junto ao público estaria prejudicado se optasse por um teatro montado segundo o formalismo estético do Classicismo. Provavelmente foi por isso que fracassou o teatro renascentista que Sá de Miranda realizou em 1528, depois de seu regresso da Itália.

VII - ESTILO DE ÉPOCA E ESTILO INDIVIDUAL

Antes de Gil Vicente não se pode falar de um teatro em Portugal, embora se tenha conhecimento de algumas representações alegóricas e religiosas, mas nelas a palavra literária ainda não se fazia presente. Foi Gil Vicente o primeiro a demonstrar um sopro de lirismo autêntico, dando testemunho eloqüente de um formidável senso artístico, de uma aguda visão crítica e um dom inigualável para o humor.

Para suas criações valeu-se da medida também muito comum no *Cancioneiro Geral*, o verso de sete sílabas, denominado redondilho maior.

Por viver num período de transição entre os ideais medievais e as novas posturas do Renascimento, pode-se notar em suas peças um moralismo cristão, como também uma valorização inesperada do lado humano, sem castrações, de que é exemplo o final da peça *Farsa de Inês Pereira*. Nessa peça, a mulher, depois de casada pela segunda vez, trai o marido com o Ermitão e não recebe qualquer tipo de castigo ou punição. Também no *Auto da Lusitânia* podemos ver, ao lado da influência pagã, revelada pela presença dos deuses da mitologia greco-romana (Vênus, Mercúrio etc), a influência cristã denunciada tanto pela presença da figura de Belzebu, quanto pela ideologia de desprezo aos interesses mundanos.

Em geral, podemos dizer que o moralismo de Gil Vicente dirige sua crítica não contra as instituições, mas contra as pessoas que não viviam de acordo com os padrões morais cristãos de seu tempo.

Descuidando ou até evitando mesmo qualquer aprofundamento na análise psicológica das figuras humanas, o Pai do Teatro Português desdenha as personagens para concentrar-se nos tipos, pois estes, além de facilitarem a compreensão por parte do público, possibilitam mais o clima de humor.

Encerrando e resumindo, o teatro de Gil Vicente é popular, poético, sacro e satírico, desprezando o formalismo do teatro clássico, de modelo greco-latino, que exigia a unidade de tempo, de espaço e de ação.

VIII - PRINCIPAIS TEMAS

Gil Vicente a tudo e a todos criticou com sua veia irônica, satírica, procurando moralizar, além de divertir, executando assim recomendação do poeta Horácio, mesmo que não tivesse lido nele diretamente essa diretriz. Entre os variados temas de sua vasta obra teatral podemos mencionar: a incompetência dos médicos, a **simonia**[37] , as práticas de feitiçaria, a exploração do trabalho alheio pela nobreza preguiçosa, a vaidade e a fanfarronice dos nobres. Criticou também a degradação da vida clerical e a corrupção no seio da família, assim como a prática da astrologia e a falta de respeito dos homens para com Deus. Não deixou também de ridicularizar a visão mundana do dinheiro como o bem mais importante da vida.

Pelo conjunto de temas citados, podemos notar que a obra de Gil Vicente apresenta uma postura estética mais condizente com a Idade Média do que com o Renascimento, que valoriza muito mais o lado humano, a vida terrena.

Exceção interessante é a *Farsa de Inês Pereira,* que teve como motivo e tema o ditado popular "Mais quero asno que me carregue, que cavalo que me derrube", valorizando a esperteza de Inês, uma jovem pequeno-burguesa que escolhe mal o primeiro marido, o escudeiro Brás da Mata (cavalo que me derrube), mas aprende com a experiência amarga, escolhendo para segundo marido o tolo do Pero Marques (asno que me carregue), a quem trai descaradamente. No entanto, embora não apresente uma crítica moralista ao comportamento adúltero de Inês, Gil Vicente critica a moça da vila que procura fugir aos serviços domésticos. Metonimicamente estende-se tal crítica aos novos valores de uma burguesia ascendente.

BIBLIOGRAFIA CONSULTADA

Spina, Segismundo - *Gil Vicente* - SP, 1979 - Editora Brasiliense. (Usado para citação)

Vicente, Gil - *Obras-Primas do teatro vicentino* - SP, 1983, DIFEL Difusão Editorial S.A.

37. Tráfico de coisas sagradas ou espirituais.

LIRA DOS VINTE ANOS

de Álvares de Azevedo
por Geraldo Chacon

I - BIOGRAFIA

Manuel Antônio Álvares de Azevedo nasceu em 1831, em São Paulo, mas passou a infância no Rio de Janeiro, cidade em que viria falecer precocemente em 1852, cinco meses antes de completar vinte e um anos. Aos dezesseis anos, após ter concluído o curso de bacharel em Ciências e Letras no Colégio Pedro II, partiu para São Paulo, matriculando-se na Faculdade de Direito. A tuberculose impediu que o dedicado estudante terminasse o curso. Voltou ao Rio de Janeiro, onde uma queda de cavalo agrava seus problemas de saúde. Luta com a morte durante dois meses, mas acaba vencido. Sua morte teria sido resultado de uma complicação de moléstias: enterite, tuberculose e um tumor na fossa ilíaca. Seu corpo foi enterrado no Rio de Janeiro e inscreveram em seu túmulo o verso " - *Foi poeta - sonhou - e amou na vida.*", retirado do antológico poema *Lembrança de Morrer.*

Manuel Bandeira, em sua obra *Apresentação da Poesia Brasileira*, chama a atenção para o fato de que o jovem poeta entediava-se em São Paulo, que naquele tempo era uma *cidadezinha provinciana sem divertimentos e onde toda a vida intelectual se concentrava no ambiente liberal da academia.* Bandeira adverte que esse sentimento, associado à saudade da família, *sobretudo da mãe e de uma irmã ainda criança, que foram os afetos mais profundos de sua existência*, assim como a leitura dos poetas europeus impregnados do "mal do século", são fatores importantes na explicação do caráter de sua obra.

II - BIBLIOGRAFIA

A) POESIA: *Lira dos Vinte Anos* (1853)
Poema do Frade (poema narrativo)
O Conde Lopo (poema narrativo)
B) TEATRO: *Macário*
C) CONTOS: *Noite na Taverna*

* Todas essas obras foram publicadas após a morte do autor.

III - INTRODUÇÃO

Álvares de Azevedo foi o primeiro poeta, antes do Modernismo, a proporcionar espaço na poesia para os elementos prosaicos do nosso viver cotidiano. Em seus versos, aparecem com a maior naturalidade os livros do estudante, o candeeiro, a roupa suja e o cachimbo sarrento.[38] Em contraste a esse prosaísmo, o leitor encontrará também em sua poesia os mais belos sonhos líricos, as mais encantadoras idealizações, como resultado não só da personalidade contraditória do jovem poeta romântico, mas também de um projeto estético conscientemente traçado, como podemos perceber em seu prefácio à obra *Lira dos vinte anos*:

"*Quase depois de Ariel*[39] *esbarramos em Caliban*[40]. *A razão é simples. É que a unidade deste livro funda-se numa binomia. Duas almas que moram nas cavernas de um cérebro pouco mais ou menos de poeta escreveram este livro, verdadeira medalha de duas faces.*

Demais, perdoem-me os poetas do tempo, isto aqui é um tema, senão mais novo, menos esgotado ao menos que o sentimentalismo tão fashionable[41] *desde Werther e René.*

(...)

Há uma crise nos séculos como nos homens. É quando a poesia cegou deslumbrada de fitar-se no misticismo, e caiu do céu sentindo exaustas as suas asas de oiro.

O poeta acorda na terra. Demais, o poeta é homem, Homo sum, como dizia o célebre Romano. Vê, ouve, sente e, o que é mais, sonha de noite as belas visões palpáveis de acordado. Tem nervoso, tem fibra e tem artérias - isto é, antes e depois de ser um ente idealista, é um ente que tem corpo. E, digam o que quiserem, sem esses elementos, que sou o primeiro a reconhecer muito prosaicos, não há poesia. (...) Nos mesmos lábios onde suspirava a monodia amorosa, vem a sátira que morde."[42]

Assim, não se espante o leitor de encontrar na mesma obra o lirismo sentimental e doce de poemas como "No mar" e o prosaísmo auto-irônico e satírico de poemas como "Namoro a cavalo e "É ela! É ela! É ela!".

IV - ANTOLOGIA COMENTADA

A primeira publicação da obra de Álvares de Azevedo ocorreu em 1853, tendo sido organizada por seu amigo Domingos Jacy Monteiro. Sob o título genérico de *Poesias*, apresentava *Lira dos vinte anos* divida em duas partes. A versão que hoje conhecemos dividida em três partes foi organizada por Joaquim Norberto de Sousa e Silva, em 1873.

---

38. Aconselhamos os estudantes estudiosos a lerem da p.178 a 193, do segundo volume da obra *Formação da Literatura Brasileira*, do professor e crítico Antônio Cândido. A obra foi publicada pela Livraria Martins Editora.

39. É personagem de uma peça de Shakespeare, *A tempestade*, que apresenta-se como uma figura agradável, alegre. É o espírito do ar e gosta de se apresentar na forma de mulher.

40. Caliban é o oposto de Ariel e aparece na mesma peça. Pode ser visto como um anjo do mal, é feio e grotesco, meio homem e meio besta, representa os baixos instintos.

41. O mesmo que "da moda", moderno, elegante, de bom gosto.

42. Extraído de *Presença da Literatura Brasileira*, de J. Aderaldo Castello e Antônio Cândido, SP, 1974, DIFEL, pp.14-5

PRIMEIRA PARTE

NO MAR

Les étoiles s'allumente au ciel, et la brise du soir erre doucemente parmi les fleurs: rêvez, chantez et soupirez.
George Sand[43]

As estrelas iluminam o céu e a brisa da tarde vaga docemente por entre as flores: sonhai, cantai e suspirai.

Era de noite - dormias,
Do sonho nas melodias,
Ao fresco da viração;
Embalada na **falua**[44],
Ao frio clarão da lua,
Aos ais do coração!

Ah! que véu de palidez
De **langue**[45] face na tez!
Como teus seios revoltos
Te palpitavam sonhando!
Como eu cismava beijando
Teus negros cabelos soltos!

Sonhavas? - eu não dormia;
A minh'alma se embebia
Em tua alma pensativa!
E tremias, bela amante,
A meus beijos, semelhante
Às folhas da sensitiva!

E que noite de luar!
E que ardentias no mar!
E que perfumes no vento!
Que vida que se bebia
Na noite que parecia
Suspirar de sentimento!

Minha rola, ó minha flor,
Ó madressilva de amor,
Como eras saudosa então!
Como pálida sorrias
E no meu peito dormias
Aos ais do meu coração!

E que noite! que luar!
Como a brisa a soluçar
Se desmaiava de amor!
Como toda evaporava
Perfumes que respirava
Nas laranjeiras em flor!

Suspiravas? que suspiro!
Ai que ainda me deliro
Entrevendo a imagem tua
Ao fresco da viração,
Aos ais do meu coração,
Embalada na falua!

Como virgem que desm**aia**, **A**
Dormia a onda na pr**aia**! **A**
Tua alma de sonhos ch**eia** **B**
Era tão pura, dorm**ente**, **C**
Como a vaga transpar**ente** **C**
Sobre seu leito de ar**eia**! **B**

43. George Sand é o pseudônimo da escritora francesa Aurore Dupin, autora de sucesso das obras *Indiana*, *Lélia* e *Mauprat*. Mulher de vida tempestuosa ligou-se a Chopin e Musset.
44. Antiga embarcação utilizada para recreio pelos reis portugueses do século XVIII.
45. O mesmo que lânguido, sem força, fraco, frouxo, abatido, debilitado.

Era de noite - dormias,
Do sonho nas melodias,
Ao fresco da **viração**[46];
Embalada na falua,
Ao frio clarão da lua,
Aos ais do meu coração.

Comentário:
O poema é composto por estrofes de seis versos, denominadas sextilhas, sendo os versos redondilhos maiores (versos de sete sílabas) com esquema de rima AABCCB. Destaca-se nesses versos a presença da natureza como que abençoando e purificando o amor. Devemos notar ainda que a moça é uma virgem cuja alma pura é cheia de sonhos. Notem ainda que a jovem tem os cabelos negros, o que é uma novidade do Romantismo, pois na Era Clássica os cabelos são sempre loiros.

SAUDADES

T' is vaion to struggle - let me perish young
Byron

É inútil lutar, deixe-me perecer jovem

Foi por ti que num sonho de ventura
A flor da mocidade consumi,
E às primaveras disse adeus tão cedo
E na idade do amor envelheci!

Vinte anos! derramei-os gota a gota
Num abismo de dor e esquecimento...
De fogosas visões **nutri**[47] meu peito...
Vinte anos!... não vivi um só momento!

Contudo no passado uma esperança!
Tanto amor e ventura prometia,
E uma virgem tão doce, tão divina
Nos sonhos junto a mim adormecia!...
....

Meu Deus! e quantas eu amei!... Contudo
Das noites voluptuosas da existência
Só restam-me saudades dessas horas
Que iluminou tua alma d'inocência!

Foram três noites só... três noites belas
De lua e de verão, no **val**[48] saudoso...
Que eu pensava existir... sentindo o peito
Sobre teu coração morrer de gozo!
E por três noites padeci três anos.
Na vida cheia de saudade infinda...

---

46. Aragem, brisa, vento brando e fresco da tarde.
47. Nutrir é sinônimo de alimentar.
48. Forma apocopada de vale. O mesmo que várzea, planície.

Três anos de esperança e de martírio...
Três anos de sofrer e espero ainda!

A ti se ergueram meus **doridos**[49] versos,
Reflexos sem calor de um sol intenso:
Votei-os à imagem dos amores
Pra[50] velá-la nos sonhos como incenso!

Eu sonhei tanto amor, tantas venturas,
Tantas noites de febre e d'esperança!
Mas hoje o coração desbota, esfria,
E do peito no túmulo descansa[51]!

Pálida sombra dos amores santos,
passa, quando eu morrer, no meu **jazigo**[52];
Ajoelha-te ao luar e canta um pouco,
E lá na morte eu sonharei contigo!

Comentário:
Podemos encontrar aqui algumas das recorrências de Álvares de Azevedo: a virgem pura associada a uma vaga e contraditória sensualidade; a sensação do envelhecimento precoce e a juventude perdida; a saudade, a tristeza, o sonho; a fixação na idéia de morrer e o desejo de ter a presença da amada após a morte, significando que é um amor puro, não é apenas um desejo sexual de união física.

LEMBRANÇA DE MORRER

"No more! o never more!
Shelley

Não mais! Ó nunca mais!

Quando em meu peito rebentar-se a fibra,
Que o espírito enlaça à dor vivente,[53]
Não derramem por mim nem uma lágrima
Em pálpebra demente.

Nem desfolhem na **matéria impura**[54]
A flor do vale que adormece ao vento:
Não quero que uma nota de alegria
Se cale por meu triste **passamento**[55].

Eu deixo a vida como deixa o tédio
Do deserto, o poento caminheiro[56]

49. A mesma coisa que doloridos, sofridos.
50. Contração de para, aqui empregada para conseguir-se a medica de dez sílabas.
51. Temos aqui um hipérbato (inversão), na ordem direta ficaria: "e descansa no túmulo do peito."
52. O mesmo que túmulo.
53. Esses dois versos inteiros traduzem a idéia de morrer, portanto, trata-se de uma perífrase, mas ao mesmo tempo contém um eufemismo (ato de suavizar uma idéia).
54. Novo eufemismo. Matéria impura é o mesmo que cadáver.
55. Mais um eufemismo de morte.

- Como as horas de um longo pesadelo
Que se desfaz ao dobre de um sineiro[57];

Como o desterro de minh'alma errante,
Onde fogo insensato a consumia:
Só levo uma saudade - é desses tempos
Que amorosa ilusão embelecia.

Só levo uma saudade - é dessas sombras
Que eu sentia velar nas noites minhas...
De ti, ó minha mãe! pobre coitada
Que por minha tristeza te definhas!

De meu pai... de meus únicos amigos
Poucos - bem poucos - e que não zombavam
Quando, em noites de febre endoidecido,
Minhas pálidas crenças duvidavam.

Se uma lágrima as pálpebras me inunda,
Se um suspiro nos seios treme ainda,
É pela virgem que sonhei... que nunca
Aos lábios me encostou a face linda!

Só tu à mocidade sonhadora
Do pálido poeta deste flores...
Se viveu, foi por ti! e de esperança
De na vida gozar de teus amores.

Beijarei a verdade santa e nua,
Verei cristalizar-se o sonho amigo...
Ó minha virgem dos errantes sonhos,
Filha do céu, eu vou amar contigo!

Descansem o meu leito solitário
Na floresta dos homens esquecida,
À sombra de uma cruz, e escrevam nela:
- Foi poeta - sonhou - e amou na vida. -

Sombras do vale, noites da montanha,
Que minh'alma cantou e amava tanto,
Protegei o meu corpo abandonado,
E no silêncio derramai-lhe canto!

Mas quando preludia ave d'aurora
E quando à meia-noite o céu repousa,
Arvoredos do bosque, abri os ramos...
Deixai a lua **prantear**-me[58] a **lousa**[59]!

Comentários:
Faz-se presente de forma intensa a fuga ou escapismo, pois além do desejo de morrer que perpassa pelos versos, o eu lírico manifesta o desejo de ser enterrado longe dos homens, da sociedade (na floresta esquecida pelos homens). De novo podemos encontrar a desilusão de não ter amado fisicamente, mas o **eu lírico** conforta-se de ter sido alimentado por essa esperança e consola-se com a esperança de encontrá-la na outra vida ("Filha do céu, eu vou amar contigo"). Demonstra ser um rapaz de família, que preza o pai e a mãe, mas alimenta um sentimento de auto-piedade e uma visão de si próprio como um incompreendido, um inadaptado.

56. O caminhante ou viajante, cheio de pó, quando deixa o deserto não deve sentir tristeza, mas alívio. Assim também eu deixo a vida.
57. A mesma idéia dos dois versos anteriores é retomada, só que tomando como base de comparação a pessoa que é retirada de um pesadelo ao ser acordada pelos sons dos sinos.
58. O mesmo que chorar, derramar o pranto.
59. A pedra, a tampa de mármore que cobre o túmulo.

SEGUNDA PARTE

IDÉIAS ÍNTIMAS

IX

Oh! ter vinte anos sem gozar de leve
A ventura de uma alma de donzela!
E sem na vida ter sentido nunca
Na suave atração de um róseo corpo
Meus olhos turvos se fechar de gozo!
Oh! nos meus sonhos, pelas noites minhas
Passam tantas visões sobre meu peito!
Palor[60] de febre meu semblante cobre,
Bate meu coração com tanto fogo!
Um doce nome os lábios meus suspiram,
Um nome de mulher... e vejo **lânguida**[61]
No véu suave de amorosas sombras
Seminua, abatida, a mão no seio,
Perfumada visão romper a nuvem,
Sentar-se junto a mim, nas minha pálpebras
O **alento**[62] fresco e leve como a vida
Passar delicioso... Que delírios!
Acordo palpitante... inda a procuro;
Embalde[63] a chamo, embalde as minhas lágrimas
Banham meus olhos, e suspiro e gemo...
Imploro uma ilusão... tudo é silêncio!
Só o leito deserto, a sala muda!
Amorosa visão, mulher dos sonhos,
Eu sou tão infeliz, eu sofro tanto!
Nunca virás iluminar meu peito
Com um raio de luz desses teu olhos?

Comentários:
Os cinco primeiros versos desta estrofe sugerem um jovem casto, sem experiência sexual. Vive na imaginação uma fantasia masturbatória, mas não se contamina com o corpo da mulher desejada e repelida a um só tempo. A poesia lírica é em geral a mais sincera, a que serve à confissão. Mas não é só na poesia de Álvares que podemos perceber essa sua postura. Para justificar-se certa vez por deixar de freqüentar a casa de certa família, justificou: "... pois não é das melhores nem muito louváveis, pelo contrário, é bem nodoada a reputação dessas senhoras, que contudo vão a todos os bailes, etc.!!"(in *Apresentação da poesia brasileira*, de Manuel Bandeira, p.65)

Comentários:
Ressalta neste poema a presença dessa mulher associada sempre a véus, nuvens. É uma mulher dos sonhos, abstrata, vaporosa e não uma pessoa de carne e osso. Mesmo assim, quando sua imagem se torna muito próxima e o desejo pode tornar-se perigoso... o rapaz acorda e não implora por uma mulher, mas apenas por uma ilusão. Ele teme a mulher, a Lilith ou a Hécate que pode provocar a polução noturna.

60. Palidez.
61. Fraca, abatida, debilitada.
62. Está aqui no sentido de respiração, hálito, indicando a grande proximidade da mulher. Mas como acontece em sua poesia, quando a sensualidade aproxima-se demais, ele acorda, era sonho.
63. Inutilmente, em vão.

XI

Junto do leito meus poetas dormem
- O Dante, a Bíblia, Shakespeare e Byron -
Na mesa confundidos. Junto deles
Meu velho **candeeiro**[64] se espreguiça[65]
E parece pedir a formatura.
Ó meu amigo, ó velador noturno[66],
Tu não me abandonaste nas vigílias,
Quer eu perdesse a noite sobre os livros,
Quer, sentado no leito, pensativo
Relesse as minhas cartas de namoro!
Quero-te muito bem, ó meu comparsa
Nas doidas cenas de meu drama obscuro!
E num dia de *spleen*, vindo a **pachorra**[67],
Hei de evocar-te dum poema heróico
Na rima de Camões e de Ariosto[68]
Como padrão às lâmpadas futuras!

XIV

Parece que chorei... Sinto na face
Uma perdida lágrima rolando...
Satã leve a tristeza! Olá, meu pajem,
Derrama no meu copo as gotas últimas
Dessa garrafa negra...
Eia! bebamos!
És o sangue do gênio, o puro néctar
Que as almas de poeta diviniza,
O condão que abre o mundo das magias!
Vem, fogoso *Cognac*! É só contigo
Que sinto-me viver. Inda palpito,
Quando os eflúvios dessas gotas áureas
Filtram no sangue meu correndo a vida,
Vibram-me os nervos e as artérias queimam,
Os meus olhos ardentes se escurecem
E no cérebro passam delirosos
Assomos de poesia... Dentre a sombra
Vejo num leito d'oiro a imagem dela

---

64. Aparelho de iluminação, lampião.

65. Prosopopéia ou personificação. Figura de linguagem que consiste em dar vida a ser inanimado.

66. Vocativo ou apóstrofe. O fato do jovem dirigir-se ao candeeiro, como amigo e interlocutor, revela seu alto estado de solidão.

67. Palavra nossa que se aproxima do conceito de spleen, significando preguiça ou, como em gírias mais recentes: estar morgando, ou estar de bode.

68. Poetas renascentistas que fizeram largo uso da oitava-rima, também chamada oitava-real.

Palpitante, que dorme e que suspira,
Que seus braços me estende...
Eu me esquecia:
Faz-se noite; traz fogo e dois charutos
E na mesa do estudo acende a lâmpada...

Comentários:
Nesses versos decassílabos brancos, dos mais belos de nossa literatura, destacam-se, além da bebida, do fumo, da invocação a Satã, todo o ambiente físico e prosaico de um jovem estudante burguês do período romântico.

SPLEEN E CHARUTOS

I
SOLIDÃO

Nas nuvens cor de cinza do horizonte
A lua amarelada a face embuça[69];
Parece que tem frio, e no seu leito
Deitou para dormir, a carapuça.

(...)

Minha'alma tenebrosa se entristece.
É muda como sala mortuária[70]...
Deito-me só e triste, sem ter fome
Vendo na mesa a ceia solitária[71].

Ó lua, ó lua bela dos amores,
Se tu és moça e tens um peito amigo,
Não me deixes assim dormir solteiro,
À meia-noite vem cear comigo!

II
MEU ANJO

Meu anjo tem o encanto, a maravilha
Da espontânea canção dos passarinhos[72];
Tem os seios tão alvos, tão macios[73]
Como o pêlo sedoso dos **arminhos**[74].
(...)

Como o vinho espanhol, um beijo dela
Entorna ao sangue a luz do paraíso.

---

69. A lua oculta sua face nas nuvens cinzentas do horizonte.
70. É constante a presença de termos ligados ou associados à morte.
71. Sentimentos muito comuns aos adolescentes: solidão, desalento, auto-piedade.
72. Sugestões de pureza, de delicadeza.
73. Presença de erotismo, sensualidade.
74. Animal de pele e pêlo muito macios.

Dá morte num desdém, num beijo vida,
E celestes desmaios num sorriso!
Mas quis a minha sina que seu peito
Não batesse por mim nem um minuto,
E que ela fosse leviana e bela
Como a leve fumaça de um charuto!

Comentário:
Ao mesmo tempo que o charuto e o vinho são empregados para erotizar e elevar a mulher amada, reciprocamente a mulher é utilizada para elevar e dignificar esses explícitos objetos do desejo do jovem romântico.

III
VAGABUNDO

Eat, drink, and love; what can the
rest avall us?
Byron, Don Juan

Eu durmo e vivo ao sol como um cigano,
Fumando meu cigarro vaporoso;
Nas noites de verão namoro estrelas;
Sou pobre, sou mendigo e sou ditoso!

Ando roto, sem bolsos nem dinheiro;
Mas tenho na viola uma riqueza:
Canto à lua de noite serenatas,
E quem vive de amor não tem pobreza.

(...)

Tenho por meu palácio as longas ruas;
Passeio a gosto e durmo sem temores;
Quando bebo, sou rei como um poeta,
E o vinho faz sonhar com os amores.

O degrau das igrejas é meu trono,
Minha pátria é o vento que respiro.
Minha mãe é a lua **macilenta**[75],
E a preguiça a mulher por quem suspiro.

(...)

Ora, se por aí alguma bela
Bem doirada e amante da preguiça
Quiser a nívea mão unir à minha,
Há de achar-me na Sé, domingo, à Missa.

Comentário:
O poeta desenvolve a idéia básica que está na epígrafe, transcrição da fala de D. Juan, famoso personagem romântico: *"Comei, bebei e amai, porque o resto que benefício nos poderá trazer?"*
Álvares de Azevedo retomará o mito de D. Juan no poema "Sombra de D. Juan".

75. Magra e pálida.

NAMORO A CAVALO

Eu moro em Catumbi. Mas a desgraça
Que rege minha vida **malfadada**[76]
A minha **Dulcinéia**[77] namorada.

Alugo (três mil réis) por uma tarde
Um cavalo de trote (que **esparrela**[78] !)
para erguer meus olhos suspirando
À minha namorada na janela...

Todo o meu ordenado vai-se em flores
E em lindas folhas de papel bordado,
Onde eu escrevo trêmulo, amoroso,
Algum verso bonito... mas furtado.
Morro pela menina, junto dela
Nem ouso suspirar de acanhamento...
Se ela quisesse eu acabava a história
Como toda a Comédia - em casamento[79] ...

Ontem tinha chovido.. Que desgraça!
Eu ia a trote inglês ardendo em chama,
Mas lá vai senão quando uma carroça
Minhas roupas tafuis encheu de lama...

Eu não desanimei. Se Dom Quixote
No **Rocinante**[80] erguendo a larga espada
Nunca voltou de medo, eu, mais valente,
Fui mesmo sujo ver a namorada...

Mais eis que no passar pelo sobrado
Onde habita nas lojas minha bela,
Por ver-me tão lodoso ela irritada
Bateu-me sobre as ventas a janela...

O cavalo ignorante de namoros
Entre os dentes tomou a bofetada,
Arrepia-se, pula e dá-me um tombo
Com pernas para o ar, sobre a calçada...

Dei ao diabo os namoros. Escovado
Meu chapéu que sofrera no **pagode**[81] ,
Dei de pernas corrido e cabisbaixo
E berrando de raiva como um bode.

---

76. Que tem mau destino, mau fado. O mesmo que desgraçada, desditosa.
77. Personagem da obra de Cervantes, mulher vulgar que é idealizada por D. Quixote.
78. Logro, engano, cilada, ratoeira.
79. Referência ao fato de que as peças cômicas de teatro terminavam quase sempre em casamento, como também nas atuais novelas da televisão.
80. Nome do cavalo de D. Quixote, personagem da literatura espanhola.
81. Entenda-se aqui o termo como um sinônimo de confusão.

Circunstância agravante. A calça inglesa
Rasgou-se no cair de meio a meio,
O sangue pelas ventas me corria
Em paga do amoroso **devaneio**[82]!...

Comentário:
Aqui podemos encontrar ironizados os hábitos comuns ao namoro da juventude burguesa da primeira metade do século dezenove: bilhetinhos em papel bordado, envio de flores e de versos sentimentais (nem sempre originais) e o famoso desfilar em frente à casa da mulher amada. O ridículo chega ao cúmulo com o tombo do cavalo e a calça rasgada. Não há amor que mantenha o moral elevado depois desse vexame em público.

MINHA DESGRAÇA

Minha desgraça não é ser poeta,
Nem na terra de amor não ter um eco,
E meu anjo de Deus, o meu planeta
Tratar-me como trata-se de um boneco...

Não é andar de cotovelos rotos,
Ter duro como pedra o travesseiro...
Eu sei... O mundo é um lodaçal perdido
Cujo sol (quem mo dera) é o dinheiro...

Minha desgraça, ó cândida donzela,
O que faz que o meu peito assim blasfema,
É ter para escrever todo um poema
E não ter um vintém para uma vela.

Comentário:
É interessante a inserção do mundo prosaico da necessidade econômica no mundo maravilhoso e idealizado da poesia, revelando, de maneira humorística, como po-de o primeiro prejudicar o segundo.

TERCEIRA PARTE

ADEUS, MEUS SONHOS

Adeus, meus sonhos, eu pranteio e morro!
Não levo da existência uma saudade!
E tanta vida que meu peito enchia
Morreu na minha triste mocidade!

Misérrimo! votei meus pobres dias
À sina doida de um amor sem fruto,
E minh'alma na treva agora dorme
Como um olhar que a morte envolve em luto.
Que me resta, meu Deus? morra comigo
A estrela de meus cândidos amores,
Já que não levo no meu peito morto
Um punhado sequer de murchas flores!

Comentário:
Na terceira parte da obra, o leitor poderá encontrar novamente poemas dotados de visão singela e ingênua. Retorna a virgem pura, a "estrela de cândidos amores", tão sonhada pelo jovem desiludido à espera da morte e com o peito repleto de flores murchas, sonhos desfeitos.

---

82. Capricho da imaginação. O mesmo que sonho, fantasia ou quimera.

IV - ESTILO DE ÉPOCA

Os românticos optaram pelo sentimentalismo, valorizaram o nacionalismo, o individualismo e o subjetivismo, coerentes com os ideais burgueses, que já defendiam essa atitude na política e na economia.
Como contraponto aos clássicos, os românticos buscaram inspiração temática e formal na Idade Média. Retornam os cavaleiros medievais, os versos redondilhos[83], o cristianismo, as narrativas fantásticas.

São ainda características importantes do Romantismo: a recuperação e valorização do passado pátrio; a idealização da natureza e da mulher; a atração pelos lugares ermos, solitários; a fuga ou escapismo: a valorização, na prosa, do enredo, da ação externa, da aventura, do herói. Não podemos esquecer também a presença de sentimentos de tristeza, melancolia e depressão; o satanismo, o gosto pelo macabro e pelo noturno.

As características são tantas e tão variadas que podem muitas vezes ser antagônicas como cristianismo e satanismo. Isso deve-se à postura básica dos românticos que consiste na rebeldia e busca de liberdade.

A poesia romântica brasileira pode ser dividida e classificada em três grupos ou gerações facilmente reconhecíveis pelas propriedades estilísticas:

- **PRIMEIRA GERAÇÃO**, que pode ser designada de indianista ou nacionalista e tem em Gonçalves Dias o seu maior representante.

- **SEGUNDA GERAÇÃO**, normalmente conhecida como byroniana ou ultra-romântica, de quem Álvares de Azevedo é o maior expoente.

- **TERCEIRA GERAÇÃO,** conhecida como condoreira ou hugoana e que apresenta como seu maior representante o poeta baiano Castro Alves.

V - ESTILO INDIVIDUAL

Álvares de Azevedo, como romântico e como byroniano corporificou "em si as várias tendências psíquicas de uma geração"[84], revelando fortes e significativas Influências de Byron, poeta inglês que influenciou toda uma geração de poetas, e Musset, poeta francês, autor do antológico poema *Le pélican* e de várias obras plenas de fantasia. Musset ligou-se por curta e violenta paixão a George Sand[85], atirando-se depois do rompimento em terrível desespero.

Assim como os poetas europeus, que se formaram num clima mórbido, gerado pelas mentes fantasiosas, impregnadas daquele sentimentalismo adolescente pessimista que levou ao suicídio o jovem Werther - personagem do escritor alemão Goethe - também Álvares de Azevedo desenvolve um exagerado sentimentalismo, uma visão de mundo centrada no eu (subjetivismo, egotismo), uma atração pela morte e pela doença, numa postura masoquista.

---

83. Há dois tipos de versos redondilhos: os maiores, de sete "pés" ou sílabas poéticas e os menores, de cinco sílabas.

84. Antônio Cândido, obra citada, p.180.

85. George Sand é a escritora francesa autora dos versos que servem de epígrafe ao poema *No mar*.

Sua temática volta-se sempre para o tédio, repetindo aqui o que os franceses abordavam como ***ennui***[86] ou ***mal-du-siècle***[87] e os ingleses como *spleen*.

Os versos de *Lira dos vinte anos* tanto podem apresentar um tom elegíaco quanto humorístico e satânico. Neles, podemos perceber ainda o fascínio pelo conhecimento, a necessidade de leitura, assim como a paixão pela literatura de seu tempo. É bom lembrar que apesar de sua juventude, Álvares de Azevedo traduzira Byron e Musset.

Para finalizar, desejamos ressaltar uma constante na sua poesia: a mistura antitética de elementos de uma frescura juvenil com um cansaço senil, isto é, de velho.

VI - PRINCIPAIS TEMAS

Entre os temas recorrentes da poesia de *Lira dos vinte anos* podemos destacar:

* atração mórbida pela morte;
* atenção constante para a doença ou sinais dela;
* inexplicável e precoce cansaço de viver;
* atração muito forte para a sensualidade que sempre aparece em momentos de fantasia;
* repulsa pela sensualidade, pelo sexo, associada a uma imagem punitiva da mãe e um escrúpulo moral de formação cristã;
* atração pelo mundo noturno e depravado da vida boêmia, seguido de uma nostalgia e louvação do vício (fumo, bebida, etc);
* revolta contra a vulgaridade, a monotonia, que levam ao tédio;
* a natureza interior contraditória, que é poderosa, mas ao mesmo tempo frágil;
* o desejo de união com a mulher amada depois da morte.

VII - BIBLIOGRAFIA CONSULTADA

Azevedo, Álvares de - *Lira dos vinte anos* - in Poetas românticos brasileiros, SP, s/d, Editorial Amadio Ltda.

Bandeira, Manuel, *Apresentação da Poesia Brasileira*, RJ, s/d, CEB.

Cândido, Antônio e J. Aderaldo Castello - *Presença da Literatura Brasileira*, SP, 1974, DIFEL.

Cândido, Antônio - *Formação da Literatura Brasileira*, SP, s/d, Liv. Martins Edit.

Schmidt, Maria Junqueira - *Littérature française*, SP, 1967, Cia Edit. Nacional.

86. O mesmo que tédio, aborrecimento; contrariedade; pena, tristeza.

87. Mal do século.

MEMÓRIAS DE UM SARGENTO DE MILÍCIAS

De Manuel Antônio de Almeida
Por Neusa de Onofre

I - BIOGRAFIA

Manuel Antônio de Almeida, filho de portugueses, nasceu no Rio de Janeiro a 17 de novembro de 1831. Estudou no Colégio São Pedro de Alcântara e fez um curso de desenho na Escola de Belas Artes. Formou-se médico em 1855. Colaborou, ainda estudante, num jornal, o *Correio Mercantil*, em que publicou as *Memórias de um sargento de milícias*, de 27 de junho de 1852 a 31 de julho de 1853. Entrou em 1858 na Tipografia Nacional e no ano seguinte foi promovido a Segundo Oficial da Secretaria dos Negócios da Fazenda.

Morreu num naufrágio a 28 de novembro de 1861.

Ficou consagrado com um único livro: *Memórias de um sargento de milícias*, cuja publicação não trazia o nome do autor. Posteriormente, a obra é republicada em dois volumes (1854-1855), com alterações na ordem dos capítulos e assinado por "Um Brasileiro". A obra caiu no esquecimento e só mais tarde, no Modernismo, passou a ser valorizada.

II - BIBLIOGRAFIA

Memórias de um sargento de milícias (1852-1853)
Dois amores (drama lírico) (1861)
Tese de doutoramento (1855), traduções e esparsos no *Correio Mercantil*

III - INTRODUÇÃO.

Apesar de pertencer ao período literário do Romantismo, nas *Memórias de um sargento de milícias* não encontramos características idealizantes como se espera de uma obra romântica. O relato vivo da época, aproximandose de uma crônica histórica, torna-a distante do ideário estético do período.

A dúvida reside na classificação da obra como aborda Antônio Cândido em seu ensaio *Dialética da malandragem. É um romance picaresco? Um romance malandro? Romance documentário? Um romance representativo*? *E quanto à estrutura, seria um romance ou uma novela? Estruturalmente, obedece ao módulo da novela: uma seqüência de células dramáticas, ou episódios equivalentes aos capítulos, dispostos na ordem linear do tempo, com predomínio da ação sobre a análise e da técnica do suspense e do entrelaçamento.*

É fato conhecido que o autor baseou-se nas memórias de um autêntico sargento de milícias, o português Antônio Cesar Ramos, seu colega de redação.

A biografia acerca de Manuel Antônio de Almeida nos revela que, apesar do romance sair em capítulos, para a série de folhetins, o autor conhecia a totalidade da obra.

IV - RESUMO DO ENREDO

AS PRIMEIRAS TRAVESSURAS

Era no tempo do rei em que se deu a história de Leonardinho, fruto de uma pisadela e um beliscão. Seus pais, Leonardo-Pataca e Maria da Hortaliça, conheceram-se no navio em que vieram de Lisboa. Aquele aborrecera-se com seus negócios e resolvera vir ao Brasil. Encontrou a mulher na viagem e, seguindo o ritual do tempo, *distraidamente* deu-lhe uma *pisadela no pé direito.* Em retribuição ao gracejo, Maria sorriu e, também com ar de disfarce, ofertou-lhe um *beliscão nas costas da mão esquerda.* A mulher desembarcou sentindo *enojos* e depois de alguns meses deu à luz a *um formidável menino de quase três palmos de comprido, gordo e vermelho, cabeludo, esperneador e chorão.* Tal fato não deixou de ser comemorado com uma grande festa de batizado, em que compareceram, principalmente, o barbeiro e a parteira[88], que foram os padrinhos.

O menino não desmentiu os atributos de nascimento e aos sete anos de idade atormentava todos, inclusive a vizinha. Rasgava tudo que via pela frente. A sua predileção era o chapéu do pai, com o qual varria toda a casa. *Quando não traquinava, comia.*

A intranqüilidade da família não se resumia aos caprichos do pequeno. Leonardo-Pataca desconfiava de que Maria o traía, devido à freqüência de vários homens nas proximidades de sua casa. *À vista disso nada havia a duvidar.* Leonardo teve suas suspeitas confirmadas. Depois de esbravejar e surrar a mulher, saiu de casa. Quando resolveu voltar, acompanhado do barbeiro, ela já não se encontrava mais. Havia partido com o capitão do navio. O padrinho do menino maliciosamente disse que deviam ser *saudades da terra.*

Por conseguinte, Leonardo, abandonado pelos pais, ficara sob a guarda do padrinho. Este se afeiçoara ao menino de tal forma que, até nas travessuras, *achava o bom do homem muita graça.* Sonhava em transformar o afilhado numa pessoa importante. Pensou em várias possibilidades e acabou decidindo que iria torná-lo clérigo. Disse ao menino que poderia fartar-se de travessuras. Como a expressão lhe soou familiar e agradável, o moleque fez jus à fala do padrinho: meteu-se numa procissão e sumiu-se, indo parar num acampamento cigano, levado por dois meninos com os quais travara amizade. Nessa altura, o barbeiro, desesperado, procurava-o por toda a cidade. O menino só apareceu em casa no dia seguinte. Devido ao *ar de ingenuidade*, o homem *desatou a rir.*

---

88. Não há preocupação em nomear as personagens que são designadas pelo que fazem. No caso da parteira, passa a ser designada na obra pelo termo comadre.

APRENDENDO AS PRIMEIRAS LETRAS

Enquanto isso, Leonardo-Pataca havia se engraçado para os lados de uma cigana por quem se apaixonara devido ao seu lado *romântico e babão.* Seu relacionamento com mulheres, no entanto, tinha sempre a mesma sina: era traído. Resolveu procurar ajuda do sobrenatural. Foi à casa de um caboclo que *tinha por ofício dar fortuna*[89]. O major Vidigal ao ficar sabendo da recente devoção do homem, a necromancia[90], armou-lhe uma cilada. Este Vidigal era temido por todos. Por não haver uma polícia organizada, o major desempenhava todas as funções: *rei absoluto, arbítrio supremo, juiz, guarda*, enfim, *ele resumia tudo em si.* Convocou seus ajudantes, os granadeiros, e deu-lhes ordem para cercar a casa do feiticeiro. No momento em que os granadeiros adentraram o recinto, a cerimônia já havia começado: Leonardo-Pataca em trajes menores e o feiticeiro, dançavam ao redor da fogueira, no centro da sala. Após tê-los obrigado a dançar por um bom tempo, Vidigal mandou açoitar os praticantes de feitiçaria e prender Leonardo.

A comadre, ao inteirar-se da situação, foi procurar o barbeiro, exigindo os mínimos detalhes sobre tudo, principalmente a respeito do afilhado. Quando soube das intenções do barbeiro de transformar o menino num sacerdote, contrariou-se muito e achou melhor *metê-lo na Conceição a aprender um ofício.* O compadre, resoluto em suas idéias, põe-se a ensinar o ABC ao pequeno, mas este *empacou no F*

Numa retrospectiva fica-se sabendo da vida do padrinho. Quando *chegara à idade de dar acordo da vida achou-se em casa de um barbeiro que dele cuidava.* Aprendeu a profissão e saiu pela vida. De *oficial de barbeiro* passou a *médico de navio negreiro.* Este último ofício foi conseguido graças à habilidade em realizar sangrias. Por isso, granjeara a simpatia do capitão do navio que lhe incumbira de entregar uma pequena fortuna à filha. Como aquele morrera, o compadre acabou ficando com o dinheiro e arranjou-se na vida. A partir daí, tornou-se um homem de bem, a tal ponto de suportar as travessuras do afilhado e a língua da vizinha que maldizia o menino, afirmando que ele tinha *maus bofes.*

Depois da conversa com o padrinho, a comadre pôs mãos à obra a fim de conseguir a soltura de Leonardo. A pedido deste, foi procurar o tenente-coronel, um velho oficial a serviço do rei. Apesar de ele ser um homem de virtudes, tinha a consciência pesada por causa de um incidente que ocorrera em Lisboa, antes de vir ao Brasil. Deixara lá um filho, *fruto de um derradeiro amor que tivera aos 36 anos.* Esse rapaz havia desvirginado uma moça de família, de nome Mariazinha. A mãe desta exigiu o casamento. Para remediar a situação o tenente ofereceu à mulher uma quantia em dinheiro, que foi aceita prontamente. Ficou o dito pelo não dito. A referida moça nada mais era que Maria da Hortaliça. Assim, considerando-se em dívida com a família desta, o tenente, atendendo ao pedido da comadre

89. O mesmo, aqui, que felicidade, ventura, sorte.
90. Magia negra, adivinhação pela invocação dos espíritos.

para soltar Leonardo-Pataca, dirigiu-se à casa de um amigo que imediatamente lhe ajudou.

APRONTANDO COM O MESTRE DE CERIMÔNIAS

Por mais que o padrinho persistisse, o menino pouco avançara: *desempacara do F, e já se achava no P, onde por uma infelicidade empacara de novo.*

Passaram-se alguns anos, mas apesar da insistência do barbeiro, o menino apenas *lia soletrado sofrivelmente* e *aprendera a ajudar missa.* Resolveu colocá-lo na escola, mas já no primeiro dia recebera *dúzias de bolos.* Não quis freqüentá-la mais. O bom homem atribuía o incidente ao agouro da vizinha. Fez com que o afilhado fosse à escola, por dois anos. Aprendera *a ler muito mal* e *escrever ainda pior.* Leonardinho demonstrou, durante esse tempo, ser o pior elemento da classe. Passou a fugir constantemente da escola, para ir à igreja, não por inclinação, mas em busca de um amigo sacristão, *tão boa peça como ele.* Juntos celebravam mil traquinagens. Descoberto em suas travessuras, Leonardo, para safar-se da escola, convenceu o padrinho quanto à nova vocação: tornar-se um sacristão. Alegou que nascera para aquela vida.

Já no exercício do novo encargo, começou o menino a colocar as mangas de fora. A primeira vítima foi a vizinha, freqüentadora assídua da igreja. Num dia de igreja cheia, Leonardo combinou a maldade com seu amigo, enquanto um derramava cera derretida na mulher, o outro lhe atirava fumaça de incenso na cara. Nem mesmo *a sarabanda*[91] *que o mestre de cerimônia*[92] *passava* emendou os dois pequenos sacristãos. Não precisou muito para que uma *nova vingança* surgisse e a vítima fosse o próprio padre. O narrador comenta ironicamente que, apesar da conduta aparente do padre ser extremosa, por *dentro podia por si só fornecer a Bocage*[93] *assunto para um poema inteiro,* sendo uma prova disso os seus amores com a cigana que tinha sido amante de Leonardo Pataca.

O plano de vingança dos meninos consistia em avisar ao mestre de cerimônia que o sermão tão ansiado por ele, seria às dez horas, sendo que estava marcado para as nove. Quando o mestre de cerimônia chegou à igreja no horário estipulado, percebeu seu atraso ao ver seu lugar tomado por um capuchinho italiano. Começou no púlpito uma verdadeira batalha pela disputa da palavra. Como ambos os religiosos não se entendiam e falavam ao mesmo tempo, acabaram tornando-se alvo de risos e revolta dos fiéis. Enquanto isso, o meninos *nadavam em um mar de rosas.*

Jurando dar uns bons puxões de orelha nos dois, o padre foi tomar

---

91. Censura, repreensão, descompostura, desaforo.

92. Mestre de cerimônia é o padre, que passa maus pedaços por causa dos dois Leonardos, pai e filho.

93. Poeta português do século XVIII, famoso por seus poemas satíricos de temática obscena e linguagem indecente.

satisfação, perguntando-lhes o horário exato do sermão. Leonardo alega que falara às nove e que, se acaso houvesse dúvida, perguntasse à cigana, pois esta havia testemunhado. Diante da multidão presente, o homem ficou todo desconcertado. Resultado: o menino foi demitido do cargo.

O incidente caíra nos ouvidos de Leonardo-Pataca que, apesar de muito ter *sofrido por amores*, não se emendava jamais. Não se conformava de ter sido passado para trás por um reverendo. Ameaçou a cigana com os castigos da vida eterna e armou um plano para vingar-se do padre. Sabendo que ela daria uma festa e que provavelmente o outro estaria lá, contratou Chico Juca, homem valentão e amante de brigas, para provocar uma *grande desordem*. Depois foi ter com o major Vidigal a fim de preveni-lo da bagunça. No dia da festa, Leonardo ficou escondido. Como previra, o padre encontrava-se lá, trancado num quarto. Armada a confusão, Chico Juca fugiu e o major levou todos à Casa da Guarda na Sé, inclusive o mestre de cerimônia que fora pego de *ceroulas curtas e largas*, tendo que ir assim pela rua. Este, um tanto vexado e com medo de perder sua posição, resolveu largar a cigana.

O PRIMEIRO AMOR: LUISINHA

No dia da procissão dos ourives, o padrinho levou o afilhado à casa de Dona Maria, mulher rica que tinha mania de demandas[94]. Esta morava na rua do Ourives, por onde passava a procissão, que era uma das mais apreciadas daquele tempo. Enquanto aguardavam o cortejo religioso, o barbeiro tecia comentários a respeito do menino em contrapartida às observações maledicentes da vizinha. O menino não se conteve e desforrou-se da mulher pisando no vestido, a ponto de arrancar *alguns quatro palmos da barra da saia.*

O padrinho e o afilhado continuaram as visitas à casa de Dona Maria. Alguns anos vão se passando e as histórias de Leonardo tornam-se *um pouco mais sisudas.*

De tudo o que haviam planejado para o menino, este escolheu ser *um completo vadio, vadio-mestre, vadio tipo.* Chegara à idade dos amores. Em uma das visitas conheceu a sobrinha de Dona Maria, Luisinha. Ela viera morar com a tia, devido a esta ter vencido uma demanda contra um compadre de seu falecido irmão. A herança, que ficara para a menina, era cobiçada por esse compadre. Ao ver Luisinha, Leonardo não conteve o riso. Achou-se inclinado a julgá-la feia, mas a partir daí, era *o primeiro a vestir-se e dar-se por pronto*, quando aconteciam as visitas.

Numa dessas visitas, por ocasião da festa do Espírito Santo, ambos foram acompanhar Dona Maria e a sobrinha à Folia. Luisinha assistia, entusiasmada, à festividade. Leonardo passou a olhar a moça de maneira diferente e *admirou-se profundamente de que tivesse podido alguma vez rir-se dela e achá-la feia.* Nem por isso ela deixou de conservar a *cabeça baixa*

94. Ações na justiça, processos judiciais.

e olhos no chão. À tarde, foram ver a queima de fogos, o que causou empolgação da moça a ponto de abraçar o rapaz e voltar de mãos dadas com ele. No dia seguinte, voltou a baixar os olhos.

Por esse tempo, apareceu um conhecido de Dona Maria, José Manuel, que começou a interessar-se pela moça devido à sua condição financeira, pois quando a tia falecesse, Luisinha seria a única herdeira.

Leonardo começou a se afligir. O padrinho também se angustiava por saber que o afilhado não se ocupava com nada, motivo que poderia servir de pretexto a Dona Maria contra o rapaz na possibilidade de uma futura união com a sobrinha. O compadre então resolveu colocar um fim nos interesses de José Manuel, entrando em conchavo com a madrinha. Esta, mais do que depressa, empenhou-se em colocar o pretendente fora do jogo.

Por mais que os padrinhos prometessem o sucesso da empreitada contra José Manuel, Leonardo *ardia em ciúmes, em raiva.* Só pensava em vencer o seu rival. Além disso, sentia que precisava conquistar Luisinha. Decidiu falar-lhe. Imaginou como poderia fazê-lo até que, depois de muito gaguejar, disse o quanto lhe queria bem. Embora ela tivesse fugido, dando-lhe as costas, após a declaração, Leonardinho *percebeu com seu olhar de amante* que não havia sido desagradável à moça.

A comadre passou a difamar tanto José Manuel que Dona Maria acabou achando que o homem era mentiroso e maledicente. Ainda por cima, complicou-o com uma história do rapto de uma moça que havia ido rezar com seus familiares num lugar chamado Oratório de Pedra. Como o caso ficou conhecido por todos devido ao anonimato do raptor, a comadre não hesitou em atribuir a José Manuel a autoria do rapto, dizendo que havia presenciado o incidente. Dona Maria ficou desapontada com a notícia. Acabou vendo no *rapaz as qualidades*[95] *que agora lhe descobria tanto em relevo.* Para complicar ainda mais a situação do José Manuel, a tudo isso soma-se o fato de este ter ficado ausente durante um tempo a pretexto de resolver algo muito sério. José Manuel, ciente de que alguém o queria derrotar, contratou um Mestre de Rezas para desfazer tamanha acusação. Este descobre toda a trama. A situação resolve-se a favor de José Manuel e a comadre, difamada, acaba afastando-se do convívio de D. Maria.

O APARECIMENTO DE VIDINHA

Enquanto esses fatos aconteciam, Leonardo-Pataca ajeitara-se com Chiquinha, filha da comadre, vivendo com ela em *santa e honesta paz.* O casal teve uma filha *em tudo oposto de seu irmão paterno: mansa e risonha.* Nesse tempo, o padrinho caíra enfermo e morrera, deixando uma herança de *um bom par de mil cruzados em espécie* ao afilhado. Este acabou voltando aos cuidados do pai, que se incumbira, principalmente, de preser-

---

95. Temos aqui uma das figuras (tropo) mais comuns nessa narrativa, a ironia, que consiste em dizer o contrário do que as palavras significam, isto é, o narrador está se referindo aos defeitos de José Manuel.

var a tal quantia.[96] Assim, todos passaram a morar juntos, inclusive a comadre. Mas a situação não era confortável, pois Leonardo não se dava bem com a mulher do pai, por mais que este e a madrinha tentassem apaziguá-los. Certa vez a discussão chegou a tal proporção que Leonardo-Pataca armou-se de espada e expulsou o filho, que fugiu *pondo dez léguas por hora*, traumatizado, ainda, com o pontapé que recebera do pai na infância.

Leonardo foi se meter *lá para as bandas dos Cajueiros* e encontrou um grupo de *rapazes e raparigas*. Entre eles estava o seu antigo amigo sacristão. Após colocar a conversa em ordem, Leonardo resolveu acompanhar o grupo, depois, é claro, de ouvir uma modinha[97] cantada pela mulata[98] Vidinha.

O rapaz não pensava mais em Luisinha ou em José Manuel, pois só tinha olhos para Vidinha. *Estava pois embebido num êxtase contemplativo.* Resolveu ficar morando com os novos amigos. A nova família era composta por duas senhoras viúvas e seus filhos. Uma delas tinha três rapazes e a outra, três moças. Vidinha, a mais encantadora, era disputada por dois primos. Por causa disso, Leonardo, que se enamorava da moça, causou despeito em ambos os moços. Não deu outra: um deles acabou discutindo com Leonardo, dando-lhe *dois safanões, agarrando-o pela gola da camisa.*

Finalmente, a comadre descobriu o paradeiro do afilhado e acabou entendendo-se com as duas senhoras, das quais ficou amiga.

Por hora, os primos haviam se acalmado, mas Leonardo mal sabia o que o aguardava. Numa **patuscada**[99], *uma dessas romarias consagradas ao prazer*, o rapaz caiu numa cilada; foi preso pelo major Vidigal, devido a uma denúncia feita pelos primos que, no momento da prisão, *trocaram entre si um olhar de inteligência e triunfo.*

No caminho, em direção à prisão, Leonardo despista os granadeiros e o major, conseguindo fugir graças a um alarido na rua. A confusão fora tanta que as pessoas presentes começaram a zombar do major Vidigal por ter deixado escapar tão precioso vadio. O major jurou vingança contra o rapaz.

A comadre, preocupada com o destino do afilhado, aconselhou-o a arrumar um ofício. Ela mesma conseguiu que ele fosse contratado para trabalhar na **ucharia**[100] real. No entanto, como os *infortúnios dos devaneios do coração* o perseguiam, Leonardinho novamente deu-se mal. Envolveu-

---

96. Como em quase todas as ações e decisões das personagens nessa narrativa, podemos notar aqui que o interesse econômico representa a causa principal ou fator preponderante.

97. Cantiga popular daqueles tempos. Mário de Andrade registrou várias num libreto com o título *Modinhas Imperiais*. Como reminiscência do que foram estas composições há criações modernas como *Modinha*, de Sérgio Bitencourt e *Até Pensei*, de Chico Buarque.

98. Bem antes da estética naturalista, Manuel Antônio de Almeida inseriu a personagem mulata como índice de sensualidade. Podemos ver em Vidinha uma personagem precursora da Rita Baiana de *O Cortiço*, de Aluísio Azevedo.

99. Farra, festa, grupo de pessoas que se reúnem alegremente para comer e beber.

100. Despensa, onde os alimentos são armazenados.

se com uma moça e apanhou de seu amante, conhecido pelo apelido *toma-largura*, um *machacaz talhado pelo molde mais grotesco*. No dia seguinte a essa confusão, Leonardo foi despedido.

Vidinha ficou possessa quando soube da verdadeira razão da dispensa do Leonardo. Além de ofendê-lo, dirigiu-se à ucharia a fim de tomar satisfação da mulher do *toma-largura*. Leonardinho seguiu-a e, quando já estava no palácio, foi surpreendido e preso pelo major Vidigal.

Devido às atitudes da mulata, *toma-largura* acaba encantando-se com ela, passando a persegui-la. Vidinha, percebendo a insistência do homem e crente no abandono de Leonardo, entrega-se a ele. Era uma forma de se vingar do ex-namorado e da mulher que motivara o rompimento.

LEONARDO NA MIRA DO MAJOR VIDIGAL

Para comemorar o retorno da paz à família da mulata, depois desses acontecimentos, os familiares resolveram fazer uma patuscada. *Toma-largura* embriagado armou grande confusão, sendo surpreendido pelo major Vidigal, que escolhera um de seus granadeiros para prender o arruaceiro. Grande surpresa, pois o granadeiro nada mais era do que o próprio Leonardo, sequioso em ajustar as contas com o outro. Mas o desordeiro era tão pesado que acabou sendo abandonado na calçada.

Numa retrospectiva, o narrador informa que Leonardo ao conseguir o posto de granadeiro despertou o interesse do major. Vidigal, que logo o solicitou para seu serviço por ser o moço uma pessoa astuta e vadia, assim *deveria conhecer todas as manhas do ofício*. No entanto, como era de se esperar, o rapaz aprontou mais uma. Foi por ocasião de um enterro simbólico do major Vidigal, feito por populares. Ao saber do evento, o major designou Leonardo para vigiar a casa, mas este tentou enganá lo. Vidigal, desconfiado, entrou no local e pegou todo mundo em flagrante, tendo a maior surpresa ao descobrir que Leonardo fazia o papel do morto. O rapaz foi perdoado por ser a primeira vez que desobedecia à disciplina militar.

Como Leonardo nunca se dava por vencido, envolveu-se em outra. Havia no Rio um tal de Teotônio, *banqueiro de uma roda de jogo* e farrista cujo prazer era animar festas fazendo imitações e caricatura de todo mundo. O major Vidigal era sua vítima predileta. Não era à toa que este andava à espreita a fim de capturá-lo. A oportunidade apareceu quando Teotônio foi convidado para a festa de batizado da filha de Leonardo-Pataca. O major, ao ficar sabendo da festa e da presença de Teotônio, convoca novamente Leonardo para que vá à casa do pai e mantenha vigilância. Como o animador agradava a todos, o rapaz compadece-se dele e resolve enganar o major Vidigal. No final, a trama foi descoberta e Leonardo ameaçado de punição com a promessa de ser chicoteado.

A comadre, ao saber da situação, foi implorar ao major que desistisse do castigo. Mas como ele se mostrasse inflexível, pediu o auxílio a Dona Maria, com a qual já se havia reconciliado, e juntas recorreram a Maria Regalada, que poderia ter maior influência sobre o major, por ter sido sua amante no passado. Apesar da cordialidade com que foram recebidas, o homem não se comoveu diante da choradeira das três senhoras. Até que Maria Regalada chamou-o a um canto e prometeu-lhe algo em segredo, caso cedesse ao pedido, libertando Leonardo. O rapaz é solto pelo major.

E VIVERAM FELIZES PARA SEMPRE...

Lá pelos lados de Luisinha, a situação se arranjara de tal forma que José Manuel conseguira desposá-la graças a *uma nova prebenda*[101] *relativa a uma pontinha de testamento.* José Manuel acabou arranjando *tudo em pouco tempo, coisa que procurador nenhum teria feito.* Assim, *venceu a demanda em favor de Dona Maria.*

O **consórcio**[102] só trouxera infelicidade à moça que perdera a liberdade e tornara-se indiferente ao homem. Dona Maria, percebendo a armadilha em que caíra a sobrinha, decidiu mover uma ação judicial contra José Manuel. Mas o destino cooperou: o marido foi acometido por *um violento ataque apoplético.* No enterro, Luisinha chorou, mas como choraria por qualquer um, *não eram lágrimas de viúva.* Para contrastar com o clima do velório, Leonardo apareceu de farda nova, vestido em seu uniforme de sargento, para surpresa de todos. Ambos se entenderam. O rapaz recordou mentalmente todo passado e *chegou àquela ridícula, mas ingênua cena da sua declaração de amor a Luisinha. Pareceu-lhe que tinha então escolhido mal a ocasião, e que agora isso teria um lugar muito mais acertado.*

O único problema que impedia a união entre os jovens era o fato de o rapaz pertencer à tropa de linha. Novamente a comadre foi pedir ajuda a Maria Regalada e qual não foi sua surpresa ao encontrá-la morando com o major. Percebeu de imediato qual foi a promessa que Maria Regalada fizera ao Vidigal para conseguir a soltura do Leonardinho.

Tudo fica resolvido, outra vez, através da intervenção do major, com a nomeação de Leonardo para o posto de sargento de milícias. O casamento foi realizado para a eterna felicidade dos noivos.

Daqui em diante aparece o reverso da medalha. Seguiu-se a morte de Dona Maria, a do Leonardo-Pataca, e uma enfiada de acontecimentos tristes que pouparemos aos leitores, fazendo aqui o ponto final.[103]

---

101. Rendimento, dinheiro.

102. Casamento, matrimônio.

103. Mantendo seu gosto pela ironia e ambigüidade, o narrador intitula o último capítulo *Conclusão feliz*, mas ao contrário das tradicionais histórias românticas acena com mortes e acontecimentos tristes, limitando a felicidade final ou situando-a dentro das limitações da existência real.

VI - SÍNTESE DO RESUMO

Leonardo, personagem central, é filho de uma pisadela e de um beliscão. Seus pais, Leonardo Pataca e Maria da Hortaliça, vieram juntos de Portugal e se conheceram no navio. Separados os pais, o menino é tomado sob os cuidados do barbeiro, seu padrinho (o compadre), com a ajuda de uma parteira, sua madrinha (a comadre). Durante a narrativa são descritos episódios pitorescos que envolvem todas as personagens, principalmente o menino, servindo ao narrador, para descrever tipos, costumes e ambientes do Rio de Janeiro, no período de permanência da Família Real no Brasil. O padrinho e a madrinha fazem tudo pelo afilhado. Aquele esmera-se na alfabetização do garoto, colocando-o na escola e, como a tentativa resulta infrutífera, mais tarde lhe arruma um lugar na igreja para ajudar o padre. Tudo em vão. A comadre livra-o de apertos sempre que se encontra em situações difíceis, pedindo a intervenção de quantos lhe aparecem. Apesar dos esforços em tornar Leonardo um grande homem, este opta por ser malandro. Assim, após sucessivas encrencas em que se mete, acaba tendo que servir como granadeiro sob as ordens do major Vidigal, até ser elevado ao posto de sargento. Casa-se com o seu primeiro amor de infância, Luisinha, já viúva, conseqüentemente livre, pois havia sido forçada a contrair matrimônio para agradar a tia, Dona Maria, com José Manuel, o qual se mostrara um verdadeiro tirano.

VII - ESTRUTURA DA OBRA

AÇÃO: Numa primeira parte (do capítulo 1 ao 17) a ação concentra-se nas travessuras de Leonardo criança; na segunda (do capítulo 18 ao 48); narram-se as façanhas do adolescente e, conforme nos promete o narrador, *começam histórias, senão mais importantes, pelo menos um pouco mais sisudas.* Prevalece a ação exterior.

TEMPO: O tempo da obra é cronológico e situa-se no "tempo do rei", período que compreende a vinda da família real ao Brasil, em 1808, até as vésperas da independência, 1820.

ESPAÇO: A ação toda transcorre no Rio de Janeiro, privilegiando os ambientes domésticos, mas algumas vezes o narrador conduz seus leitores aos ambientes externos, à rua, como no capítulo intitulado "o fogo no campo", na cena em que Leonardinho escapa das mãos do Vidigal e na festa da família de Vidinha.

FOCO NARRATIVO: A narrativa é feita em terceira pessoa e um dos traços estilísticos é a conversa que o narrador estabelece com o leitor. Este a todo momento é referido seja com a finalidade de aproximá-lo dos fatos ("... *porém o leitor vai ver o que o pobre homem era condescendente, e que a Maria tinha razão quando falara ironicamente em honra do meirinho*"); ou

para dirimir a curiosidade (*Entretanto vamos satisfazer ao leitor, que há talvez de ter curiosidade de saber onde se meteu o pequeno*); ou ainda oferecer um breve resumo de situaçõe
s passadas que podem ter sido esquecidas (*Os leitores devem estar lembrados de que o nosso antigo conhecido, de quem por algum tempo nos temos esquecido, o Leonardo-Pataca, apertara-se em laços amorosos com a filha da comadre...*). O objetivo dessa técnica é tornar a narrativa simpática e agradável ao público. Daí a intervenção constante de manter viva a curiosidade do leitor, fazendo-a através de frases-chamariz, suspendendo a ação e prometendo voltar ao assunto (*Como o velho tenente-coronel conhecia a comadre e o Leonardo, e porque se interesssava por ele, o leitor saberá mais adiante*) .

PERSONAGENS:

Leonardo filho: é um dos protagonistas da história. Desde o nascimento, mostrou-se peralta. Conforme nos revela o próprio narrador, o rapaz acaba se tornando um *completo, vadio, vadio-mestre, vadio tipo.* É um anti-herói, mostra os defeitos do caráter mal formado e não tem a mínima intenção de escondê-los. Apesar desse traço negativo, tão contrário aos heróis românticos, Leonardo acaba se tornando simpático aos olhos dos leitores. Há um mundo de mulheres que o cercam de atenções, tentando livrá-lo das situações difíceis em que se mete. O próprio padrinho, maternalmente, cuida de sua vida e lhe deixa a riqueza como herança. Podemos ver nessa personagem o primeiro perfil de malandro traçado na literatura brasileira, o qual terá continuidade em *Macunaíma*, de Mário de Andrade, na poética de Noel Rosa, tão bem expresso nos versos de "O orvalho vem caindo" (*O orvalho vem caindo / vai molhar o meu chapéu / e também vão sumindo / as estrelas lá no céu. // Tenho passado tão mal / a minha cama é uma folha de jornal / meu cortinado é um vasto céu de anil / e o meu despertador é o guarda-civil...*"[104]) e também na canção "Homenagem ao malandro", de Chico Buarque, em que o malandro entra em declínio por ter como concorrente um outro mais hábil (*Malandro com retrato / na coluna social / malandro com gravata, com contrato / e capital / e nunca se dá mal / mas o malandro pra valer / - não espalha / aposentou a navalha / tem mulher e filho / e tralha e tal*)

Luisinha: assim como Leonardo, é apresentada fora dos padrões da heroína romântica, cuja beleza e virtude são insuperáveis. Trata-se de uma moça "*alta, magra, pálida*" que vive com "*o queixo enterrado no peito*", sempre a andar de olhos baixos. Seus braços são finos e compridos e o cabelo cortado até o pescoço está sempre mal penteado. No início causou risos em Leonardinho. Posteriormente, graças ao amor e ao amadurecimento, sofre transformações que possibilitam sua inserção na galeria das donzelas românticas: *seus contornos começavam a redondar-se; seus braços, até ali finos e sempre caídos, engrossavam-se e tornavam-se mais*

---

104. Rosa, Noel - *História da MPB: Grandes Compositores*, SP, 1982, Abril.

ágeis; suas faces magras e pálidas, enchiam-se e tomavam essa cor que só sabe ter o rosto da mulher em certa época da vida; a cabeça que trazia habitualmente baixa erguia-se agora graciosamente; os olhos até aqui amortecidos começavam a despedir lampejos brilhantes; falava, movia-se, agitava-se.

Vidinha: é o tipo de mulher que se contrapõe ao de Luisinha. Ela é o reverso da medalha, pois a tônica descritiva da mulata deixa entrever muito mais os aspectos sensuais: *era uma mulatinha de 18 a 20 anos, de altura regular, ombros largos, peito alteado, cintura fina e pés pequeninos; tinha os olhos muito pretos e muito vivos, os lábios grossos e úmidos, os dentes alvíssimos, a fala era um pouco descansada, doce e afinada.* É uma personagem que se permite prazer, canta, dança e é livre para escolher o homem com que vai se relacionar. Podemos dizer que Vidinha, comparada aos padrões das figuras femininas românticas, é amoral. Nela estão contidos traços característicos que encontraremos, posteriormente, em Rita Baiana, personagem de *O cortiço,* de Aluísio Azevedo, ou até mesmo em Gabriela, do romance de Jorge Amado, *Gabriela, cravo e canela.*

Leonardo-Pataca: é o pai de Leonardinho, definido pelo narrador como um homem "*romântico*" e "*babão*". Tanto é que vive metido em encrencas por causa das mulheres. Pertence a uma categoria profissional chamada de meirinho (oficial de justiça). Ao retratá-lo, diz o narrador que é uma *gordíssima personagem de cabelos brancos e carão avermelhado.* A velhice o havia tornado "*moleirão e pachorrento*", a ponto de atrasar os negócios. Em Lisboa, era algibebe (alfaiate ou vendedor de roupas inferiores). Aborrece-se com a profissão e vem tentar a vida no Brasil

Maria-da-Hortaliça: é a mãe do protagonista. Recebe esse nome por ter sido quitandeira das praças de Lisboa. Era "*rechonchuda e bonita*". Logo no início da narrativa, esta personagem é afastada, em virtude da sua fuga com o capitão do navio que a trouxera. Não representa o modelo maternal, nem mesmo nas suas atitudes frente à criança. A lembrança da mãe apaga-se na mente de Leonardinho. Não há qualquer referência carinhosa a ela no decorrer da história.

Compadre: era barbeiro e padrinho de Leonardo. Figura importante para a narrativa, pois cumpre a função de protetor e defensor do afilhado, juntamente com a comadre, fazendo-nos lembrar dos contos de fadas, em que o herói é sempre acompanhado pela fada-madrinha que o livra de situações embaraçosas. O barbeiro apresenta-se como um homem honesto, embora sua fortuna tenha sido fruto de uma atitude pouco digna, pois era destinada a outra pessoa, que ele jamais procurou. Levando em conta o destino que deu ao dinheiro e o resto de sua vida, não apresenta outros resquícios de mau caráter. Suporta tudo pelo afilhado. Se preciso, mente e finge que não vê as diabruras do menino. Tem como ideal tornar o rapaz um verdadeiro homem.

Comadre: é madrinha de Leonardo filho. Trata-se de *uma mulher baixa, excessivamente gorda, bonachona, ingênua ou tola até certo ponto e finória até outro*. Representa aquele tipo de mulher considerada "*papa-missas da cidade*". A sua função na narrativa é livrar Leonardinho de situações complicadas, pedindo ajuda a quer que precisasse. Revela-se capaz de inventar mentiras para favorecer o afilhado, como a que colocou José Manuel em dificuldade.

Major Vidigal: é um antagonista dos Leonardos, representando a ordem. Num tempo em que a polícia era totalmente desestruturada, essa personagem cumpria a função de manter alei. Era "*uma espécie de inquisição policial*". Para isso, vivia à caça de todos que contrariassem as normas estabelecidas por ele. Adorava acabar com as festas e levar quantos pudesse à Guarda na Sé. Era um *homem alto, não muito gordo, com ares de moleirão, tinha o olhar sempre baixo, os movimentos lentos, e voz descansada e adocicada*. Volta e meia é exposto a situações ridículas, seja nas ruas ou seja ao receber pessoas em sua casa, em trajes caricaturais.

Dona Maria: é tia de Luisinha, e uma das poucas personagens que pertence a uma classe social privilegiada. Vive rodeada pelas pessoas de baixa categoria social, pois *tinha um bom coração, era benfazeja, devota e amiga dos pobres*. Tinha mania das demandas, revelando-nos a ociosidade como um traço da classe rica.

José Manuel: esta personagem exerce o papel de vilão. Diz dele o narrador que *se tinha alguma virtude, era a de enganar pela cara*. Era um homem maledicente. Só pensava em tirar proveito econômico das situações. Em sua união com Luisinha fica patente a crítica ao casamento por interesse, ainda mais por ter-se mostrado um péssimo marido, tal qual o "escudeiro" da *Farsa de Inês Pereira*, de Gil Vicente. Como quase todo bandido, é eliminado antes do final da história.

Outras personagens: As demais personagens podem ser chamadas de figurantes, pois apenas contribuem para o desenrolar da trama. A maioria é tratada apenas pela função, posição, atividade social ou apelido: a cigana, o mestre de rezas, o mestre de cerimônias, os granadeiros. o toma-largura. Mais uma vez, podemos encontrar afinidades com a obra do dramaturgo Gil Vicente, pois ambos preocupam-se em recortar e apresentar os tipos sociais, evitando um aprofundamento na análise psicológica das personagens.

VIII - ESTILO DE ÉPOCA E ESTILO INDIVIDUAL

As *Memórias de um sargento de milícias* foram escritas e publicadas no período literário do Romantismo. Ressalta nessa estética a ruptura com os padrões clássicos, os quais determinavam a obediência às regras de composição poética. O romântico almeja a liberdade de criação. Daí o triunfo da intuição e da fantasia, aumentado o contraste entre as aspirações e a realidade. Conseqüentemente se opõem à razão, responsável por levar os clássicos a aceitarem uma existência relativamente pacífica. Ao contrário, o Romantismo expressa a insatisfação do homem perante o mundo em que vive e, em decorrência dessa visão, revela-nos uma atmosfera de inquietação, inconformismo social, ideais políticos e de liberdade e ênfase nacionalista. Dá preferência à vida sentimental, tornando-se intimista e egocêntrico. Cultiva o amor e a confidência e, quando se dispõe à renúncia e ao isolamento, identifica-se com a natureza. Também cultua o sentimento religioso, exalta a pátria e irmana-se com a humanidade.

Tendo em vista a maioria das posições românticas, o mundo desta obra que analisamos distancia-se consideravelmente da tônica da época, principalmente pelo seu caráter humorístico, sua linguagem coloquial, próxima do jornalismo, e pelo tom direto na exposição dos fatos. Esse aspecto ressalta ainda mais, se levarmos em conta que o autor relata episódios que lhe foram narrados por um amigo de trabalho, um antigo sargento sob as ordens do famoso major Vidigal, figura autenticamente histórica, como já foi constatado, que foi durante anos o chefe da polícia colonial carioca. Há também que considerar a atitude de anonimato até a segunda edição. Apenas na terceira é que a obra revela o autor verdadeiro, fazendo-nos acreditar no descompromisso do escritor perante a moda literária e na despreocupação quanto ao estilo em voga.

Em virtude da problemática classificação ou enquadramento da obra, José Veríssimo, no final do século passado, considerou-a como um romance pré-realista. Mais tarde, Mário de Andrade, escritor modernista, lança por terra a idéia de enquadrá-la assim, pelo fato dessa estética manter um caráter moralizante e uma finalidade social, às vezes adquirindo um aspecto combativo, o que destoaria da obra em questão. Aproxima-a das novelas picarescas originárias da Espanha, tendo como ponto de partida o *Lazarillo de Tormes* (1554). Essa classificação torna-se também questionável a partir do momento em que a crítica notou as diferenças entre a personagem tipicamente picaresca e o protagonista das memórias. O pícaro típico narra a sua própria história, em primeira pessoa, vive como mendigo, vagabundo, andarilho, servindo sempre a indivíduos mesquinhos a quem precisa enganar, mentir, roubar para sobreviver. Leonardo, no entanto, é visto sob a ótica de um narrador de terceira pessoa. Além disso, não sai do Rio de Janeiro e, se engana as pessoas, não o faz para subir na vida, mas apenas para divertir-se. Acrescente-se a isso que lhe falta o "*choque áspero com a realidade*" e que se torna simpático tanto aos olhos dos leitores quanto de várias outras personagens. Sendo assim aceita-se a idéia de que Leonardo tem apenas um remoto parentesco com o pícaro no tocante à origem, pois ambos foram abandonados pelos pais.

Mais do que tentar enquadrar as memórias em estéticas literárias, vale notar a originalidade da obra pelo seu aspecto cômico, um tanto "amoral" às vezes; pelo tom coloquial, oferecendo-nos uma lista de brasileirismos, modismos, provérbios populares, ditos e frases feitas; pela abordagem da cultura popular; pelo retrato da realidade, fugindo das situações idealizantes; e pela descrição dos costumes da época, no que se refere às festas, às procissões, aos aspectos folclóricos.

IX - PROBLEMÁTICA E PRINCIPAIS TEMAS

Como já foi dito, a obra de Manuel Antônio de Almeida distancia-se do Romantismo típico pela ausência de idealização, revelando em contrapartida traços caricaturais e situações cômicas, cenas ridículas e ambientes populares, contrastando com o idealismo e derramamento sentimental dos ambientes burgueses dos romances de seu contemporâneo Joaquim Manuel de Macedo.

- Por outro lado, não se pode descartar tal obra do panorama romântico, pois apresenta os seguintes traços desse estilo:
  - a união do par amoroso no final;
  - Leonardo, apesar de tudo que faz, torna-se, no final, um rapaz digno, aceito socialmente e com condições de assumir o casamento;
  - Luisinha, inicialmente desajeitada, adquire no final um contorno mais próximo do padrão romântico;
  - prevalecimento do "primeiro amor", tão prezado pelo Romantismo, já que Leonardo, apesar de sua aventura com Vidinha, volta para Luisinha.
  -
- Entre os temas principais, encontramos:
  - a intenção de ridicularizar o preconceito e a hipocrisia social, revelando que para se viver em tal sociedade é necessário manter as aparências;
  - a crítica ao casamento por interesse, sendo suficiente para demonstrar isso o casamento de Luisinha com José Manuel, seguido da infelicidade da moça;
  - crítica também às uniões conjugais ilegítimas, ou seja, os amigamentos, e como maior exemplo temos a concordância do narrador com o empenho que Leonardo e Luisinha tinham em se casar legalmente;
  - a crítica aos tempos atuais[105] quando comparados aos do passado[106] por deixar que se percam muitos dos costumes populares.
  - a valorização do mundo musical. Manuel Antônio de Almeida era "musicalíssimo" e foi, durante certo tempo, diretor da Ópera Imperial. Daí as referências musicais no decorrer da narrativa. Enumera instrumentos musicais, descreve danças e cita trechos de modinhas, como a intitulada

---

105. Ao tempo da escritura das memórias, aproximadamente 1852, ou seja, momento da narração.

106. Tempos do passado, refere-se à época das aventuras do Leonardo, ou seja, no tempo do Rei, após 1808, quando D. João VI passa a governar no Brasil.

Quando as glórias que gozei, de Cândido Inácio Silva.

- Gostaríamos de encerrar dizendo que a modinha é considerada como o primeiro gênero de canção popular brasileira.

BIBLIOGRAFIA CONSULTADA

Andrade, Mário de - "Introdução" in: *Memórias de um sargento de milícias*, Brasília, 1963, Editora Universidade de Brasília.

Bosi, Alfredo - *História concisa da Literatura Brasileira*, SP, 1986, ed. Cultrix.

Cândido, Antônio e ... - *Presença da Literatura Brasileira* (Das origens ao Realismo), SP, 1987, DifelCândido, Antônio - "Dialética da malandragem"in: *O discurso e a cidade*, SP, 1993, Duas Cidades.

Hollanda, Chico Buarque de - ***Chico Buarque, letra e música*** - SP, 1989, Editora Schwarcz Ltda.

Veríssimo, José - *História da Literatura Brasileira*, Brasília, 1963, Editora Universidade de Brasília.

A CIDADE E AS SERRAS

de Eça de Queirós
por Geraldo Chacon

I - BIOGRAFIA E BIBLIOGRAFIA

O nome completo do grande prosador lusitano é José Maria Eça de Queirós. Nasceu em 1845, em Póvoa de Varzim, tendo estudado Direito em Coimbra, onde se ligou aos jovens acadêmicos agitados, mas não participou da famosa polêmica intitulada **Questão Coimbrã**. Já nas conturbadas **Conferências do Cassino Lisbonense**, em 1871, teve papel importante ao lado do poeta Antero de Quental.

Profissionalmente, podemos encontrá-lo no Egito, em 1869, fazendo uma reportagem sobre a inauguração do Canal de Suez. Mais tarde, por volta de 1871/2, podemos vê-lo no cenário que mais tarde vai utilizar na composição de seu romance *O Crime do Padre Amaro*, Leiria, onde exerce o cargo de administrador do Concelho. Ingressa na carreira diplomática e é nomeado cônsul em Havana no ano de 1873. No ano seguinte, vai para Bristol (Inglaterra), onde serve até 1878. Consegue finalmente realizar um grande sonho seu, transfere-se para Paris, cenário da primeira parte de *A Cidade e as Serras*, ficando aí até o final de sua vida. Em 1900, o brilho de sua ironia apagou-se.

Produziu uma novela, contos, hagiografia, artigos para jornal, literatura de viagens e romances. Suas principais obras são: *O Crime do Padre Amaro* (1875), *O Primo Basílio* (1878), *O Mandarim* (1879), *A Relíquia* (1887), *Os Maias* (1888), *A Ilustre Casa de Ramires* (1900), *A Correspondência de Fradique Mendes* (1900), *A Cidade e as Serras* (1901), *A Capital* (1925), *O Conde d'Abranhos* (1925).

II - INTRODUÇÃO

Diversos e inúmeros trabalhos publicados sobre Eça de Queirós e suas obras demonstram de modo irrefutável a sedução que seu estilo exerce sobre os estudiosos. Sobre os leitores de nível médio, desinteressados pelas análises estilísticas, esse mesmo encantamento pode ser percebido na constância de suas obras sobre os criados-mudos, levando um crítico a denominá-los "fantasmas de cabeceira".

Além do retrato plástico do cenário e das personagens, com boa dose de caricatura quase sempre (basta ver a figura de Jacinto na primeira parte de *A Cidade e as Serras*), Eça prende seus leitores pelo seu fino senso de humor, pela sua ironia inconfundível. Não é difícill encontrarmos alguém rindo alto, completamente distraído, durante a leitura de *A Relíquia* ou *O Mandarim*. Essa ironia, corrosiva na segunda fase de sua obra, ganha tons mais requintados, cores mais delicadas, na terceira fase, extasiando-nos com as confusões do ricaço Jacinto ou com a ironia ao mesmo tempo simpática e amorosa com que contrapõe Gonçalo a seu valente antepassado Tructesindo em *A Ilustre Casa de Ramires*.

O romance *A Cidade e as Serras* pertence à terceira fase, caracterizada por uma contenção da sua ironia corrosiva, que se torna bem humorada. A crítica continua, mas revela um caráter otimista, uma esperança, em *A Cidade e as Serras*, no campo de que faz a apologia e na sua obra-prima, *A Ilustre Casa de Ramires*, na melhoria de Portugal através da colonização da África.

III - RESUMO DO ENREDO

CAPÍTULO I

O meu amigo Jacinto nasceu num palácio, com cento e nove contos de renda em terras de semeadura, de vinhedo, de cortiça e de olival. (p.1) Assim, nós leitores somos apresentados ao protagonista do romance por um narrador-personagem, com foco narrativo de primeira pessoa, mas que não se identifica de imediato. Jacinto, embora proprietário de vastas terras no Alentejo, foi levado pelo destino a nascer, crescer e morar em Paris, nos Campos Elísios, num palácio, no número 202.

Tudo teria acontecido porque o seu avô, que também se chamava Jacinto, caiu um dia na rua e foi socorrido pelo infante D. Miguel. O velho passa todo o resto de sua vida dedicando a seu salvador uma devoção desmesurada. Quando D. Miguel foi vencido pelos liberais, tendo que fugir para o desterro, o velho Jacinto aborrecido, recusou-se a continuar vivendo em Portugal e mudou-se para a França, levando seu filho Cintinho, uma frágil e pálida criança. Após sua morte, a viúva continuou em Paris. O pálido Jacinto casou-se, morrendo pouco tempo depois. Três meses e três dias depois do enterro veio à luz seu filho, que recebeu o mesmo nome do pai e do avô.

Ao contrário do pai, este Jacinto cresceu com saúde, segurança e sorte, sendo por isso chamado pelo narrador o **Príncipe da Grã-Ventura**.

Jacinto e eu, ***José Fernandes***[107] *, ambos nos encontramos e acamaradamos em Paris, nas escolas do Bairro Latino, para onde me mandara meu bom tio Afonso Fernandes Lorena de Noronha e Sande, quando aqueles malvados me riscaram da Universidade por eu ter esborrachado, numa tarde de procissão, na Sofia, a cara sórdida do Doutor Pais Pita.* (p.4) [108] .

Conta ainda o narrador que já no tempo de estudante, em 1875, Jacinto criara a teoria de que a suma felicidade só é conseguida quando o

---

107. Grifamos o nome do narrador por ser a primeira vez que ele aparece.

108. Essa falta de civilidade de Fernandes é coerente com sua origem serrana. No final do romance ele agredirá um estudante que vaia o mestre durante a aula.

homem se torna superiormente civilizado, isto é, quando logra unir todo o conhecimento humano acumulado a todos os mecanismos inventados. Para convencer o amigo de sua teoria, Jacinto emprega como argumento que, se acrescentar aos seus olhos as lentes de um binóculo, poderá ver o que está por trás da vitrine de uma loja. Se usar um telescópio poderá ver além do planeta Marte.

Finalizando, diz: *Tens aqui pois o olho primitivo, o da natureza, elevado pela civilização à sua máxima potência de visão.* E conclui: *Claro é portanto que nos devemos cercar de civilização nas máximas proporções para gozar nas máximas proporções a vantagem de viver.* (p.6)

Jacinto, naturalmente, com tais idéias supervaloriza a cidade e tudo que nela se encontra, não conseguindo imaginar como se poderia viver feliz fora dela. Julga a religião uma necessidade ou instinto rudimentar dos brutos. Para ele tem valor o telefone e o fonógrafo: *Só o fonógrafo, Zé Fernandes, me faz verdadeiramente sentir a minha superioridade de ser pensante e me separa do bicho. Acredita, não há senão a cidade, Zé Fernandes, não há senão a cidade!* (p.7)

Em contrapartida, no campo, Jacinto treme por sentir sua fragilidade e solidão, percebendo a *humilhante inutilização de todas as suas faculdades superiores.* Isso fica evidente quando um dia saiu a passear pelo campo com o amigo Zé Fernandes, que narra seus sustos e medos pelas mais insignificantes coisas da natureza: *Todas as flores que não tivesse já encontrado em jardins, domesticadas por longos séculos de servidão ornamental, o inquietavam como venenosas.*

Bastou uma hora para que ele se cansasse e pedisse para voltar para o barulho e agitação das ruas de Paris. Jacinto está então com vinte e três anos.

O narrador, num fevereiro de 1880, foi intimado pelo seu tio a voltar para Portugal, no Douro, pois o tio se dizia velho e precisava de alguém com pernas mais rijas que gerenciasse seus bens. Pensando na comida saborosa de sua tia Vicência, Zé Fernandes arruma a velha mala. Jacinto, ao saber da novidade, recua com um *surdo gemido de espanto e piedade.* E ironicamente completa o narrador: *A mágoa com que me acompanhou ao comboio conviria excelentemente ao meu funeral. E quando fechou sobre mim a portinhola, gravemente, supremamente, como se cerra uma grade de sepultura, eu quase solucei - com saudades minhas.* (p.10)[109]

Após sete anos no campo, numa vida tão prazeirosamente atarefada que nem chegou a abrir o livro de direito que levara, Zé Fernandes assiste à morte do tio e volta a Paris. *Acabei pela aldeia a roupa do luto. A*

109. É essa maneira humorística tão sutil, mas ao mesmo tempo tão explícita, no último fragmento transcrito, que prende os leitores afeiçoados ao escritor Eça de Queirós. Essa é uma de suas marcas mais inconfundíveis. Quem não tem sensibilidade para esse tipo de humor dificilmente degustará, com o prazer merecido, as obras de Eça.

minha afilhada Joaninha casou na matança do porco. Andaram obras no nosso telhado. Voltei a Paris. (p.10)[110].

CAPÍTULO II

Num fevereiro de 1887, voltando ao palácio do 202, o narrador viu à sua frente um homem elegante e fino. Que surpresa ao vê-lo parar frente ao palácio. Era o próprio Jacinto. Os amigos se abraçaram efusivamente. Ao entrarem, Zé Fernandes se espantou com um luxuoso elevador, embora o prédio tivesse apenas dois andares. Surpresa maior teve ao ver que para uma viagem de sete segundos o elevador dispunha de um divã, uma pele de urso, um roteiro das ruas de Paris e prateleiras repletas de charutos e livros. Ao sair do elevador, deparou-se o narrador com uma antecâmara cuja temperatura era agradável, mantida artificialmente por um calorífero, regulado por um criado que estava mais atento ao termômetro que um piloto à agulha. Além disso, perfumadores esparziam um vapor, aromatizando e umedecendo aquele ar delicado e superfino. Zé Fernandes deixou escapar um grito de espanto e aprovação: *Eis a civilização*!

Entraram num aposento e Jacinto apenas roçou de leve o dedo na parede, logo uma coroa de luzes iluminou estantes monumentais com mais de trinta mil volumes luxuosos. Enquanto Jacinto ia mostrando o aposento, o narrador observava que ele emagrecera, que não frisava mais o bigode e que corcovava. Ao entrarem no gabinete de Jacinto, Zé Fernandes notou que também no seu olhar já não faiscava a antiga vivacidade. A conversa de ambos foi interrompida pelo telefone. Enquanto Jacinto atendia, seu amigo examinava com curiosidade uma *estranha e miúda legião de instrumentozinhos de níquel, de aço, de cobre, de ferro, com gumes, com argolas, com tenazes, com ganchos, com dentes, expressivos todos, de utilidades misteriosas.* (p.12) Foi mexer neles e logo conseguiu ser ferido por um. Um tique-tique-tique desviou sua atenção e descobriu que era um telégrafo a transmitir a notícia de que uma fragata russa entrara em Marselha com avaria. Indagado pelo amigo, Jacinto diz que não lhe interessa a novidade. 111

Jacinto pediu licença para escrever uma carta e o narrador continuou seu inventário, descobrindo grossos tubos, por onde Jacinto decerto soprava suas ordens através do 202. Havia uma máquina de escrever, outra de calcular e uma porção de aparelhos que não compreendia, além de fios que fugiam através do teto. *A natureza convergia disciplinada ao serviço do meu amigo e entrara na sua domesticidade*!...(p.13)

Não ficam só nessas as surpresas do narrador, ao descortinar um

---

110. Vejam como Eça é sintético, lembrando um "trailer" cinematográfico, expandindo-se apenas quando importa para o desenvolvimento do tema ou da trama.

111. Vejam a constante ironia de Eça. De que adianta um aparelho sofisticado a dar notícias que não têm importância para o protagonista? De que adianta a tecnologia que não traz benefícios?

cordão que emergia de um orifício, escavado num cofre de mogno e rematava num funil de marfim, aproximou-o do ouvido, escutando uma voz mansa que dizia: *E assim, pela disposição dos cubos diabólicos, eu chego a verificar os espaços hipermágicos!...* Pulou assustado e gritou para Jacinto que havia um homem falando dentro da caixa, mas o Príncipe nem se abalou, explicando apenas que se tratava de um conferençofone e que, pelas indicações do amigo, tratava-se da conferência do Coronel Dorchas sobre a quarta dimensão.

Jacinto convidou o amigo para ficar e jantar com dois convidados, um pintor e um psicólogo feminista. Zé Fernandes recusou, alegando que precisava entrar em toda aquela civilização lentamente, com cautela, caso contrário podia rebentar. Jacinto insistiu porém que ele ficasse no 202 e não num hotel.

Ao ser conduzido pelo anfitrião, na sala de jantar, Zé Fernandes ainda teve o espanto de ver à mesa seis garfos para cada talher, cada um mais astucioso do que o outro, sendo um para cada coisa: ostras, peixe, carne, legumes, frutas, queijo. Maior talvez fosse a variedade de águas: oxigenadas, carbonatadas, fosfatadas, esterilizadas, de sais, etc. À indagação de que ele ainda era um tremendo bebedor de água, Jacinto respondeu desconsolado:

Não... É por causa das águas da cidade, contaminadas, atulhadas de micróbios... Mas ainda não encontrei uma boa água que me convenha, que me satisfaça... Até sofro sede. (p.17) Jacinto comenta ainda que não tem nunca apetite há anos.[112]

Zé Fernandes saiu maravilhado com o cardápio, principalmente com as laranjas geladas em éter, pois o éter, segundo Jacinto, desenvolveria e faria aflorar a alma das frutas. O que leva o narrador a uma reflexão (no contexto geral da obra) sutilmente irônica:

"*- Eis a civilização!*

E, descendo os Campos Elísios, encolhido no paletó, a cogitar neste prato simbólico, considerava a rudeza e atolado atraso da minha Guiães, onde desde séculos a alma das laranjas permanece ignorada e desaproveitada dentro dos gomos sumarentos, por todos aqueles pomares que ensombram e perfumam o vale, da Roqueirinha a Sandofim! Agora porém, bendito Deus, na convivência de um tão grande iniciado como Jacinto, eu compreenderia todas as finuras e todos os poderes da civilização.

E, (melhor ainda para a minha ternura) contemplaria toda a raridade de um homem que, concebendo uma idéia da vida, a realiza - e através dela e por ela recolhe a felicidade perfeita.

*Bem se afirmara este Jacinto, na verdade, como **Príncipe da Grã-Ventura**!*" (p.18)

---

112. Este trecho do enredo amarra-se diretamente com outro no final da narrativa, quando o Príncipe nem se lembra mais dessas águas e bebe água em telha ou folha de couve.

CAPÍTULO III

Nesse capítulo, o narrador descreve a manhã de Jacinto entre centenas de variadas escovas com que se penteia e diferentes instrumentos de banho com diversas temperaturas de água, graduadas de zero até cem, além de várias toalhas de diversos tipos de tecido: linho, seda, felpo e de corda.[113]

Logo após a árdua tarefa de sua *toilette* matinal, Jacinto se vê às voltas com sua agenda cheia de compromissos e incontáveis chamadas telefônicas. Nada, porém, parece interessá-lo ou distraí-lo. A todo momento deixa escapar a expressão "*é uma seca*", que no Brasil equivaleria dizer "que chato". Aborrecem-no até as notícias nos jornais sobre um pequeno acidente no seu banheiro, em que o criado Grilo se queimou. Os telegramas e os telefonemas sobre o assunto, em vez de diverti-lo ou de proporcionar orgulho, só servem para aborrecê-lo.

Na mesma manhã, Zé Fernandes espanta-se ao saber que Jacinto tem uma **cocotte** (prostituta de luxo), mas logo o príncipe esclarece que é só por modismo parisiense, não mantendo com ela qualquer relação física. Como é muito caro manter uma cocotte ele se associa a outros ricos para sustentar Diana de Lorge, uma cocotte famosa. Para complementar os cumprimentos, por causa do acidente doméstico, Jacinto recebe a visita de Madame de Oriol, que deseja ver o banheiro inundado e se decepciona por tudo já estar seco. Zé Fernandes a considera como uma flor de civilização.[114]

Surpreendentemente Jacinto convida o amigo para *passar este domingo nalguma cousa simples e natural*, sugerindo irem ao *jardim das plantas, ver a girafa.*[115]

CAPÍTULO IV

Nessa fecunda semana, uma noite, recolhíamos ambos da Ópera, quando Jacinto, bocejando, me anunciou uma festa no 202. A razão da festa é uma visita do grão-duque Casimiro *que vai mandar um delicioso e raro peixe pescado na Dalmácia.*

Jacinto desinteressado de sua festa encomenda uma orquestra de ciganos, liga o teatrofone com a Ópera, a Comédia Francesa e outras diversões, para satisfazer todos os gostos. Às nove horas, faltou energia e apesar do eletricista garantir que o fato não se repetiria, todos se muniram de velas e castiçais *para o caso pavoroso em que mais tarde, à ceia, fa-*

---

113. Também este trecho está intimamente relacionado com o final relato, quando Jacinto percebe que ter só uma escova é melhor do que ter várias e ficar sem saber o que fazer, qual usar, etc.

114. A ironia é um constante no estilo de Eça de Queirós. Se o narrador considera Madame de Oriol uma flor de civilização é porque ela é sofisticada, artificial, afetada, revelando muito pouco ou mesmo ocultando a mulher natural que deve haver nela.

115. O fato de Jacinto pensar em fazer alguma coisa natural e simples é, da parte dele, uma demonstração de como todos os cumprimentos o aborreceram. Este é um dos vários sinais iniciais de que todo esse mundo civilizado de Jacinto está para ruir, desmoronar e não apenas o seu banheiro.

lhassem perfidamente as forças bisonhas da civilização. [116]

À ceia comparecem a Condessa de Trèves e o historiador Danjon. Ela distribui elogios e sorrisos a todos, a todos agradando, inclusive o narrador que ironicamente comenta que *toda ela era uma sublime falsidade.*[117]

Para completar essa reunião de banalidades aparece Antônio de Todelle, moço já calvo, de infinitas prendas, desde a capacidade de temperar saladas raras a imitar cantores de café-concerto. Além disso, conhece todos as fofocas de Paris. Veio só, pois sua mulher esfolou a perna numa queda de patins.

Finalmente chega o grande convidado. *Precedido por Jacinto, o grão-duque surgiu. Era um possante homem, de barba em bico, já grisalha, um pouco calvo.* Batendo com intimidade no ombro de Jacinto perguntou se tinha preparado o peixe pela receita que ele mesmo mandara.

Quando o grão-duque contava a história de uma caçada, veio o mordomo e sussurrou algo a Jacinto que logo a seguir, pálido, transmitiu aos convidados a grande desgraça: *Fora o elevador dos pratos que inesperadamente, ao subir o peixe de Sua Alteza, se desarranjara, e não se movia, encalhado!* (p.39) Inutilmente o grão-duque tentou fisgar o peixe com um gancho das roupas de uma senhora presente.[118] Acabaram comendo sem o pescado, deliciando-se com o champagne coalhado em sorvete e com **ortolans**[119] gelados que se derretiam na boca. Seguindo com os olhos as ondas arfantes do enorme peito de Madame Verghane, que ria como uma bacante, o narrador Zé Fernandes nem tem condições de sentir pena do amigo Jacinto, que só esperava o fim do seu sofrimento e de sua festa.

Ela findou. Ainda recordo, às três horas da noite, o grão-duque na antecâmara, muito vermelho, mal firme nos pés pequeninos sem acertar com as mangas da peliça que Jacinto e eu lhe ajudamos a enfiar - convidando o meu amigo, numa efusão carinhosa a ir caçar às suas terras da Dalmácia... (p.41)

Três dias depois, chega de Portugal a notícia de que uma tempestade fizera desabar um morro, arrasando uma igrejinha rústica do século XVI e destruindo o cemitério em que jaziam os restos mortais dos avós de Jacinto desde os tempos de El-Rei D. Manuel. Jacinto murmura *Cousa estranha*, duas vezes seguidas e se põe a interrogar José Fernandes sobre a serra de Tormes, pois o narrador a conhece desde pequeno. Zé Fernandes explica: *O caseiro de Tormes, o bom Melchior, era cunhado do nosso feitor da Roqueirinha; e muitas vezes, depois da minha intimidade com Jacinto, eu entrara no robusto casarão de granito, e avaliara o grão espalhado pelas salas sonoras, e provara o vinho novo das adegas imensas...*

---

116. Mais um sinal de que há um cupim roendo o móvel da civilização.

117. Ironia às relações falsas e superficiais das pessoas "civilizadas". O leitor pode comparar com Machado no conto *D. Benedita*, que a cada nova amiga repete os mesmos elogios.

118. A quebra do elevador é mais uma crítica implícita à crença de que a tecnologia pode trazer felicidade e bem estar, mostrando, ao contrário, que traz problemas e transtornos.

119. O mesmo que guloseimas.

- E a igreja, Zé Fernandes?... Entraste na igreja?

- Nunca... Mas era pitoresca, com uma torrezinha quadrada, toda negra, onde há muitos anos vivia uma família de cegonhas... Terrível transtorno para as cegonhas!

- Cousa estranha! - murmurou ainda o meu Príncipe, agourado.

E telegrafou ao Silvério que desentulhasse o vale, recolhesse as ossadas, reedificasse a igreja, e, para esta obra de piedade e reverência, gastasse o dinheiro, sem contar, como a água de um rio largo. (pp.42-3)[120]

CAPÍTULO V

No entanto Jacinto, desesperado com tantos desastres humilhadores - as torneiras que dessoldavam, os elevadores que emperravam, o vapor que se encolhia, a eletricidade que se sumia, decidiu valorosamente vencer as resistências finais da matéria e da força por novas e mais poderosas acumulações de mecanismos. E nessas semanas de abril, enquanto as rosas desabrochavam, a nossa agitada casa, entre aquelas quietas casas dos Campos Elísios que preguiçavam ao sol, incessantemente tremeu, envolta num pó de caliça e de empreitada, com o bruto picar de pedra, o retininte martelar de ferro. (p.43) Entre as novidades aparecem instrumentos exóticos como um que serve para arrancar os pés dos morangos, outro que mexe saladas freneticamente, tendo na primeira experiência realizada pelo narrador atirado vinagre aos olhos do príncipe Jacinto, que saiu aos uivos.

Além dos instrumentos, Jacinto comprava livros em quantidades excepcionais, a ponto de levar José Fernandes a ter um pesadelo terrível. Havia livros por toda parte, na cama, no piso, na rua. As caras das pessoas eram um livro e na praça da Concórdia encontrou uma pilha enorme de livros. Subiu por ela, passou da terra, das nuvens, chegando ao Paraíso, onde encontrou Deus lendo um livro de Voltaire, numa edição barata e sorrindo.

Confessa o narrador que numa dessas semanas movimentadas, conheceu uma pobre mulher de olhos negros, cabelos amarelos, morena seca, um jeito de gata negra sobre um beiral de telhado, que o deixou enfeitiçado. *Amei aquela criatura. Amei aquela criatura com amor, com todos os amores, que estão no amor, o amor divino, o amor humano, o amor bestial, como Santo Antonino amava a Virgem, como Romeu amava Julieta, como um bode ama uma cabra.*[121] Durante sete semanas, vai o narrador José Fernandes despejar os seus bens e dinheiros naquele *regaço que se cavava entre um ventre sumido e uns joelhos agudos*, parecendo pouco se incomodar com o quarto forrado de cretones sujos, com as garrafas de cerveja no mármore do lavatório ou com os cabelos que ela tinha no peito. Tanto devia ser o seu desejo que quase desfaleceu quando encontrou a porta fechada e ficou sabendo

120. Este incidente provocará a grande mudança na vida de Jacinto e na narrativa, a sua ida para as serras de Tormes, em Portugal, dividindo a narração em duas grandes partes significativas: I) O homem da civilização. II) O homem do campo.

121. Característica da tendência Naturalista.

pela porteira barbuda que a madame já não morava ali, tendo partido *com outra porca*. Perambulou até tarde sofrendo, mas acabou sentindo fome e sede. Bebeu e comeu muito. Depois, ainda irado, tomou um **fiacre**[122] e foi aos murros dentro dele para o 202. Numa mistura de pesadelo e bebedeira viu Madame Colombe morder seu coração, chupando-o a sorvos lentos. Chegou a inclinar-se no leito e ver sua sepultura sobre o tapete, fundindo a imagem da alucinação com um vaso de porcelana com asa, dentro do qual vomita tudo que bebeu, tudo que comeu. *Depois num esforço ultra-humano, com um rugido, sentindo que, não somente toda a entranha, mas a alma se esvaziava toda, vomitei Madame Colombe*! (p.48)[123]

Refeito por um banho profundo, Zé Fernandes procura Jacinto e o encontra no mais profundo tédio.

Zé Fernandes pergunta ao Grilo qual seria o problema de Jacinto e ouve que *sua Excelência sofre de fartura*. É julho, o calor é imenso e a poeira enfurece Jacinto, mas mesmo assim ele não consegue pensar em deixar a cidade. Quando o narrador lhe sugere ir para Fontainebleau, Montmorency ou para o campo, Jacinto tem um espanto tão grande que Zé Fernandes arrepende-se de ter falado em campo.

CAPÍTULO VI

Todas as tardes, às quatro horas, com regularidade devota, Jacinto visita Madame de Oriol. Numa dessas tardes, porém, o telefone avisou Jacinto de que ela jantava em Enghien com os Trèves. Era um domingo, por isso, Zé Fernandes aproveita para sugerir a Jacinto uma subida à Basílica do Sacré-Coeur, em construção nos altos de Montmartre. Apesar de achar, e dizer, que era uma seca, o Príncipe aceitou e subiram juntos bairros estreitos e íngremes, vendo muros velhos, quintalejos rústicos, mulheres despenteadas costurando à soleira das portas, galinhas soltas ciscando lixo, cueiros molhados secando ao sol. Como há muito tempo não fazia, Jacinto sempre fastidioso, pela primeira vez sorriu àquela liberdade e singeleza das coisas. Ao chegar à construção e ver dois padres que desciam tomando risonhamente uma pitada de rapé, deixa escapar uma expressão de agrado: *É curioso*!.

Quando ambos observam Paris, de longe, do alto, o narrador ironiza o amigo Jacinto, pois toda aquela civilização desaparece *numa nódoa parda que suja a terra* levando o narrador a comentar: *Aos olhos piscos de*

---

122. Condução, carruagem.

123. Esse trecho é o primeiro em que aparece a tendência naturalista para dissecar aspectos fisiológicos mais animalescos e repugnantes. A terceira fase de Eça de Queirós não apresenta muito essa tendência, tanto que só no capítulo V, ela aparece, causando mesmo um estranhamento e um contraponto com o refinamento apresentado nos demais capítulos. Posteriormente o leitor perceberá que também esse aspecto funciona como crítica à vida urbana e civilizada, pois o campo na sua pureza e naturalidade não favorece o surgimento dessas podridões.

um Zé Fernandes, logo que ele suba, fumando seu cigarro, a uma arredada colina - a sublime edificação dos tempos não é mais que um silencioso monturo da espessura e da cor do pó final. O que será então aos olhos de Deus! Jacinto, perante a visão e os argumentos, concorda que tudo talvez não passe de uma ilusão.

Zé Fernandes aproveita para fazer um discurso político de linha socialista, protestando contra a exploração dos mais fracos para construir aquela riqueza e civilização de alguns poucos. Finaliza seu discurso referindo-se a uns *morangos gelados em Champagne e avivados de um fio de éter* que juntos comeram, provavelmente à custa da fome de muitos pequeninos. Jacinto pensativo deixa o penhasco logo depois de murmurar desolado: *É horrível; comemos desses morangos... E talvez por uma ilusão!* (p.55)

Aproveitando o clima, Zé Fernandes num entusiasmo ideológico de quem tomou consciência de que a arte realista deve ser engajada, protesta também contra a burguesia e a Igreja que nada faz para mudar o rumo das coisas, pois esqueceram das lições de Cristo tanto no Sermão da Montanha quando no Lago de Tiberíade *"...e eis que por seu turno revestem a púrpura, e são bispos, e são papas, e se aliam à opressão, e reinam com ela, e edificam a duração do seu reino sobre a miséria dos sem pão e dos sem lar! Assim tem de ser recomeçada a obra da Redenção. Jesus, ou Gáutama, ou Críxena, ou outro desses filhos que Deus por vezes escolhe no seio de uma Virgem, nos quietos vergéis da Ásia, deverá novamente descer à terra de servidão."* (p.56)[124]

Seguiam nessa conversa quando Jacinto, surpreso, encontra um antigo amigo, Maurício, que se diz cansado da vida social civilizada, falsa, superficial e cheia de modismos. Fala que se cansou da facilidade com que mudavam de "ismos": renanismo, tolstoísmo, emersonismo, ibsenismo. Fala então de suas experiências e evolução mística através do supremo desenvolvimento da vontade dentro da suprema pureza da vida, através da ciência e força dos grandes mestre hindus.

Zé Fernandes, curiosíssimo, muito impressionado pergunta a Jacinto quem é aquele bruxo, mas o Príncipe, com aquele enfado que lhe é peculiar, demonstrando seu desinteresse por tudo, apenas diz: *O desenvolvimento supremo da vontade!... Teosofia, budismo esotérico... Aspirações, decepções... Já experimentei... Uma maçada!*. (p.59)

Ao voltarem a Paris, ambos sentam-se para jantar no Bosque, no Pavilhão de Armenonville e Zé Fernandes desdobrando regaladamente o guardanapo diz:

- Pois venha agora para a minha rica sede esse vinhozinho gelado! Grandemente o mereço, caramba, que superiormente filosofei!... E creio que restabeleci definitivamente no espírito do senhor D. Jacinto o salutar horror da cidade!

---

124. Nesse trecho podemos perceber uma das características mais específicas da literatura realista-naturalista, o engajamento. A obra de arte deve ser uma arma de combate, sendo o ataque à burguesia e à Igreja uma de suas conseqüências.

O meu Príncipe percorria, catando bigode, a lista dos vinhos, enquanto o copeiro, esperava com pensativa reverência:

- Mande gelar duas garrafas de champagne Saint Marceaux... Mas antes, um Barsac velho, apenas refrescado... Água de Evian... Não, de Bussang! Bem, de Evian e de Bussang! E, para começar, um bock.

Depois, bocejando, desabotoando lentamente a sobrecasaca cinzenta:

- Pois estou com vontade de construir uma casa nos cimos de Montmartre, com um miradouro no alto, todo de vidro e ferro, para descansar de tarde e dominar a cidade...(p.60)[125]

CAPÍTULO VII

Julho termina refrescado por uma chuva consoladora. Zé Fernandes pretende e prepara uma viagem pelas cidades da Europa, que é sempre adiada. Jacinto pede que o narrador o acompanhe sempre às tardes para sua costumeira visita a Madame de Oriol, que não se sente contrariada com a presença do narrador, chamando-o já de **cher**[126] Fernandes. A superfina dama só sabe falar sobre si mesma, que é o resumo de sua classe. Trata o marido com ligeira indiferença, mas ao *lusco-fusco, num sofá, alguns curtos suspiros, entre os braços de alguém a quem era constante.* O narrador comenta que ao Príncipe, nesse ano, pertencia o sofá.

Todas as tardes as visitas se sucedem. E numa dessas tardes ambos encontram, descendo as escadas, o marido de Madame de Oriol, que, nervoso e sem estender a mão a Jacinto, perguntou-lhe se visitaria sua mulher, desabafando:

- Estamos separados; cada um vive como lhe apetece; é excelente! Mas em tudo há medida e forma... Ela tem o meu nome, não posso consentir que em Paris, com conhecimento de todo o Paris, seja a amante do trintanário. Amantes da nossa roda, vá! Um lacaio, não!... Se quer dormir com os criados que emigre para o fundo da província, para a sua casa de Corbelle. E lá até com os animais!... Foi o que eu lhe disse! Ficou como uma fera Dito isso o marido saiu, depois de cumprimentar Jacinto que, afinal de contas, *era da sua roda.* O Príncipe sobe.

Dias depois, José Fernandes viaja e resume os dissabores e correrias desse tipo de viagem. Trinta e quatro vezes faz e desfaz as malas apressadamente, perde uma chapeleira, quinze lenços, três ceroulas e duas botas. Visita vinte e nove catedrais e quatorze museus. Termina dizendo: *Gastei seis mil francos. Tinha viajado.*

Enfim, numa manhã de outubro, com a friagem do outono volta ele

---

125. Se o leitor, com todo aquele discurso socialista, humanitário, esperava alguma mudança das duas personagens, estava enganado, conforme mostra o segmento final do capítulo. Aqui se vê que era apenas mais um modismo, mas uma postura artificial e superficial da classe dominante, hipocritamente preocupada com a injustiça social.

126. Querido, em francês.

ao 202. Encontra Jacinto num tédio maior do que antes da viagem. Perguntou-lhe se estava aborrecido. *O meu **Príncipe** lançou, num gesto tão vencido, um **oh** tão cansado - que eu compadecido de novo o abracei, o estreitei, como para lhe comunicar uma parte desta alegria sólida e pura que recebi do meu Deus!* (p.64)

Nada adianta. Jacinto, aos trinta e três anos, só sabe bocejar. Para complementar, põe-se a ler todos os textos pessimistas desde o Eclesiastes até Schopenhauer. Até esse interesse dura pouco, pois no inverno, nota o narrador com inquietação que Jacinto já não folheava o Eclesiastes e desleixava Schopenhauer. Abandonou também as festas, o teosofismo e seus hospícios. Move-se com uma lentidão desgastante e um desinteresse irritante. Nem as congratulações pelo seu aniversário a 10 de janeiro o tiram dessa abulia.

Ao findar o dia, Jacinto quis tomar um livro para ler ao recolher-se, mas nada encontrou que o agradasse. Acabou por voltar a um monte de jornais de onde retirou com melancolia um velho **Diário de Notícias** e com ele sob o braço foi para seu quarto para dormir, para esquecer.

CAPÍTULO VIII

Ao fim desse inverno escuro e pessimista, uma manhã que eu preguiçava na cama, sentindo através da vidraça cheia de sol ainda pálido um bafo de primavera ainda tímido - Jacinto assomou à porta do meu quarto, revestido de flanelas leves, de uma alvura de açucena. Parou lentamente à beira dos colchões, e, com gravidade, como se anunciasse o seu casamento ou a sua morte, deixou desabar sobre mim esta declaração formidável:

- Zé Fernandes, vou partir para Tormes. (p.71)

Imaginem o espanto do narrador ao ouvir que o amigo resolvera partir para o interior de Portugal, longe da civilização. A causa de tão terrível decisão foi a reconstrução da capela e do cemitério para onde seriam transladados os ossos de seus antepassados, pois Jacinto julgara que seria um absurdo faltar a essa cerimônia. Portanto, em função disso, faria o grande sacrifício de abandonar Paris. No entanto, planejou levar tudo que pudesse para ter o conforto civilizado necessário.

Começou então no 202 o colossal encaixotamento de todos os confortos necessários ao meu Príncipe para um mês de serra áspera - camas de pena, banheiras de níquel, lâmpadas carcel, divãs profundos, cortinas para vedar as gretas rudes, tapetes para amaciar os soalhos broncos. (p.74) E livros, e talheres e taças, tudo transportado por uma companhia de confiança, cujo representante demonstrou conhecer bem Tormes.[127]

Ao contrário do que tanto planejara Jacinto, tudo dá errado e ele chega à serra sem nada, sem um agasalho, protegendo seus pés no paletó

---

127. Esse é o momento da transformação. Aqui vai findando o homem civilizado e entediado para dar nascimento a um homem natural, animado e feliz.

do amigo. Ao ser acordado pelo narrador e ser informado que já está em Portugal, Jacinto comenta que ***o ar cheira bem*** e que o rio Douro é ***interessante e tem grandeza.*** Reclama, no entanto que se sente imundo e não tem consigo uma escova ou sequer uma água de colônia. Atinge o desespero quando fica sabendo que seu criado, o Grilo, por alguma confusão, não desceu com as malas, deixando-o absolutamente ao desamparo. Chegando ao casarão a desgraça maior: tudo estava nas piores condições pois, apesar de suas cartas, ninguém o estava esperando e o casarão estava em abandono, sem nenhum conforto.[128]

Jacinto caminhou lentamente para o poial de uma janela, onde caiu esbarrondado pelo desastre sem resistência ante aquele brusco desaparecimento de toda a civilização! Eu palpava a enxerga, dura e regelada como um granito de inverno. E pensando nos luxuosos colchões de penas e molas, tão prodigamente encaixotados no 202... (p.90)

Logo, descobrem a beleza oposta à civilização, pois a ausência de luzes elétricas permite que eles possam olhar para o céu e deliciar-se com as incontáveis estrelas. Assim, também, durante o jantar, vão descobrindo junto ao elemento rústico; desagradável, como os copos *de um vidro espesso* e que conservavam a sombra roxa do vinho que neles passara em fartos anos de fartas vindimas; os aspectos naturais agradáveis, como o cheiro bom e o paladar delicioso do caldo de galinha, do arroz com favas, acompanhados pelo excelente vinho de Tormes, *um vinho fresco, esperto, seivoso, e tendo mais alma, entrando mais na alma, que muito poema ou livro santo.*

Jacinto não abandona repentinamente o gosto pela civilização, pois fica aborrecido ao não encontrar nada para ler antes de dormir. Apanha um jornal velho e fica desalentado. Pede ao amigo, antes de adormecer, que providencie no dia seguinte alguns utensílios como: um abotoador de botas, pós para os dentes, lima de unhas, um romance e lençóis do Hotel de Bragança que são frescos e cheiram bem.[129]

CAPÍTULO IX

Cedo, de madrugada, sem rumor, para não despertar Jacinto, parte Zé Fernandes para Guiães, sua propriedade, onde fica durante uma semana. Depois disso, chegam suas malas e só então ele se lembra do amigo Jacinto. Telegrafa para o Hotel Bragança em Lisboa, pedindo notícias, pois nem imagina que o amigo tenha ficado na serra. Sete dias depois, ao colher espargos, volta a lembrar-se de Jacinto e manda um bilhete postal pedindo novas. Depois da romaria da Senhora da Roqueirinha, começa

128. Destacamos em negrito os dois primeiros índices que são presságio evidente da adaptação de Jacinto ao campo e às terras portuguesas.

129. Outros sinais de aceitação da nova vida apareceram, mas verossimilhantemente a mudança não se faz total e absolutamente. Jacinto ainda reclama da falta de civilização. O processo é gradual.

a inquietar-se com o silêncio do amigo. Enfim, uma tarde, voltando da casa de sua prima Joaninha, pára no Sandofim, encontrando-se com o sobrinho do Melchior de Tormes, de quem fica sabendo que Jacinto não saíra da serra.

Ao outro dia, domingo, Zé Fernandes vai até Tormes e ouve da comadre do Melchior que o senhor D. Jacinto andava lá para baixo nos campos com o Silvério e o Melchior. Entra na casa e encontra tudo mudado, arrumado, limpo, pintado e já com móveis decentes e livros. Abre Virgílio e lê:

Fortunate Jacinthe! Hic, inter arva nota
Et fontes sacros, frigus captabis opacum...

Afortunado Jacinto, na verdade! Agora, entre campos que são teus e águas que te são sagradas, colhes enfim a sombra e a paz! [130]

Jacinto chega e, perante o espanto do amigo, confessa que resolvera ficar e se sentira melhor no dia em que almoçara uma pratada de ovos com chouriço. Afirma que ficará na serra por mais dois meses, enquanto houver chouriços e água da fonte *bebida pela telha ou numa folha de couve.* [131] Logo depois, Zé Fernandes espanta-se que ele não ligue mais para toda aquela variedade de águas, desde carbonatadas a fosfatadas. Jacinto fala da reforma feita na casa e diz com alegria: *Até eu pintei, com uma imensa brocha.* Tomado de curiosidade, o narrador pergunta por todas aquelas caixas que tinham enviado por aquela companhia. Jacinto comenta que o homem que o atendeu em Paris, prestimoso e esperto, demonstrando conhecer Tormes, mandou tudo para a Espanha, em Alba-de-Tormes. A partir da nova experiência, Jacinto filosofa que a vida é essencialmente vontade e movimento. Tudo na natureza é movimento e variedade. Só na cidade tudo é igual. Termina dizendo: "A mesmice - eis o horror das cidades!" Culpa também o pensamento pelo sofrer. As árvores não pensam, por isso são felizes. *Nós, desgraçados, não podemos suprimir o pensamento, mas certamente o podemos disciplinar e impedir que ele se estonteie e se esfalfe, como na fornalha das cidades, ideando gozos que nunca se realizam, aspirando a certezas que nunca se atingem.* (p.106) Sobre seu pessimismo antigo se retrata, dizendo: *Oh! Que engenhosa besta, esse Schopenhauer! E maior besta eu, que o sorvia, e que me desolava com sinceridade!* (p.107)

Depois de jantarem uma canja, trutas, uma cabidela e um cabrito assado, acompanhado do vinho do Melquior, e um bom café para encerrar, Zé Fernandes atira-se a uma cadeira com um berro de puro prazer. Pouco depois, ouve uma larga risada de Jacinto que se diverte com a leitura do D. Quixote.

Durante as duas semanas que se seguem, Zé Fernandes faz companhia ao amigo e assiste à cerimônia de recondução dos ossos dos ancestrais do Príncipe aos seus jazigos reconstituídos.

Jacinto manifesta desejo de plantar umas árvores, mas fica des-

130. Muito feliz a inserção dos versos de Virgílio, plenamente costurada com a trama, revelando o momento mais significativo da descoberta do campo pelo protagonista Jacinto.

131. Se sempre houver isso, então ficará mais de dois meses, isto é, sempre. O que realmente acontecerá.

contente ao saber que levam muito tempo para crescer. Decide então criar gado e construir uma queijeira. Nem a alegação do narrador que isso traria prejuízo arrefeceu seu entusiasmo. Com a segurança que lhe proporcionavam seus cento e nove contos de renda vai sonhando e falando de seus projetos ao Melchior e ao Silvério.

Após ter lido o Quixote, Jacinto nas tardes quentes de junho deleita-se com a *Odisséia*, que é agora o seu único livro, cujas estrofes obriga Zé Fernandes a escutar. *Mas nada decerto o encantava tanto como atravessar as casas, pé ante pé, até uma saleta que dava para o pomar, e aí ficar encostado à janela, sem luz, num enlevado sossego, a escutar longamente, languidamente, os rouxinóis que cantavam no laranjal.* (p.122)

CAPÍTULO X

Após dois meses de tempo bom, a serra é atingida por fortes chuvas. Ao se abrigar da chuva, Jacinto vê um garoto, filho de uma mulher que está com bexigas, muito amarelado e enfermiço. Espantado ao saber que há pobres miseráveis em sua propriedade, ouve de Silvério a verdade: *Pois está bem de ver, meu senhor, que há para aí caseiros que são muito pobres. Quase todos... É uma miséria, que se não fosse algum socorro que se lhes dá, nem eu sei!... Este Esgueira, com o rancho de filhos que tem, é uma desgraça...*(p.125) Jacinto insiste em ver a mulher e se assusta com a miséria da casa e da pessoa. Decide que na propriedade dele aquilo não pode acontecer. Ordena a Silvério que busque médico e remédios e dê dinheiro para que comprem comida. Zé Fernandes pede que se apressem ao voltar da casa da doente, pois está com uma fome de lobo.[132]

CAPÍTULO XI

Nos dias que se seguem, o narrador transita constantemente de Guiães, sua terra, para Tormes, propriedade de Jacinto, sempre maravilhando-se com as constantes e inúmeras reformas que o Príncipe promove não só na sua propriedade, mas também nas moradias de seus colonos. Até a tia Vicência demonstra um pouco de ciúme por causa das constantes visitas do narrador e manifesta sua curiosidade em conhecer tão falado Príncipe. Zé Fernandes a sossega, dizendo que já o convidou para a festa de seus anos e logo ela poderá conhecê-lo.

Em casa de Jacinto, Zé Fernandes o censura pelo celibato: *E esta Tormes, Jacinto, esta tua reconciliação com a natureza, e o renunciamento às mentiras da civilização é uma linda história. Mas, caramba, faltam mulheres!* (p.131) O Príncipe concorda, mas alega que aquelas mulheres do interior parecem legumes. Não são como as mulheres que ele está acostuma-

132. Assim como Silvério, Zé Fernandes demonstra que lhe é indiferente a miséria dos outros. Aquele discurso socialista do narrador na visita à Catedral, em Paris, fica mais uma vez comprovado como pura falação sem maiores conseqüências.

do a ver os poetas cantarem.

As obras continuam, e, por um momento, o narrador teme que Jacinto retome seu velho e maníaco furor de acumular civilização quando ele coloca vidraças nas casas, apesar do mestre de obras avisar que depois de um mês não haveria casa com um só vidro. Jacinto manda seu arquiteto de Paris projetar uma escola que pretende erguer ao lado da capelinha que abrigava "os ossos". Sonha mais tarde fazer uma creche e até uma sala com projeções de lanterna mágica (cinema), para ensinar àquela pobre gente as cidades desse mundo e as cousas da África. A fama de Jacinto cresce vertiginosamente e já se fala de quantos votos ele teria se ingressasse na política. Zé Fernandes se impressiona quando ouve do Melchior que o João Torrado, um velho singular daqueles lugares, de grandes barbas brancas, um pouco adivinho, morador misterioso de uma cova no alto da serra, a todos afirmava que aquele bom senhor era El-Rei D. Sebastião, que voltara![133]

CAPÍTULO XII

Assim chegou setembro, e com ele o meu natalício, que era a 3 e num domingo. Toda essa semana a passara eu em Guiães, nos preparos da vindima, e de manhã cedo, nesse domingo ilustre, me fui debruçar da varanda do quarto do saudoso tio Afonso, vigiando a estrada, por onde devia aparecer o meu Príncipe, que enfim visitava a casa do seu Zé Fernandes. (p.135)

Assim o narrador começa a contar o seu dia de aniversário.

Quando já vai ficando preocupado com o atraso de Jacinto, eis que esse aparece na estrada, acompanhado de seu criado, o negro Grilo.

Durante o almoço, Jacinto consegue agradar à tia Vicência com elogios, louvando sua comida não só com palavras, mas com ações, enchendo seu prato com montes de cabidela[134], altas serras de arroz de forno e depois bifes de numerosa cebolada e batatinhas recheadas.

Após a refeição, o narrador convida sua visita a conhecer sua propriedade. Ao voltarem, leva-o à livraria de seu *tio Afonso, para lhe mostrar as preciosidades, uma magnífica crônica de D. João I por Fernão Lopes, a primeira edição do Imperador Clarimundo.* (p.137) Fatigado, Jacinto pede para repousar um pouco e o amigo permite, deixando-o só. Sai a preparar tudo para receber os convidados. Vai verificar se dispuseram bem as escovas, as toalhas de renda, no quarto onde os convidados, em breve, ao chegar, lavariam as mãos, escovariam a poeira da estrada.[135] O primeiro a

133. Temos aqui a presença do mito do sebastianismo, a volta do rei D. Sebastião que desapareceu nos desertos da África em 1578. O sebastianismo está presente também na obra do Pe. Vieira, do teatro de Almeida Garrett e em *Mensagem* de Fernando Pessoa.

134. Guisado que se faz com miúdos e sangue de galinha.

135. Vale a pena destacar a preocupação com que Eça retrata minuciosamente os costumes rurais, desde o tipo de alimento, os modos de se alimentar, como os cuidados que se tem com as visitas que vêm cobertas de poeiras, necessitando uma higiene mínima para que possam se apresentar com dignidade às outras pessoas. Assim também no comportamento religioso da tia Vicência.

chegar é o D. Teotônio, que felizmente vem sem a filha, pois a moça, segundo o narrador, é horrível.

CAPÍTULO XIII

O narrador se lastima que sua festa não se passou com brilho, nem com alegria. As pessoas ficaram muito embaraçadas com a presença do Príncipe. A situação piora durante o jantar e por mais que Zé Fernandes tente animar e provocar o diálogo entre os convidados nada funciona. Contar o pitoresco acidente do peixe encalhado no elevador no 202, em Paris, foi uma de suas tentativas de despertar o interesse das pessoas, mas ao falar em Grão-duque e no "gancho da Princesa" com que Casimiro intentara pescar o peixe, as pessoas baixaram os olhos e o silêncio se fez maior.

O narrador ergue um brinde ao amigo que *pela primeira vez honra com a sua presença a sua querida pátria! E que por cá fique, pelas serras, muitos anos, todos bons.* Aproveitando a seqüência de brindes D. Teotônio faz um misterioso brinde ao ausente, sem mencionar nome, cheio de reticências. Logo depois, ao saírem da mesa, Zé Fernandes descobre que o ausente é D. Miguel, e que Teotônio crê ser Jacinto um hereditário da afeição de seu avô, grande miguelista. Entende agora a reserva daqueles cavalheiros, ante seu Príncipe, pois os demais, liberais, temiam sua influência nas próximas eleições. Ao conversar com o Melo Rebelo, apelidado Doutor Agudo, fica sabendo que corre o boato de que D. Miguel está com Jacinto em Tormes, disfarçado de criado.

Na tentativa de evitar esse constrangedor assunto, o narrador promove uma mesa de jogo e, como Jacinto não joga, leva-o para a roda de mulheres que se aninhavam à sombra da tia Vicência. Todas se calam ante a aparição do Príncipe, como pombas avistando o abutre. Com a proximidade da noite e de uma forte chuva que ameaça os ares, todos partem. Jacinto, Zé Fernandes e sua tia Vicência comentam os boatos sobre o Príncipe que confessa à boa senhora ser um socialista.

CAPÍTULO XIV

Ao outro dia, depois do almoço, eu e Jacinto montamos a cavalo para um grande passeio até a Flor da Malva, a saber de meu tio Adrião, e do seu furúnculo. (p.146) Durante a viagem de uma hora e meia, pensa o narrador no que disse um dia Jacinto, em Paris, sobre sua prima Joaninha ao ver-lhe o retrato. Chamou-a lavradeirona. Espera o narrador que ela agora, aos vinte e cinco anos, transmita ao Jacinto uma nova e mais interessante impressão. Depois da capelinha de São José de Sandofim, param na taberna do Torto, por causa daquele vinhinho branco, que sempre, quando por ali vai, a alma de Zé Fernandes pede. Jacinto não aprova vinho branco após o almoço, mas acaba tomando, gostando e repetindo a dose.

Bendito seja o pai dos pobres! é um brado que se ouve enquanto bebem. É o tio João Torrado, o profeta da serra que provocado por Zé Fernandes sobre a profecia do retorno de D. Sebastião ouve o seguinte discurso: *Talvez voltasse, talvez não voltasse... Não se sabe quem vai, quem vem. A gente vê os corpos, mas não vê as almas que estão dentro. Há corpos de agora com almas doutrora. Corpo é vestido, alma é pessoa... Na feira da Roqueirinha quem sabe com quantos reis antigos se topa, quando se anda aos encontrões entre os vaqueiros... Em ruim corpo se esconde bom senhor!* (p.149) Jacinto pasma de que ainda houvesse em Portugal um sebastianista, mas seu amigo Zé Fernandes garante-lhe que todos em Portugal ainda são sebastianistas, na serra ou na cidade, vivendo cada um, à sua maneira, esperando pela volta dele. Esse mito pode estar simbolicamente representado na loteria da Misericórdia. Chegam à Flor da Malva, casa de seu tio, que está vazia. Andam por tudo, chamando e não encontram ninguém. Voltam à casa e chegam à porta, onde aparece Joaninha, corada do passeio e do vivo ar, com um vestido claro *um pouco aberto no pescoço, que fundia mais docemente, numa larga claridade, o esplendor branco da sua pele, e o louro ondeado dos seus belos cabelos, lindamente risonha, na surpresa que alargava os seus largos, luminosos olhos negros, e trazendo ao colo uma criancinha, gorda e cor-de-rosa, apenas coberta com uma camisinha, de grandes laços azuis.*

E foi assim que Jacinto, nessa tarde de setembro, na Flor da Malva, viu aquela com quem casou em maio, na capelinha de azulejos, quando o grande pé de roseira se cobrira todo de rosas. (p.152)

CAPÍTULO XV

E agora, entre roseiras que rebentam, e vinhas que se vindimam, cinco anos passaram sobre Tormes e a serra. O meu Príncipe já não é o último Jacinto, Jacinto ponto final - porque naquele solar que decaíra, correm agora com soberba vida, uma gorda e vermelha Teresinha, minha afilhada, e um Jacintinho, senhor muito da minha amizade. (p.152) O leitor fica assim informado de que Jacinto não mais voltará à cidade, à sua tão idolatrada civilização. O narrador acrescenta ainda ter percebido um ditoso equilíbrio estabelecer-se na alma de Jacinto, talvez por influência de Joaninha e da paternidade.

No entanto, leva grande susto, quando Jacinto manda instalar um telefone na serra, outro em Valverde, depois outro na casa do sogro e em seguida um outro na casa do narrador. Ao protestar, Zé Fernandes recebe as seguintes explicações: se um permite falar com o sogro, outro com o médico, o último (na casa do amigo) dá acesso ao boticário[136] e ao carniceiro[137]. E uma tarde, no pomar, o narrador encontra o velho Grilo, agora contente com a presença das crianças, e comenta o estado de Jacinto. Ao que o velho diz: *Sua Excelência brotou!*

---

136. O mesmo que farmacêutico.
137. O mesmo que açougueiro.

CAPÍTULO XVI

Muitas vezes, durante todos esses anos, Jacinto falara em voltar a Paris, mas sempre adiando, até que Zé Fernandes parte sozinho. Ao entrar na França encontra Marizac a quem demanda novas, mas recebe a informação de que tudo está igual.

Quando parte Marizac, o narrador fica bocejando com uma forte sensação de monotonia, de saciedade, prevendo já pessoas muito vistas, contando histórias muito conhecidas, ilustradas por sorrisos cansados. Tudo é monótono. Ao passar pela Madalena, diante da estação dos ônibus, pensa: *Que será feito de Madame Colombo? E, oh miséria! Pelo meu miserável ser subiu uma curta e quente baforada de desejo bruto por aquela besta suja e magra!* (p.158)

Ao encontrar todos aqueles conhecidos freqüentadores do 202, espanta-os com a notícia do casamento de Jacinto e da sua mudança comportamental. No 202, o porteiro, velho Vian, demonstra muita alegria ao reconhecê-lo e não se cansa de ouvir a história de Jacinto e seu casamento. Ao sair do 202, sobe pelo Bosque de Bolonha e reconhece *as velhas figuras, sempre com o mesmo sorriso, o mesmo pó-de-arroz, as mesmas pálpebras amortecidas, os mesmo olhos farejantes, a mesma imobilidade de cera.* Volta para o Grand-Hôtel, bocejando como o Jacinto de outrora e termina seu primeiro dia de Paris.

Um dia, visitou a escola em que estudou e ficou horrorizado com a grosseria dos alunos, berrando como animais durante a aula de um professor que, mantendo a calma, espera terminar o tumulto para continuar sua preleção. Zé Fernandes perde a calma e quebra a cara de um estudante mais grosseiro que o ofende quando critica tal comportamento. Desde esse momento resolve abandonar a cidade.

Ao chegar à sua terra, o narrador é recebido por Jacinto, que, ao ver os jornais de mulheres nuas, com historietas sujas de parisianismo e erotismo, diz-lhe: *Deita isso fora*! e Zé Fernandes atende: *E eu atirei, para um montão de lixo, ao canto do pátio, aquele pútrido rebotalho da civilização.* (p.164)

Todos se põem a subir a serra, em fila, enquanto o narrador vai pensando: *E na verdade me parecia que, por aqueles caminhos, através da natureza campestre e mansa, o meu Príncipe, atrigueirado nas soalheiras e nos ventos da serra, a minha prima Joaninha, tão doce e risonha mãe, os dous primeiros representantes da sua abençoada tribo, e eu, tão longe de amarguradas ilusões e de falsas delícias, trilhando um solo eterno, e de eterna solidez, com a alma contente, e Deus contente de nós, serenamente e seguramente subíamos - para o Castelo da Grã-Ventura!* (p.164)

IV - SÍNTESE DO ENREDO

Jacinto, fidalgo português, apaixonado pela cultura e pela tecnologia, que, segundo ele, são o maior sinal de civilização e os únicos meios para se conseguir a suprema felicidade. No entanto, paradoxalmente, vive em Paris bocejando, num viver luxuoso, mas repleto de tédio. Certo dia, por causa do translado de uns ossos de seus antepassados, volta a Portugal em companhia de seu amigo e narrador da história, Zé Fernandes.

Chegando ao Minho, sua província natal, apesar dos dissabores da viagem e da perda de todas as suas malas, com toda sua civilização encaixotada, o Príncipe alegra-se com os ares e a comida local. Aos poucos, aquele ambiente puro e saudável vai curando seu tédio e despertando seu interesse pela vida. Seu corpo se apruma, sua alma ganha vida nova. O casamento com Joaninha, prima do narrador, dá o toque definitivo a essa mudança. Embora Jacinto viva dizendo ao amigo que pretende levar sua família para conhecer Paris, percebemos, pelos adiamentos freqüentes, que isso não acontecerá.

Quem acaba voltando é o narrador, mas se desilude com tudo, mostrando assim que Jacinto tem razão em não deixar sua terra querida, sua vida no campo. A cidade é vazia e repetitiva. Só o campo é cheio de vida e variedade.

V - ESTRUTURA DA OBRA

Esse romance é o desenvolvimento do conto *Civilização*, de 1892, do mesmo autor. Em 1895, Eça de Queirós retomou a história, transformando-a nessa narrativa mais extensa, sem no entanto publicá-la. Somente em 1901, após a morte do autor, é que a obra foi impressa.

Provavelmente por ser oriunda de um conto, a narrativa não possui vários conflitos, amarrados por um nó dramático ou conflito central. A narrativa linear, com tempo cronológico tem apenas um conflito: Jacinto prega o valor da civilização, mas não encontra nela a sua felicidade, que só se revela possível quando entra em contato com o campo. É a apologia do bucolismo. É o "fugere urbem" e a busca do "locus amoenus" tão cantado pelos árcades e proposto por Jean Jacques Rousseau, tratado agora por uma pena moderna, por um estilo irônico, ora prosaico, ora poético.

Tudo gira em torno de duas personagens fundamentais: o rico fidalgo Jacinto e o homem da serra José Fernandes. Este, muito pouco atingido pelo que aprendeu em contato com a escola e a cidade. Aquele, impregnado dos ideais citadinos, defensor de todo avanço cultural e tecnológico. Unindo ambos uma grande e sincera amizade. O desenvolver das ações faz-nos lembrar o *Bolero* de Ravel, em que não há variação, com a mesma frase musical que é interessante por ter sempre um novo instrumento acrescentado a cada repetição. Assim, podemos dizer que na trajetória de Jacinto não há muito enredo, não há muita variedade. O que nos prende é o estilo magistral do autor, inserindo variações no mesmo tema. Quanto é para mostrar a crise dos valores da civilização, vai gradualmente como no bolero, acrescentando a cada instante fatos mais significativos. Ao mostrar o valor do campo, repete a técnica, só que no sentido inverso, num crescendo de qualidades da serra e da melhoria de Jacinto.

TEMPO CRONOLÓGICO

* 1866 a 1875 - Jacinto e José Fernandes tornam-se amigos nas escolas do Bairro Latino, em Paris.
* 1880 - José Fernandes é chamado pelo tio para cuidar de suas propriedade.
* 1887 - Volta o narrador a Paris no mesmo mês em que partira: "Era de novo fevereiro".
* Daqui para a frente não se menciona mais pontualmente o ano, mas se determina o tempo pelo mês ou pela estação do ano, como no capítulo VII, revela-se que é julho, cujas tardes são marcadas pelas visitas dos dois amigos à casa de Madame de Oriol, logo depois o mês de outubro é destacado, porque nele o narrador volta de sua viagem pelas cidades da Europa. Assim por diante, no cap.VIII comenta-se que está no fim do inverno. Somos informados que Jacinto decide partir em abril. No capítulo XIV vemos Jacinto conhecer Joanhina com quem casou em maio e no XV o narrador nos informa que cinco anos passaram sobre Tormes e a serra.

ESPAÇO

Os dois espaços principais são: Paris (urbano) e Portugal (rural), absolutamente opostos, antagônicos. O espaço urbano é revelado como aparentemente positivo nos primeiros capítulos, embora oculte por trás de cada elogio uma denúncia ou uma crítica velada. Por exemplo, no primeiro capítulo quando lemos: *E depois (acrescentava) só a cidade lhe dava a sensação, tão necessária à vida como o calor, da solidariedade humana. E no 202, quando considerava em redor, nas densas* ***massas*** *do* ***casario*** *de Paris, dous milhões de seres* ***arquejando*** *na obra da civilização (para manter na natureza o domínio dos Jacintos!) sentia um sossego, um conchego, só comparáveis ao do peregrino, que, ao atravessar o deserto, se ergue no seu dromedário, e avista a longa fila da caravana marchando,* podemos pressentir nos termos em negrito uma escolha de vocábulos que não é nada inocente, pois tal seleção apresenta a visão crítica negativa com que o narrador filtra as declarações de Jacinto.

No final da narrativa, só há possibilidades de elogio para o campo, para a natureza simples do povo e da vida provinciana. É o momento das frases laudatórias, com grandes elogios para as águas, os ares e a comida portuguesa. Há momentos em que nos sentimos tentados a retomar a leitura de certas páginas de *As Pupilas do Senhor Reitor* para comparar os tipos de comida e os adjetivos empregados, mas temos certeza que são de igual louvor.

PERSONAGENS:

Jacinto - o Príncipe da Grã-Ventura, neto do miguelista Jacinto Galião, nascido em Paris, admirador da ciência, das letras e da tecnologia. Só se sente bem na cidade, tendo horror do campo e da natureza. Ao conhecer as terras portuguesas de seus antepassados, apaixona-se por elas e nunca mais volta à cidade.

José Fernandes - Homem nascido na serra, admirador à distância da adoração que Jacinto tem pela civilização, mas que com isso não se contamina. Continua sempre sendo o rústico homem do interior, levemente envernizado por uma casca de civilizado. Mas esse verniz trinca de vez em quando, e ele ora se envolve com uma mulher grosseira, ora quebra a cara de alguém. É um escudeiro fiel, está sempre acompanhando o amigo, embora pareça às vezes que faz isso para poder fazer a sua crônica.

Grilo - Criado negro de Jacinto que demonstra uma grande fidelidade e dedicação sincera ao Patrão, acompanhando-o ao interior de Portugal e com ele ficando até o nascimento de seus filhos, de quem cuida com o mesmo carinho com que cuidara do pai.

Joaninha - Prima do narrador, vista por Jacinto como uma caipira, uma fazendeira, ao conhecê-la por fotografia, mas com quem acaba se casando e tendo um casal de filhos.

Tia Vicência - Tia do narrador, típica senhora simpática, religiosa, ignorantona, boa cozinheira, absolutamente inocente das maldades do mundo.

VI - ESTILO DE ÉPOCA E ESTILO INDIVIDUAL

Entre as características do Realismo-Naturalismo podemos mencionar a **não idealização** das personagens. Agora, podemos encontrar nas narrativas **personagens vulgares**, com defeitos e imperfeições que estamos costumados a ver nas pessoas que nos rodeiam. Por isso, não é de estranhar o comportamento do narrador José Fernandes, que é capaz de se envolver com uma mulherzinha suja ou de jantar regaladamente logo após fazer um belo discurso socialista.

O **materialismo e o anticlericalismo** são comuns na maioria dos escritores da linha realista, mas em *A Cidade e as Serras*, além do verborrágico discurso feito pelo narrador do alto de Montmarte, não os encontramos com facilidade. É bem claro, no entanto, que tanto Jacinto como José Fernandes não levam a religião muito a sério, apesar do Príncipe assistir às cerimônias na capelinha e do narrador falar sempre em Deus. Parece simplesmente fruto do hábito e da tradição ibérica.

A **temática é sempre contemporânea**, evitando-se o medievalismo, o passado histórico. Em vez de valorizar as peripécias, a ação exterior, o escritor realista desenvolve uma maior preocupação com a **ação interior**, com a **análise psicológica**. O enredo torna-se moroso, mas é valorizado por uma grande **preocupação formal**. Eça de Queirós não parece preocupado em seguir fielmente as normas estéticas do estilo de época, mas delas faz uso com liberdade de artista genial. A ação transcorre na segunda metade do século XIX, mas a postura adotada com relação aos avanços tecnológicos é caricatural, crítica, pouco condizente com o pensamento da época, podendo ser considerada uma visão tradicional, já muito praticada na literatura desde o Trovadorismo e o Romantismo. Também não se compraz no aprofundamento de uma análise psicológica, ficando mais na superfície caricatural.

Racionalismo e **visão crítica** são posturas fundamentais para todo artista que pretenda ser realista. Percebemos em *A Cidade e as Serras* que não nos envolvemos emocionalmente com as personagens e suas situações, o que ocorre pela maneira sempre irônica com que o narrador nos conta a trajetória de Jacinto, criando um distanciamento crítico entre leitor e ação narrada. Os problemas sociais são apontados, mas não se pretende fazer proselitismo com o leitor, não se faz panfletarismo.

A objetividade tão sonhada pelos realistas fica nesse romance bastante comprometida, pois o emprego de diversos adjetivos pejorativos quando se fala da cidade e da civilização (sujas, pútrido rebotalho), em contrapartida com os qualificativos elogiosos sempre que fala do campo (Que delícia, por aquela manhã tão lustrosa e tépica) deixa muito claro o comprometimento afetivo, subjetivo, do narrador com o campo de que faz apologia declarada.

Para encerrar, é bom compararmos aqui a técnica empregada por Eça de Queirós com a de Lima Barreto em *Triste Fim de Policarpo Quaresma*. Lima cria uma personagem séria, amante da ordem e da tradição, admirador do governo, por quem luta patrioticamente. Assim, quando tal personagem muda de opinião e critica o governo, essa oposição ganha mais vigor, mais "verdade", isto é, convence mais do que se partisse de personagem já inicialmente da oposição. Da mesma forma, Eça cria um defensor da cidade e da tecnologia para convertê-lo ao decorrer da narrativa no paladino da vida campestre, natural, sendo aprovado fervorosamente pelo narrador.

Assim como em *O Primo Basílio*, também em *A Cidade e as Serras*, Eça de Queirós abusa do emprego de estrangeirismos (**foie-gras**, **tramways**), muito justificados principalmente no segundo já que toda a primeira parte da narrativa se passa na França e pretende fazer um retrato caricato da mais refinada classe social parisiense.

VII - PROBLEMÁTICA E PRINCIPAIS TEMAS

Na segunda metade do século XIX há uma esperança de vida melhor baseada no avanço técnico e científico, associado à produção mecânica acelerada. Eça com a liberdade característica de todo bom artista põe abaixo esse mito, revelando um lado seu que não escapa a qualquer pessoa mais inteligente e sensível. Por mais que a tecnologia nos facilite a vida, não podemos esquecer que ela também nos traz problemas, que ela nos enreda (Ver o que diz o grão-duque, na antologia, VIII, quando o peixe encalha no elevador) e não pode trazer a felicidade, porque essa depende mais de cada um de nós próprios.

Além disso, a vida urbana, social, cheia de etiquetas e limitações pode ser atraente num primeiro momento, mas se revela cansativa e desgastante, justificando o exagerado tédio do protagonista. Quanto a esse exagero, próprio da caricatura, gostaríamos de destacar que, se por um lado é excelente para criar o humor necessário, por outro, coloca em risco a adesão do leitor, já que a personagem deixa entrever no fim da narrativa todo o seu arcabouço, toda sua carpintaria, todo o seu jogo de construção, ficando fácil perceber que foi criada, como uma marionete, para exercer apenas a função de fazer a crítica da cidade e a apologia do campo.

BIBLIOGRAFIA CONSULTADA

QUEIRÓS, Eça de - *A Cidade e as Serras* , SP, 1973, Editora Brasiliense, 2ª. edição. (obra utilizada para citação)

DOM CASMURRO

de Machado de Assis

por Geraldo Chacon

I - BIOGRAFIA

Joaquim Maria Machado de Assis é um dos mais importantes escritores brasileiros e quiçá do mundo. Foi o introdutor do Realismo no Brasil, em 1881, com Memórias Póstumas de Brás Cubas. Nasceu em 1839, último ano do período regencial, e faleceu em 1908. Pôde em sua vida acompanhar fatos da nossa História como: Guerra do Paraguai (1865/70), Lei Áurea (1888), Proclamação da República (1889), a Revolta da Armada (1893), a Guerra de Canudos (1896) e a fundação da Academia Brasileira de Letras, de que tomou parte, tendo sido eleito seu primeiro presidente (1897). Essa indicação pode ser interpretada como um reconhecimento da intelectualidade brasileira do século XIX ao seu gênio, ao seu talento e à sua cultura.

Esse reconhecimento, assim como sua contínua ascensão social e profissional, é mérito de muito esforço e dedicação. Não deve ter sido nada fácil, para um mestiço pobre e com problemas de saúde, estudar e vencer numa sociedade escravocrata que valorizava o dinheiro e o diploma. Machado não freqüentou escola regular. Sua formação autodidática foi um processo constante que só terminou com sua morte. Aos 69 anos, quando morreu, estava estudando grego. Havia lido e incorporado muito do tom e da técnica de escritores como Sterne, Swift, Leopardi e de filósofos como Schopenhauer.

II - BIBLIOGRAFIA

Machado dedicou-se a todos os gêneros literários, destacando-se principalmente no conto e no romance.

a) Poesia: Crisálidas (1864), Falenas (1870), Americanas (1875).

b) Teatro: Queda que as mulheres têm para os tolos (1861), Desencantos (1861), O caminho da porta (1863), O Protocolo (1863), Quase ministro (1864), Os deuses de casaca (1868), Tu só tu, puro Amor (1880), Não consultes médico (1896), Lição de botânica (1906).

c) Romance: Ressurreição (1872), A mão e a luva (1874), Helena (1876), Iaiá Garcia (1878), Memórias póstumas de Brás Cubas (1881),

Quincas Borba (1891), Dom Casmurro (1899), Esaú e Jacó (1904), Memorial de Aires (1908).

d) Conto: Contos fluminenses (1870), Histórias da meia-noite (1873), Papéis avulsos (1882), Histórias sem data (1884), Várias histórias (1896), Páginas recolhidas (1899), Relíquias da casa velha (1906).

II - INTRODUÇÃO

Machado de Assis, assim como seu *romance Memórias Póstumas de Brás Cubas*, representa uma incrível e indiscutível revolução estética no século XIX, com grandes e diversos reflexos em muitos escritores do século XX.

Podemos dizer, sem medo de erro, que Machado já era, no século XIX, um escritor do século XX. Suas inovações, tanto na postura, quanto no estilo; tanto no assunto, quanto na espacialização do texto, foram inusitadas para sua época. Basta dizer que *O Mulato* de Aluísio Azevedo, também publicado em 1881, vendeu mais e teve da parte da crítica uma centena de trabalhos, enquanto só mereceram três análises dos críticos contemporâneos as fantásticas memórias do defunto Brás Cubas. Isso se explica pelo fato de ser muito mais fácil falar do que é redundante, do que analisar o novo, o revolucionário. A obra naturalista de Aluísio preserva toda uma estruturação ainda romântica, toda uma preocupação com a ação externa, que era tradição da prosa narrativa da época. Machado inova tanto no aprofundamento da análise psicológica (já ensaiada por Alencar em Senhora), quanto no aproveitamento do espaço em branco da página e na utilização dos recursos tipográficos que tão bem conhecia, já que trabalhara como revisor de provas na Tipografia Nacional.

Dom Casmurro continua a trajetória estética do primeiro livro realista de Machado, colocando como narrador o protagonista que, à semelhança de Brás Cubas, está escrevendo um livro sobre sua vida. Esse pseudo-autor procura convencer o leitor de que foi traído pela esposa. Os leitores, desde a publicação da obra, têm se dividido em dois grupos que se batem e debatem sem conseguir mudar a opinião do grupo adversário; há os que acreditam no narrador e há os que defendem a fidelidade da esposa. Não há, porém, quem possa suficientemente comprovar nenhuma das posições, pois o texto apresenta sinais de traição combinados com indicações de um ciúme doentio, paranóico, de um marido desconfiado.[138] Percebe-se nessa polêmica um dos grandes méritos da obra: a ambigüidade.

---

138. Recomendamos a leitura do capítulo "Dom Casmurro: o problema do conhecimento" da obra *Apresentação de Machado de Assis*, de Ivan Teixeira, Ed. Martins Fones, SP.

III - RESUMO DO ENREDO

CAPÍTULO I - DO TÍTULO

O narrador, empregando o foco narrativo de primeira pessoa, inicia a obra explicando por que o título é Dom Casmurro. Conta que desgostou um rapaz de seu bairro ao dormir no trem da Central, durante a leitura que o moço fazia de uns versos de sua autoria. Aborrecido, o moço vingou-se colocando-lhe o apelido de Dom Casmurro[139]. A vizinhança, que não gostava dos modos reclusos do narrador, fez com que o apelido pegasse.

CAPÍTULO II - DO LIVRO

Agora que expliquei o título, passo a escrever o livro.

Apesar de metalingüísticamente prometer iniciar o livro, o narrador faz uma **digressão**[140] em que pretende demonstrar os motivos que o levaram a escrever o livro. Explica que vive só na companhia de um criado, em casa própria, que mandara construir com propósito definido: *Um dia, há bastantes anos, lembrou-me reproduzir no Engenho Novo a casa em que me criei na antiga rua de Matacavalos, dando-lhe o mesmo aspecto e economia daquela outra, que desapareceu.* (p.13)

Confessa que pretendia com isso resgatar o passado: *O meu fim evidente era atar as duas pontas da vida, e restaurar na velhice a adolescência. Pois, senhor, não consegui recompor o que foi nem o que fui. Em tudo, se o rosto é igual, a fisionomia é diferente. Se só me faltassem os outros, vá; um homem consola-se mais ou menos das pessoas que perde; mas falto eu mesmo, e esta lacuna é tudo.* (p.12)

Alega que está cansado da monotonia e por isso pensou em escrever um livro, colocando nele as suas lembranças: *Desse modo, viverei o que vivi, e assentarei a mão para alguma obra de maior tomo. Eia, comecemos a evocação por uma célebre tarde de novembro, que nunca me esqueceu.* (p.13)

Comentário:
O narrador não se dá conta, mas vai escrever o livro pelo mesmo motivo que o levou a refazer a casa de sua adolescência, ou seja, vai em busca do tempo perdido, mas acabará descobrindo que o tempo é irrecuperável.

CAPÍTULO III - A DENÚNCIA

O agregado José Dias, na sua ânsia de agradar a D. Glória, insiste para que ela providencie o ingresso do filho no seminário para cumprir uma promessa que fizera antes do nascimento do mesmo.[141]

---

139. Casmurro: teimoso, implicante, cabeçudo.

140. Digressão é a interrupção da narrativa para comentar, analisar ou discutir assuntos paralelos.

141. Nessa tarde, aos quinze anos, descobriu que estava apaixonado por Capitu, moça sua vizinha, bonita, esperta, mais nova e mais alta do que ele. Capitu ou Capitolina era de

CAPÍTULO IV - UM DEVER AMARÍSSIMO

Todo o capítulo IV é uma digressão em que o narrador explica que *José Dias amava os superlativos*, o que o leva a dizer a D. Glória que, ao denunciar, estava cumprindo um *dever amaríssimo*. Além disso, retrata o modo de ser e de vestir um tanto antiquado do agregado.

CAPÍTULO V - O AGREGADO

Num ***flash-back***[142] o narrador conta como foi que José Dias chegou, um dia, em sua casa, quando ainda moravam numa fazenda em Itaguaí, oferecendo seus préstimos de médico homeopata. Curou um feitor e uma escrava. Não quis cobrar. Seu pai ofereceu-lhe moradia e um salário. José Dias recusou o salário, prometeu voltar dali a três meses, voltou em duas semanas e nunca mais saiu. Confessou, depois, que não era médico.

CAPÍTULO VI - TIO COSME

Tio Cosme vivia com minha mãe, desde que ela enviuvou. Já então era viúvo, como prima Justina; era a casa dos três viúvos. (p. 20) Tio Cosme era advogado criminal, gordo e pesado, tinha a respiração curta e os olhos dorminhocos e gostava de andar a cavalo. Um dia, quando o narrador tinha nove anos, tentou fazê-lo montar, assustando-o e fazendo-o chorar. D. Glória correu pálida e trêmula a proteger o filho.

CAPÍTULO VII - D. GLÓRIA

Minha mãe era boa criatura. Quando lhe morreu o marido, Pedro de Albuquerque Santiago, contava trinta e um anos de idade, e podia voltar para Itaguaí. Não quis; preferiu ficar perto da igreja em que meu pai fora sepultado. (p.23)

Era o ano de 1857, e D. Glória estava com quarenta e dois anos de idade. Ainda era moça e bonita. O narrador comenta ainda o retrato dos pais que mantém na atual casa, assim como na residência anterior. Lembra-se pouco do pai, pois este morreu muito cedo.[143]

---

família pobre, motivo que pode ter levado o agregado José Dias a denunciar o namoro à mãe do rapaz, Dona Glória. A denúncia, surpreendeu ao moço que ainda não dera conta de seus sentimentos.

142. Técnica narrativa que consiste em interromper o relato da ação presente para fazer uma retrospectiva, narrando fatos do passado, normalmente para melhor esclarecer ações resultantes dos mesmos.

143. Vejam como o narrador abandonou a narração direta e linear da história do que aconteceu naquela memorável tarde e está, há vários capítulos, descrevendo as figuras mais importantes de sua família, dedicando um capítulo a cada elemento. Podemos considerar cada unidade dessas uma micronarrativa, que apresenta fatos, cenas, informações que formam um mosaico integrando-se à narrativa principal.

CAPÍTULO VIII - É TEMPO

Metalingüisticamente, o narrador anuncia que agora vai voltar àquela tarde de novembro que foi como o preparar dos atores que vão entrar em cena, porque a vida é como se fosse uma ópera, teoria que ele ouviu de um velho tenor italiano: *Talvez valha a pena dá-la; é só um capítulo*[144] . (p.24)

CAPÍTULO IX - A ÓPERA

Voltando ao passado, num *flash-back*, o narrador conta seu diálogo com o velho tenor Marcolini, já sem voz, o qual insistia no fato de ser a vida uma ópera, cujo texto foi criado e abandonado por Deus. Tendo Satanás encontrado o libreto e por ele se interessado, pediu permissão a Deus para colocar-lhe a música que faltava. Deus *consentiu em que a ópera fosse executada, mas fora do céu. Criou um teatro especial, este planeta, e inventou uma companhia inteira, com todas as partes, primárias e comprimárias, coros e bailarinos*, mas recusou-se mesmo a ouvir os ensaios, dizendo que bastava dividir com o diabo os direitos de autor. Daí os desconcertos desse mundo. Conclui o tenor: *Esta peça* (...) *durará enquanto durar o teatro, não se podendo calcular em que tempo será ele demolido por utilidade astronômica. O êxito é crescente. Poeta e músico recebem pontualmente os seus direitos autorais, que não são os mesmos, porque a regra da divisão é aquilo da Escritura: "Muitos são os chamados, poucos os escolhidos". Deus recebe em ouro, Satanás em papel.* (p.27)[145]

CAPÍTULO X - ACEITO A TEORIA

Eu, leitor amigo, aceito a teoria do meu velho Marcolini, não só pela ***verossimilhança***[146] *, que é muita vez toda a verdade*[147] *, mas porque a minha vida se casa bem à definição. Cantei um duo terníssimo*[148] *, depois um trio, depois um quatuor...*[149] *Mas não adiantemos; vamos à primeira parte, em que eu vim a saber que já cantava, porque a denúncia de José Dias, meu caro leitor, foi dada principalmente a mim. A mim é que ele me denunciou.* (p.28)

---

144. Observe, leitor, como o narrador joga, brinca, com você. Anunciou através do título que voltaria à narração; mas, pelo contrário, partiu para outra digressão.

145. Esse é um trecho excelente para exemplificar a habilidade de Machado para o humor e a ironia.

146. Qualidade do que é verossímil, ou seja, semelhante à verdade.

147. Estaria o narrador maliciosamente anunciando já aqui a sua problemática? Estaria já pensando na aparência de infidelidade de sua esposa? Leia e tire sua conclusão. Esta obra é para ser lida e relida. Cada retomada nos coloca novos elementos que não tínhamos antes notado.

148. Referência ao seu namoro com Capitu.

149. Referência às entradas em cena das duas outras personagens fundamentais para a intriga: o amigo Escobar e o filho Ezequiel.

CAPÍTULO XI - A PROMESSA

Tão depressa vi desaparecer o agregado no corredor, deixei o esconderijo, e corri à varanda do fundo. Ficamos sabendo nesse capítulo a causa da promessa: D. Glória perdera o primeiro filho que nasceu morto e prometeu a Deus que, se o segundo nascesse homem e fosse sadio, faria dele um padre.

CAPÍTULO XII - NA VARANDA

O adolescente hesita em ir ao quintal vizinho. Anda de um para outro lado na varanda. Projeta o narrador sobre os elementos da natureza seus pensamentos de avaliação: *Um coqueiro, vendo-me inquieto e adivinhando a causa, murmurou de cima de si que não era feio que os meninos de quinze anos andassem nos cantos com as meninas de quatorze; ao contrário, os adolescentes daquela idade não tinham outro ofício, nem os cantos outra utilidade.* (p.31) Toma então consciência de que sempre andava preso às saias da menina por amor. *Esse primeiro palpitar da seiva, essa revelação da consciência a si própria, nunca mais me esqueceu, nem achei que lhe fosse comparável qualquer outra sensação da mesma espécie. Naturalmente por ser minha. Naturalmente também por ser a primeira.* (p.34) [150]

CAPÍTULO XIII - CAPITU

Ouvindo o nome de Capitu, chamado pela mãe, corre o rapaz para o quintal vizinho. *Não me pude ter. As pernas desceram-me os três degraus que davam para a chácara, e caminharam para o quintal vizinho. Era costume delas, às tardes, e às manhãs também.* (p.35)

A mãe adverte Capitu para não ficar esburacando o muro. Quando lá chega o rapaz, a moça nota que há qualquer coisa com ele e pergunta. Ele negaceia, dizendo que é uma notícia, mas em vez de dizer o que é, procura ver o que está escrito no muro e é impedido por Capitu. *Foi o mesmo que acender em mim o desejo de ler o que era.*

CAPÍTULO XIV - A INSCRIÇÃO

Tudo o que contei no fim do outro capítulo foi obra de um instante[151] *. O que se lhe seguiu foi ainda mais rápido. Dei um pulo, e antes que ela raspasse o muro, li estes dois nomes, abertos ao prego, e assim dispostos:*

---

150. Machado foi o introdutor do romance realmente psicológico no Brasil. Valoriza mais a ação interior, captando os mais recônditos pensamentos e conflitos da personagem. Vejam aqui a capacidade de auto-análise do narrador.

151. Temos aqui a presença da metalinguagem, ou seja, quando o texto deixa de falar do referente e volta-se sobre si mesmo. Essa prática é freqüente em Machado de Assis desde seu primeiro romance realista.

Bento
Capitolina

Voltei-me para ela; Capitu tinha os olhos no chão. Ergueu-os logo, devagar, e ficamos a olhar um para o outro... (p.37)

Não soltamos as mãos, nem elas se deixaram cair de cansadas ou de esquecidas. Os olhos fitavam-se e desfitavam-se, e depois de vagarem ao perto, tornavam a meter-se uns pelos outros... Padre futuro, estava assim diante dela como de um altar, sendo uma das faces a Epístola e a outra o Evangelho. A boca podia ser o cálice, os lábios a patena[152]*. Faltava dizer a missa nova, por um latim que ninguém aprende, e é a língua católica dos homens. Não me tenhas por sacrílego, leitora minha devota*[153]*; a limpeza da intenção lava o que puder haver menos* ***curial***[154] *no estilo.* Permaneceram parados e calados, falando apenas com os olhos.

CAPÍTULO XV - OUTRA VOZ REPENTINA

São surpreendidos pela voz de Pádua, o pai de Capitu, que chega e os vê naquela posição, perguntando se estão jogando o **siso**[155]. Ela, enquanto risca os nomes no muro, diz que sim, mas que Bentinho ri logo. Tenta mostrar ao pai, mas o pobre do Bentinho está mudo e sério pelo susto de tudo que aconteceu numa seqüência de surpresas e novidades. Pádua convida Bentinho a ver um **gaturamo**[156]. Pádua amava particularmente os passarinhos e possuía muitas espécies, de várias cores e tamanhos. Quando adoeciam, cuidava deles como se fossem gente. O menino preferiria ir atrás de Capitu, mas foi ver o passarinho.

CAPÍTULO XVI - O ADMINISTRADOR INTERINO

O narrador abre esse capítulo à parte para contar que o Pádua era empregado em repartição dependente do Ministério da Guerra, tendo substituído o administrador interinamente, pois este fora ao Norte em comissão. Envaidecido e orgulhoso com o novo cargo, entrou a fazer despesas e viver de acordo com essa posição, desesperando-se quando o superior voltou e ele precisou rebaixar-se à sua situação anterior. Tentou o suicídio e foi impedido por D. Glória. Durante uns dias ficou ressabiado, mas com o tempo retomou sua vida normal e até falava do fato, sempre o tomando como marco de sua vida: "*No tempo em que eu era administrador...*", "*Justamente; havia já seis meses que eu administrava*". Comenta o narrador:

---

152. Prato pequeno que serve para cobrir o cálice e receber a hóstia.
153. Outra prática muito comum nas narrativas machadianas que aqui se encontra é a presença do leitor incluso ou diálogo com o leitor.
154. Relativo a cúria, ou seja, sacerdotal. Pode significar também conveniente.
155. Bricadeira infantil que consiste em olhar-se nos olhos sem rir.
156. Gaturamo: espécie de pássaro.

Tal é o sabor póstumo das glórias interinas. José Dias bradava que era a vaidade sobrevivente; mas o padre Cabral, que levava tudo para a Escritura, dizia que com o vizinho Pádua se dava a lição de Elifás a Jó: "Não desprezes a correção do Senhor; Ele fere e cura". (p.43)

CAPÍTULO XVII - OS VERMES

"Ele fere e cura!" Quando, mais tarde, vim a saber que a lança de Aquiles também curou uma ferida que fez, tive tais ou quais veleidades de escrever uma dissertação a este propósito. (p.44) Acrescenta que tentou pesquisar em livros velhos, buscando significação e origem comum do texto pagão e do pensamento israelita. Hiperbolicamente[157], diz que chegou a interrogar até os vermes dos livros, que nada souberam dizer, a não ser: *...nós não sabemos absolutamente nada dos textos que roemos, nem escolhemos o que roemos, nem amamos ou detestamos o que roemos; nós roemos.*

CAPÍTULO XVIII - UM PLANO

Finalmente, Bentinho contou tudo a Capitu. Esta indignou-se contra D. Glória, chamando-a de *beata, carola, papa-missa*. Bentinho teve dificuldade em compreender essa explosão: *Fiquei aturdido. Capitu gostava tanto de minha mãe, e minha mãe dela, que eu não podia entender tamanha explosão.*

Depois, Capitu recuperou-se da emoção descontrolada e pôs-se a pensar, procurando um meio de mudar os planos de D. Glória para evitar a separação de seu amado. Por fim, recomendou a Bentinho que ele, como futuro dono de tudo, deveria impor-se e exigir do agregado que ele atuasse em seu favor, dissuadindo D. Glória do cumprimento da promessa. Capitu orientou ainda Bentinho para dizer ao agregado que lhe faltava vocação e que estava disposto a estudar Direito em São Paulo.

CAPÍTULO XIX - SEM FALTA

O narrador descreveu o projeto interno do adolescente de falar com o agregado. Uma frase planejada ocupa seu pensamento: *Preciso falar-lhe, sem falta, amanhã; escolha o lugar e diga-me*. Bentinho ensaiou o modo e o tom com que ia pronunciá-la.

CAPÍTULO XX - MIL PADRE-NOSSOS E MIL AVE-MARIAS

Bentinho fez uma promessa, pedindo a Deus para ajudá-lo. Como tinha muitas promessas antigas que ainda não pagara, prometeu o rapaz que rezaria mil padre-nossos e mil ave-marias se José Dias conseguisse que ele não fosse para o seminário.

CAPÍTULO XXI - PRIMA JUSTINA e XXII - SENSAÇÕES ALHEIAS

Ao chegar em casa, Bentinho encontrou a prima Justina, que demonstrou ser contra a internação dele no seminário e deixou claro que não gostava do agregado, dizendo que ele era *um intrigante, um bajulador, um*

---

157. Relativo a hipérbole (figura), ou seja, exageradamente.

especulador, e, apesar da casca de polidez, um grosseirão. Vendo esta predisposição, o rapaz perguntou se ela intercederia por ele junto a sua mãe. Ela disse que não a procuraria por vontade própria, mas se fosse consultada daria a seguinte opinião: *Prima Glória, eu penso que, se ele gosta de ser padre, pode ir; mas, se não gosta, o melhor é ficar.* Prima Justina passou a falar do tempo, duma festa religiosa e depois de Capitu. Primeiro fez diversos elogios e depois algumas restrições: "*...era um pouco **trêfega**[158] e olhava por baixo...* O narrador analisa o comportamento de Justina e procura as causas de seu interesse, chegando à conclusão de que ela achava no espetáculo das sensações alheias um ressurgimento das próprias sensações.

CAPÍTULO XXIII - PRAZO DADO

Bentinho disse a José Dias que desejava falar com ele, marcando para o dia seguinte no Passeio Público.

CAPÍTULO XXIV - DE MÃE E DE SERVO

Comenta o narrador que o agregado tinha com o garoto Bentinho cuidados de mãe e atenções de servo, acompanhando-o a todos os lugares, cuidando da sua educação e elogiando-o muito. Dizia que ele era um prodígio e tinha qualidades morais sólidas.

CAPÍTULO XXV - NO PASSEIO PÚBLICO e **XXVI - AS LEIS SÃO BELAS**

Bentinho fez o que tinha planejado. José Dias disse que vivia para servi-lo, mas não acreditava que D. Glória mudasse de projeto. Bentinho prometeu estudar leis em São Paulo. José Dias entusiasmou-se com a idéia do moço estudar leis, mas não em São Paulo. Imaginou-se logo na Europa, cuidando da educação do seu protegido.

CAPÍTULO XXVII - AO PORTÃO

Ao voltarem, Bentinho dá esmola a um mendigo, pedindo-lhe para rogar a Deus por ele a fim de que pudesse satisfazer todos os seus desejos.

CAPÍTULO XXVIII - NA RUA

O narrador observa que, após a conversa, José Dias deixou de ser o homem grave para tornar-se mais flexível, falando de modo mais pausado e com superlativos. Ficou com receio que tivesse mudado de opinião.

CAPÍTULO XXIX - O IMPERADOR

Ainda no caminho de volta para casa, Bentinho viu o coche imperial em que o Imperador vinha da Escola de Medicina e deixou sua fantasia voar, imaginando Sua Majestade a entrar na casa dele e pedindo a sua

---

158. Trêfega: esperta, maliciosa, manhosa.

mãe que desistisse da idéia de colocar o filho no seminário e fizesse dele um médico.

CAPÍTULO XXX - O SANTÍSSIMO

Estão ainda voltando quando vêem sair o Santíssimo. José Dias, animado por uma idéia sua, faz Bentinho descer do ônibus e ajudam a carregar o **pálio**[159]. O pai de Capitu, que chegara naquele momento, queria também fazer o mesmo, mas José Dias acaba constrangendo-o a ficar apenas com uma tocha: *Pádua, ao contrário, ia mais humilhado. Apesar de substituído por mim, não acaba de se consolar da tocha, da miserável tocha. E contudo havia outros que também traziam tocha, e apenas mostravam a compostura do ato; não iam* ***garridos***[160]*, mas também não iam tristes. Via-se que caminhavam com honra.*[161] " (p.71)

CAPÍTULO XXXI - AS CURIOSIDADES DE CAPITU

Demonstra o narrador que Capitu era muito curiosa. De tudo queria saber: quem foi César, quanto valia um sestércio, porque D. Glória não usava as jóias do retrato, etc. Indagando sobre o que era a "Maioridade", ficou sabendo de tudo e *achou que o Imperador fizera muito bem em querer subir ao trono aos quinze anos.*

CAPÍTULO XXXII - OLHOS DE RESSACA

Alguns dias depois, indo ver Capitu, Bentinho lembrou-se do que lhe dissera o agregado sobre *os olhos de cigana dissimulada.* Pediu então a Capitu que lhe deixasse ver os olhos, observando então que eles possuíam um quê de mistério que atraía como as ondas do mar em dia de ressaca. Para disfarçar a emoção que se apossa dele, o rapaz agarra-se aos cabelos dela, afirmando que é capaz de penteá-los.

CAPÍTULO XXXIII - O PENTEADO

Ela senta-se para que ele possa fazer duas tranças. O prazer que ele sente é indizível. Deseja que nunca finde, mas os cabelos, apesar de compridos, terminam. Tudo ficaria por aí, se não fosse a inventividade da menina, que em vez de se levantar como ele pede, joga a cabeça para trás, quase caindo. Bentinho se debruça sobre ela, que abre os lábios, convidando ao beijo que enfim se realiza. Ambos ficam encabulados e afastam-se com os olhos baixos.

CAPÍTULO XXXIV - SOU HOMEM

Ouvem passos no corredor. Era D. Fortunata. *Capitu compôs-se depressa, tão depressa que, quando a mãe apontou à porta, ela abanava a cabeça*

---

159. Pálio: esteira com varas utilizada para transportar imagens sacras.
160. Alegres.
161. Analisando psicologicamente o comportamento da personagem, o narrador mostra a relatividade das coisas. Carregar a tocha que pode ser honra para alguns, torna-se humilhante para Pádua que pretendia mais do que isso, ou seja, segurar a vara do pálio.

e ria. Nenhum ***laivo***[162] *amarelo, nenhuma contração de acanhamento, um riso espontâneo e claro, que ela explicou por estas palavras alegres:*

- Mamãe, olhe como este senhor cabeleireiro me penteou; pediu-me para acabar o penteado, e fez isto. Veja que tranças! (p.80)

Bentinho corre para sua casa, entra em seu quarto, senta-se na cama e, de repente, sem pensar, diz com orgulho: *Sou homem!*

CAPÍTULO XXXV - O PROTONOTÁRIO APOSTÓLICO

A lição desse dia foi suspensa, porque o padre Cabral tinha sido nomeado **protonotário apostólico**[163].

CAPÍTULO XXXVI - IDÉIA SEM PERNAS E IDÉIA SEM BRAÇOS

Bentinho, alegando que vai brincar, deixa os adultos a conversar sobre o seu futuro de padre, sonhando que ele também poderia vir a ser um protonotário e corre para a casa da vizinha.

CAPÍTULO XXXVII - A ALMA É CHEIA DE MISTÉRIOS

Bentinho aproveitou a folga e voltou à casa da vizinha para roubar outro beijo de Capitu, mas nada conseguiu, pois a menina furtou-se ao beijo com resistência firme e ardilosa. Estavam nessa luta, com as mãos presas, quando o pai de Capitu chegou do trabalho e bateu à porta: *Ouvimos o ferrolho da porta que dava para o corredor interno; era a mãe que abria. Eu, uma vez que confesso tudo, digo aqui que não tive tempo de soltar as mãos da minha amiga; pensei nisso, cheguei a tentá-lo, mas Capitu, antes que o pai acabasse de entrar, fez um gesto inesperado, pousou a boca na minha boca, e deu de vontade o que estava a recusar à força.*

Repito, a alma é cheia de mistérios. (p.87)

CAPÍTULO XXXVIII - QUE SUSTO, MEU DEUS!

Na presença do pai, Capitu disfarça bem, demonstrando saber dissimular com perfeição.

CAPÍTULO XXXIX - A VOCAÇÃO

Capitu vai à casa de Bentinho cumprimentar também o padre Cabral e fica colada à saia de D. Glória, afetando não dar qualquer atenção a Bentinho, enquanto os adultos falam da vocação para o sacerdócio. No momento de Capitu sair, D. Glória pede a Bentinho para acompanhá-la, mas a menina alega que não é necessário e se vai sozinha. Bentinho tenta segui-la, mas a menina faz com que ele volte e assim ele fica sem o terceiro beijo que já imaginava receber no quintal.[164]

---

162. Vestígio, sinal.

163. Protonotário. (Do latim tardio "*Protonotariu*") S. m. O primeiro notário, entre os romanos. Dignitário da Cúria Romana, que recebe e expede os atos dos consistórios.

164. São vários os índices de dissimulação de Capitu, revelando um cálculo inteligente de quais seriam os melhores gestos e atitudes além de um cuidado muito grande na expressão deles e não dos reais sentimentos.

CAPÍTULO XL - UMA ÉGUA

O narrador digressivamente confessa que a fantasia, a imaginação, foi companheira de toda a sua existência e a compara a uma crença antiga de que as éguas iberas concebiam pelo vento, que ele teria talvez lido em Tácito. Tudo isso para dizer que teve a fantasia de confessar à sua mãe que está namorando para demonstrar que não tem vocação para a vida eclesiástica.

CAPÍTULO XLI - A AUDIÊNCIA SECRETA

Nessa mesma noite, Bentinho, sentindo-se agitado pelas mais ardentes emoções, revelou a sua mãe que não tinha vocação e pediu a ela que mudasse sua disposição. Ela disse que não podia mudar de idéia, porque não teria condições de saber se Deus a dispensava da promessa.

CAPÍTULO XLII - CAPITU REFLETINDO

Bentinho contou a Capitu toda a conversa que tivera com a mãe e Capitu se põe a olhar para o chão em silêncio, pensando.

CAPÍTULO XLIII - VOCÊ TEM MEDO?

Continuando a conversa do capítulo anterior, Capitu perguntou a Bentinho se ele tinha medo, acrescentando depois, por ter ele perguntado, se tinha medo de apanhar, de ser preso, de brigar, de andar, de trabalhar. Ele não conseguiu entender o porquê da pergunta e ela se recusou a responder, dizendo que estava brincando. Alegou estar indisposta, despediu Bentinho, mas sentaram-se à beira do poço e continuaram.

CAPÍTULO XLIV - O PRIMEIRO FILHO

Ambos viveram momentos de tensão, de irritação nervosa, chegando a terem uma briguinha amorosa, que leva o narrador a lamentar não ser um poeta romântico *para dizer que isto era um duelo de ironias! Contaria os meus botes e os dela, a graça de um e a prontidão de outro, e o sangue correndo, e o furor na alma, até ao meu golpe final que foi este:*

- Pois, sim, Capitu, você ouvirá a minha missa nova, mas com uma condição.

Na verdade ele impôs duas, uma era de que ela só se confessasse com ele e a outra de que ele celebrasse o casamento dela. Mais irônica, ela afirmou que ele iria demorar a se formar, que não pretendia esperar tanto, mas que deixaria que ele batizasse seu primeiro filho.

CAPÍTULO XLV - ABANE A CABEÇA, LEITOR

Abane a cabeça, leitor; faça todos os gestos de incredulidade. Chegue a deitar fora este livro, se o tédio já o não obrigou a isso antes; tudo é possível. Mas, se o não fez antes e só agora, fio que torne a pegar do livro e que o abra na mesma página, sem crer por isso na veracidade do autor. Todavia, não há nada mais exato. Foi assim mesmo que Capitu falou, com tais palavras e maneiras. Falou do primeiro filho, como se fosse a primeira boneca.[165] (p.104)

CAPÍTULO XLVI - AS PAZES

Finalmente reconciliaram-se e ambos pediram desculpas recíprocas. Capitu alegou que tudo tinha sido fruto de sua indisposição.

CAPÍTULO XLVII - "A SENHORA SAIU"

Bentinho voltou a perguntar por que ela queria saber se ele tinha medo de apanhar. Ela tentou evitar o assunto, mas se saiu com a desculpa de que tinha ouvido falar que batiam nos seminaristas. O narrador comenta digressivamente que não sabe se esta afirmação era verdadeira, mas acha que era uma boa forma de agir, como as criadas que mentem às visitas, dizendo que "a senhora saiu". A mentira social apresenta vantagens para a visita, a criada e a patroa, evitando maiores constrangimentos a todas.

CAPÍTULO XLVIII - JURAMENTO DO POÇO

Aproveitando o momento de trégua, de ternura, ambos fizeram o juramento de que se casariam um com o outro, independente do que ocorresse. A partir desse momento, Bentinho já admite pensar na idéia de ir para o seminário, porém com a disposição interior de não tomar ordens.

CAPÍTULO XLIX - UMA VELA AOS SÁBADOS

O casal de pombinhos passa a sonhar com o futuro, com a vida a dois, e terminam prometendo que acenderiam uma vela todos os sábados.

CAPÍTULO L - UM MEIO-TERMO

Os planos fracassaram e alguns meses depois Bentinho foi para o seminário, após despedidas demoradas e chorosas.

CAPÍTULO LI - ENTRE LUSCO E FUSCO

Antes de partir, Bentinho falou a sós com Capitu, na casa dela, e renovaram o juramento, selando-o com um beijo na boca.

CAPÍTULO LII - O VELHO PÁDUA

Ao se despedir do pai de Capitu, atendendo-lhe à solicitação de deixar alguma coisa de lembrança, deu a ele um cacho de seus cabelos que pretendia oferecer à namorada. O velho Pádua emocionou-se e saiu

---

165. Temos aqui algumas das principais técnicas machadianas: leitor incluso (diálogo com leitor), metalinguagem e digressão.

chorando: *levava a cara dos desenganados, como quem empregou em um só bilhete todas as suas economias de esperanças, e vê sair branco o maldito número, - um número tão bonito!"*[166] (p.114)

CAPÍTULO LIII - A CAMINHO!

Na rua, o agregado José Dias insistiu que ele devia manter as esperanças: *Agüente um ano; até lá tudo estará arranjado.*

CAPÍTULO LIV - PANEGÍRICO DE SANTA MÔNICA

Digressiva e metalingüisticamente o narrador avisa que não vai contar a vida no seminário, mas que fará isso um dia em uma outra obra, porque quando se começa a escrever aos cinqüenta anos é como uma doença, uma sarna. Por associação, lembra-se de um colega do seminário que escreveu um elogio a Santa Mônica. Há pouco tempo, diz, encontrou este colega numa repartição da Marinha. Tinha deixado o seminário. Conversaram sobre o passado e o indivíduo perguntou se ele ainda conservava o seu texto. Como obtivesse resposta negativa, foi à casa do narrador no dia seguinte levar-lhe um folheto amarelado pelo tempo, constrangendo-o a ler e comentar as partes de que se lembrava e mais gostava. Termina dizendo: *Tem agradado muito este meu Panegírico*!

CAPÍTULO LV - UM SONETO

Também por associação recorda o narrador de uma sua tentativa inútil de escrever um soneto inspirado em Capitu, logo que ingressou no seminário. Só conseguiu fazer dois versos: *Oh! flor do céu ! oh! flor cândida e pura! / Perde-se a vida, ganha-se a batalha*![167]

CAPÍTULO LVI - UM SEMINARISTA

Ao ler o panegírico, o narrador vai recordando outras figuras. Entre elas desponta Ezequiel de Sousa Escobar: *Era um rapaz esbelto, olhos claros, um pouco fugitivos, como as mãos, como os pés, como a fala, como tudo.*

CAPÍTULO LVII - DE PREPARAÇÃO

Ameaça contar uma sensação recordada com a leitura do panegírico, mas decide afinal que este é um capítulo de preparação do leitor e da

---

166. É recorrente em toda a narrativa essa desconfiança do narrador de que os vizinhos só agem por interesse, só pensam em casar a filha pobre com o moço rico.

167. É muito curiosa esta situação. O autor, Machado, cria uma personagem-escritor, Bentinho, que não consegue terminar um poema, revelando-se incompetente para tal. No entanto, é bom lembrar, que Machado o verdadeiro escritor de *Dom Casmurro* é também bom poeta tendo escrito alguns livros de poemas como *Crisálidas*, *Falenas* e *Americanas*.

leitora: *E aqui verás tal ou qual esperteza minha; porquanto, ao ler o que hás de ler, é provável que o aches menos cru do que esperavas.*

CAPÍTULO LVIII - O TRATADO

Conta que viu um dia uma senhora levar um tombo na rua, podendo ver certas roupas como meias e ligas, inacessíveis aos olhares masculinos. Ficou obcecado com a imagem e teve muitas fantasias durante o dia e sonhos durante a noite. No dia seguinte fez uma espécie de acordo ou tratado entre a consciência e a imaginação. Se as fantasias insistissem, ele ficaria com elas com a finalidade de fortalecer o caráter.

CAPÍTULO LIX - CONVIVAS[168] DE BOA MEMÓRIA

Alega o narrador ter uma boa memória. No entanto, contraditoriamente, cita um autor antigo que maldizia conviva com boa memória, mas não consegue lembrar-se do seu nome. Acaba admitindo que tem memória fraca. Acrescenta que seu livro é omisso, podendo o leitor preencher as suas falhas, pois ele também faz isso quando lê um livro omisso ou falho.

CAPÍTULO LX - QUERIDO OPÚSCULO!

Novamente temos digressão, diálogo com o leitor e metalinguagem: característica machadiana que faz a delícia de seus admiradores e a tortura daqueles que ainda não entraram no prazer lúdico desse tipo de narrativa que quer ser tudo, menos transparente. Retoma as lembranças que vão saindo das páginas amareladas do panegírico.

CAPÍTULO LXI - A VACA DE HOMERO

Conta uma visita de José Dias nos primeiros tempos de seminário. Ele insistiu com o agregado para que se esforçasse para retirá-lo do seminário, ao que José Dias pediu-lhe para ter paciência. E durante a conversa o agregado disse que era melhor *entrar no mundo ungido com os santos óleos da teologia*, ficando depois com os olhos fulgurantes, emocionado com a própria expressão, admirando-a. Isso leva o narrador a compará-lo *à vaca de Homero* que *andava e gemia em volta da cria que acabava de parir.*

CAPÍTULO LXII - UMA PONTA DE IAGO

Nessa mesma conversa, Bentinho pede ao agregado notícias de Capitu, ouvindo dele esta resposta que o enche de ciúmes: *Tem andado alegre, como sempre; é uma tontinha. Aquilo enquanto não pegar algum peralta da vizinhança, que case com ela...*[169] (p.135)

---

168. Comensal, convidado habitual para comer junto.
169. Assim como a personagem Iago, no drama de Shakespeare, insufla o ciúme que leva Otelo a matar a virtuosa esposa Desdêmona; José Dias estaria atiçando o ciúme de Bentinho.

CAPÍTULO LXIII - METADES DE UM SONHO

Bentinho teve um sonho no qual via um peralta da vizinhança a conversar com Capitu ao pé da janela, mas ao aproximar-se viu que era o rapaz da loteria a levar a lista dos prêmios para o Pádua, que estava ali ao lado da filha. Depois perdeu o sono e no dia seguinte foi mal nas lições.

CAPÍTULO LXIV - UMA IDÉIA E UM ESCRÚPULO

Faz uma reflexão sobre os sonhos e cita Luciano de Samosata[170], escritor satírico da antigüidade, o qual inventou o diálogo satírico e renovou os gêneros literários.

CAPÍTULO LXV - A DISSIMULAÇÃO

Bentinho fala a Capitu de sua amizade por Escobar e da vontade que tem de tudo lhe contar. Ela não admite dizendo-lhe: *você não tem direito de contar um segredo que não é só seu, mas também meu, e eu não lhe dou licença de dizer nada a pessoa nenhuma.*

CAPÍTULO LXVI - INTIMIDADE

Durante a permanência do rapaz no seminário, Capitu fez-se íntima (e constante) de D. Glória, provavelmente com intenção de afastar qualquer suspeita de namoro com Bentinho e de cativar a amável senhora para ocasião mais propícia, como a que virá mais tarde, depois de seis anos.

CAPÍTULO LXVII - UM PECADO

D. Glória ficou doente, febril, e Bentinho sentiu remorsos, prometendo rezar dois mil padre-nossos. No presente, o narrador comenta que suas promessas eram como moeda fiduciária, isto é, tinham valor fictício.[171]

CAPÍTULO LXVIII - ADIEMOS A VIRTUDE

Afirma o narrador que pretende revelar a própria essência, por isso quer contá-la toda, o bem e o mal. Diz que muitas vezes desejou, por estar com dor de cabeça, que o trem explodisse longe de seus ouvidos, mas no outro dia, perdia o mesmo trem por ajudar um cego a atravessar a rua.

CAPÍTULO LXIX - A MISSA

Bentinho foi à missa com desejo sincero de se reconciliar com Deus, prometendo não mais fazer promessas que não pudesse pagar e prometendo resgatar logo as que fizesse. Pensou no confessionário, mas não encontrou coragem nem palavras para revelar seu segredo ao confes-

---

170. Escritor grego, que viveu como satírico em Atenas.

171. São constantes as comparações das promessas religiosas com as transações meramente capitalistas, como se a religião fosse um comércio com Deus.

sor. Comenta o narrador, Bento Santiago, que agora ironicamente escreve e publica tudo aquilo que não tinha coragem de falar.

CAPÍTULO LXX - DEPOIS DA MISSA

Ao sair da igreja, Bentinho encontrou Sancha, amiga de Capitu, e Gurgel, seu pai. A moça quis saber notícias de D. Glória e o pai convidou Bentinho para o almoço, mas o rapaz recusou e se foi.

CAPÍTULO LXXI - VISITA DE ESCOBAR

Escobar visitou D. Glória e o amigo, agradando a todos com sua simpatia, principalmente a José Dias. A prima Justina, que costumava encontrar defeito em todos, nada viu em Escobar que o desabonasse perante os olhos de Bentinho. Os dois amigos despediram-se afetuosamente, enquanto Capitu os observava por detrás da veneziana. Perguntou a Bentinho quem era tão grande amigo e foi informada de que se tratava de Escobar.

CAPÍTULO LXXII - UMA REFORMA DRAMÁTICA

O narrador insinua que naquele tempo não podia dizer mais do que o nome de Escobar, porque o destino, assim como os dramaturgos, não anuncia o desfecho da história. Aproveita e propõe uma reforma para a dramaturgia, de forma que as peças comecem pelo fim trágico, terminando no momento de maior ternura. Otelo começaria com a morte do protagonista e de Desdêmona e terminaria com as explicações de Otelo e Desdêmona e o bom conselho de Iago: *Mete dinheiro na bolsa*.

CAPÍTULO LXXIII - O CONTRA-REGRA

O narrador inicia este capítulo dizendo que o destino é o próprio contra-regra, designando a entrada e saída das personagens. Assim recorda-se que naquele mesmo momento em que conversava com Capitu (final do LXXI) surgiu a cavalo um *dandy* que voltou a cabeça olhando para Capitu, que também ficou olhando para ele. *Tal foi o segundo dente de ciúme que me mordeu.* Nem disse nada a ela, saiu depressa e foi para casa.

CAPÍTULO LXXIV - A PRESILHA

Ao entrar em casa encontrou José Dias e tio Cosme a conversar. Foi para a janela. O agregado foi para junto dele e viu que estava diferente, por isso perguntou o que estava acontecendo. Para não responder, Bentinho, que vira uma das presilhas das calças desabotoada, disse-lhe: *Olhe a presilha, abotoe a presilha*, e aproveitou para escapulir sem dar maiores explicações.

CAPÍTULO LXXV - O DESESPERO

Foi para o quarto, fugindo de todo mundo, mas não fugiu de si mesmo. Ficou a torturar-se de ciúme. Capitu veio ficar com sua mãe, mas ele não saiu do quarto, odiando-a: *A vontade que me dava era cravar-lhe as unhas no pescoço, enterrá-las bem, até ver-lhe sair a vida com o sangue...***172**

CAPÍTULO LXXVI - EXPLICAÇÃO

No outro dia, contou seu desespero a Capitu, que achou absurdo ele pensar assim depois do juramento que fizeram. Além disso o rapaz estava de casamento marcado e se olhara para ele provava exatamente que não havia nada para esconder ou dissimular. Para maior garantia, prometeu que não iria mais à janela. Bentinho insistiu que não precisava isso. Ela retirou a promessa, mas substituiu-a por outra mais grave: *...mas fez outra, e foi que, à primeira suspeita da minha parte, tudo estaria dissolvido entre nós. Aceitei a ameaça, e jurei que nunca a haveria de cumprir: era a primeira suspeita e a última*[173]. (p.161)

CAPÍTULO LXXVII - PRAZER DAS DORES VELHAS

O narrador comenta que, com a distância temporal, chega a relembrar velhas dores até com um certo prazer, embora outras lembranças ele não gostaria de recordar por nada.

CAPÍTULO LXXVIII - SEGREDO POR SEGREDO

Bentinho sentiu necessidade de desabafar com alguém e disse seu segredo a Escobar, que também confiou-lhe não ter vocação para o sacerdócio. Bentinho insistiu para que o amigo fosse sempre visitá-lo e para que conhecesse Capitu pessoalmente.

CAPÍTULO LXXIX - VAMOS AO CAPÍTULO

O narrador faz uma reflexão sobre sua mãe e o que dela dissera Escobar: *uma senhora adorável.* Além disso, se questiona se D. Glória realmente o obrigara a ir para o seminário.

CAPÍTULO LXXX - VENHAMOS AO CAPÍTULO

Bento procura defender a mãe e argumentar que ela, se pudesse, teria feito tudo para ele não ir para o seminário. Tanto que ela estava adiando sua decisão, até que o agregado levou-a a cumprir a promessa. E depois de cumprida sofreu muito. Posteriormente, convivendo com Capitu, *pouco a pouco veio-lhe a persuação* (sic) *de que a pequena* faria seu filho feliz. *Então* (é o final do ponto anunciado), *a esperança de que o nosso amor, tornando-me absolutamente incompatível com o seminário, me levasse a não ficar lá nem por*

---

172. Também Paulo Honório, em São Bernardo, diz que sente vontade de matar Madalena aos poucos, cortando-lhe a veia e deixando o sangue sair devagar e correr o dia inteiro. Em outro momento diz: *O meu desejo era pegar Madalena e dar-lhe pancada até no céu da boca.*

173. Veja capítulos CXXXVIII e CXL, como ele não consegue cumprir, mas ela cumpre o que prometera.

Deus nem pelo Diabo, esta esperança íntima e secreta entrou a invadir o coração de minha mãe. Neste caso, eu romperia o contrato sem que ela tivesse culpa. Assim, Capitu passou a ser a flor, o frescor e o sol daquela casa.

CAPÍTULO LXXXI - UMA PALAVRA

Assim contado o que descobri mais tarde, posso trasladar para aqui uma palavra de minha mãe. E conta que no primeiro sábado que veio visitar a família, sua mãe mandou-o visitar Capitu, que estava na casa de Sancha. Já deveria ter voltado, mas algo deveria tê-la retido lá por mais tempo. Lá chegando, Bentinho fica sabendo a causa, é que Sancha adoecera no dia anterior.

CAPÍTULO LXXXII - O CANAPÉ

Sentados num canapé, Bentinho e Capitu conversaram baixo e amorosamente. Ele disse que foi lá a conselho da mãe. Ela, como sempre, esperta, interpretou o gesto e lhe disse: *Seremos felizes!*

CAPÍTULO LXXXIII - O RETRATO

Gurgel voltou à sala, pedindo a Capitu para ir ver Sancha que chamava por ela. Ao ficar a sós com Bentinho, Gurgel mostra o retrato de sua falecida esposa e comenta a grande e espantosa semelhança que ele vê entre Capitu e o retrato, embora as duas não fossem parentes. O capitulo termina com esta frase sibilina de Gurgel*: Na vida há dessas semelhanças assim esquisitas.* [174]

CAPÍTULO LXXXIV - CHAMADO

Voltava Bentinho pela rua, quando ouviu alguém que o chamava. Era um senhor grisalho, que lhe comunicou a morte de seu filho, naquele mesmo dia. O rapaz conhecia Bentinho, gostava dele e ainda esses dias tinha pedido ao pai notícia do amigo. Bentinho entrou de má vontade. Era desagradável aquele homem falar de morte, quando ele estava cheio de amor. *Não culpo ao homem; para ele, a coisa mais importante do momento era o filho. Mas também não me culpem a mim; para mim, a coisa mais importante era Capitu. O mal foi que os dois casos se conjugassem na mesma tarde...* [175]

CAPÍTULO LXXXV - O DEFUNTO

Comenta o narrador que o defunto chamava-se Manduca e estava horrível, pois *padecia de uma cruel enfermidade, nada menos que a lepra.*

---

174. Aqui temos um índice da não traição de Capitu, pois assim como ela era parecida com a mulher do Gurgel, sem ter o mesmo sangue, o seu filho poderia parecer com Escobar, sem ser filho dele. Machado pontuou a obra com sinais de que Capitu é inocente, mas também sinais do contrário. Daí as polêmicas e um dos interesses da obra.

175. Esse tema é recorrente na obra de Machado; a felicidade de um é prejudicada pela infelicidade do outro ou até depende dela. Procure e leia o conto "Pai contra mãe", que é uma verdadeira obra-prima e mostra uma situação dessas.

CAPÍTULO LXXXVI - AMAI, RAPAZES!

Ao chegar em casa, para esquecer a figura do defunto invoca a cara fresc e lépida de Capitu, conseguindo afastar tudo da vista em poucos segundos. Por isso, aconselha aos leitores: *Amai, rapazes*! e acrescenta que, principalmente moças lindas, porque dão remédio a todos os males.

CAPÍTULO LXXXVII - A SEGE

Em casa ocorre-lhe a idéia de ir ao enterro do Manduca de sege. Relembra de como gostava de andar na sege quando criança e termina dizendo que a mãe a guardou porque era do pai, mas acrescenta que D. Glória gostava de guardar coisas antigas e *para que tudo fosse antigo, a si mesma se queria fazer velha*...

CAPÍTULO LXXXVIII - UM PRETEXTO HONESTO

Confessa o narrador que tal idéia tinha pouco a ver com a sege, mas muito a ver com a falta ao seminário no dia seguinte para ir ao enterro e, assim, ver de novo Capitu.

CAPÍTULO LXXXIX - A RECUSA

A mãe recusou, prima Justina influenciou na negativa. José Dias justificou-a, dizendo que ela não queria dar ao enterro o lustre de sua pessoa. Na hora ficou aborrecido, no outro dia pensando no que dissera o agregado não se desagradou e mais tarde já se envaideceu com a idéia.

CAPÍTULO XC - A POLÊMICA

No dia seguinte ao passar pela casa do defunto, a caminho do seminário, lembrou-se que teve pouco relacionamento com Manduca e a lembrança mais forte que lhe veio foi uma polêmica que mantiveram sobre a guerra da Criméia, com Manduca apostando que os aliados enceriam e Bentinho acreditando que a Rússia entraria em Constantinopla vitoriosa.[176]

CAPÍTULO XCI - ACHADO QUE CONSOLA

É claro que as reflexões que aí deixo não foram feitas então, a caminho do seminário, mas agora no gabinete do Engenho Novo. Diz que a única que lhe teria ocorrido na ocasião era de que a polêmica teria dado alívio, ou distraído Manduca de sua terrível doença.

CAPÍTULO XCII - O DIABO NÃO É TÃO FEIO COMO SE PINTA

Reflete o narrador que Manduca, temperando o seu mal com a opinião anti-russa, dava à podridão das suas carnes um reflexo espiritual

---

176. Guerra de 1854 a 1856 entre a Rússia e os aliados (Turquia, França, Inglaterra e Piemonte) travada na Criméia, península que fica ao sul da Rússia. Os russos não entraram em Constantinopla.

que as consolava. Acha que a natureza é divina e acena aos mais aflitos com uma flor. Comenta que seu jardineiro afirma que as violetas, para darem bom perfume devem ser adubadas com estrume de porco. *Não examinei, mas deve ser verdade.*

CAPÍTULO XCIII - UM AMIGO POR UM DEFUNTO

Escobar o visita e ajuda a esquecer o defunto. Demonstra grande interesse pela mãe de Bentinho e também pelas suas propriedades. Faz-lhes grandes elogios, assim como ela também os faz a ele. Bentinho e ele conversam sobre as casas alugadas, sobre os escravos e ao ouvir os nomes deles (João Fulo, Maria Gorda, Pedro Benguela, Antônio Moçambique), Escobar comenta que ali estão todas as letras do alfabeto.

CAPÍTULO XCIV - IDÉIAS ARITMÉTICAS

O narrador comenta a grande capacidade de Escobar para lidar com números e como, rapidamente, de cabeça, de cor e brincando, ele calcula quanto deve ser o ganho de D. Glória com casas e escravos alugados: "*Dá tudo 1:070$000 mensais*". Escobar comentou o ciúme dos outros e pede para se separar. Bentinho propôs o contrário, que ficassem mais amigos ainda. E diz que naquele momento: *Escobar apertou-me a mão às escondidas, com tal força que ainda me doem os dedos. É ilusão, decerto, se não é efeito das longas horas que tenho estado a escrever sem parar. Suspendamos a pena por alguns instantes...*

CAPÍTULO XCV - O PAPA

José Dias expõe a Bentinho um plano que acredita infalível para retirá-lo do seminário, ir a Roma pedir ao Papa para romper o vínculo da promessa.

CAPÍTULO XCVI - UM SUBSTITUTO

Escobar, com seu espírito mercantil, foi quem encontrou a melhor sugestão para retirar Bentinho do seminário. Sua idéia consistia em substituir Bentinho por um órfão adotado. A mãe de Bentinho daria a Deus um padre; mas não o próprio filho, poderia *muito bem tomar a si algum mocinho órfão, fazê-lo ordenar à sua custa* e assim teria dado um padre ao altar sem sacrificar o filho.

CAPÍTULO XCVII - A SAÍDA

Para se garantir do valor dessa troca, D. Glória submeteu-a à aprovação do padre Cabral, que a expôs ao Bispo, recebendo o consentimento da Igreja.

Dois anos foi o tempo de permanência de Bentinho no Seminário.

CAPÍTULO XCVIII - CINCO ANOS

Venceu a razão; fui-me aos estudos. Passei os dezoito anos, os dezenove, os vinte, os vinte e um; aos vinte e dois era bacharel em Direito.

Saíram os dois rapazes do seminário, tendo Escobar iniciado no comércio com capital fornecido de empréstimo pela mãe de Bentinho. Enquanto o amigo dedicava-se à vida dos negócios, Bentinho dirigiu-se a São Paulo para estudar Direito, formando-se depois de cinco anos. Após o bacharelado em Direito, volta e casa-se com Capitu. Escobar casa-se com Sancha, amiga de Capitu.

CAPÍTULO XCIX - O FILHO É A CARA DO PAI[177]

Bentinho volta dos estudos em São Paulo e toda a família comenta que ele está parecidíssimo com o pai.

CAPÍTULO C - "TU SERÁS FELIZ, BENTINHO"

Enquanto desarruma as malas, Bentinho ouve uma fada lhe dizendo que será feliz. *E por que não seria*? perguntou-lhe José Dias, demonstrando que Bentinho estava falando alto e sozinho, como se estivesse ouvindo de outra pessoa. Ao falar com a mãe, ouviu dela a mesma profecia, salva a redação própria de mãe: *Tu serás feliz, meu filho*!

CAPÍTULO CI - NO CÉU

Vejamos como ele fala do primeiro momento de sua vida conjugal: *Pois sejamos felizes de uma vez, antes que o leitor pegue em si, morto de esperar, e vá espairecer a outra parte; casemo-nos. Foi em 1865, uma tarde de março, por sinal que chovia. Quando chegamos ao alto da Tijuca, onde era o nosso ninho de noivos, o céu recolheu a chuva e acendeu as estrelas...*

CAPÍTULO CII - DE CASADA

Na primeira semana, impaciente, Capitu pede para visitar os pais. Ao sair, Bentinho nota que ela quer mesmo é ser vista de braço com o marido, *e quando me vi embaixo, pisando as ruas com ela, parando, olhando, falando, senti a mesma coisa.* Imagina que os homens estariam dizendo dela: *É uma mocetona!*

CAPÍTULO CIII - A FELICIDADE TEM BOA ALMA

Comenta o narrador que somente José Dias subia para visitá-los e levar notícia dos parentes. O agregado dizia-lhes elogios que faziam com que se esquecessem de tudo, até daquela tarde de 1858. Termina comentando que a felicidade tem boa alma.

---

177. Este título e o capítulo não são inocentes. Claro que estão aí para colaborar com a obsessão de Bentinho por causa da semelhança que ele vê entre seu filho Ezequiel e seu amigo Escobar.

CAPÍTULO CIV - AS PIRÂMIDES

José Dias divide-se entre Bentinho e D. Glória. Bentinho advoga para algumas casas ricas. Após o casamento Bento e Capitu viveram algum tempo tranqüilos, num mundo de sonho, com idas ao teatro, à casa de D. Glória e visitas ao casal amigo (Sancha / Escobar), que nesse época já se alegravam com presença de uma filha. A única tristeza de Bentinho é a falta de um filho. Comenta que de pequeno fazia promessa e não pagava, mas agora era o contrário: *Já não era como em criança; agora pagava antecipadamente, como os aluguéis da casa.*

CAPÍTULO CV - OS BRAÇOS

Bentinho orgulhava-se da esposa. Nos bailes, ficava satisfeito e vaidoso com a atração que ela exercia sobre as pessoas, mas da segunda vez que ela usou um vestido mais ousado que lhe deixava ver os braços, ficou enciumado. Falou ao amigo Escobar de seus ciúmes e ouviu confidências parecidas. Tomou uma decisão em função da conversa e pediu à esposa que fosse mais discreta no vestir.

CAPÍTULO CVI - DEZ LIBRAS ESTERLINAS

Capitu revelou-se uma esposa econômica, aplicando o dinheiro que poupava através do amigo Escobar. Ao lhe falar um dia sobre astronomia, Bentinho ficou irritado e enciumado por ela estar olhando distraída para o mar sem parecer escutá-lo. Ela se justificou, quebrando um segredo, que estava fazendo um cálculo para ver se encontrava *certa parcela que não achava.*

CAPÍTULO CVII - CIÚMES DO MAR

Reflete o narrador que se não fosse seu ciúme do mar ou a lição de astronomia, não ficaria sabendo naquele momento do segredo de Capitu. Termina dizendo que por isso ficou amando mais a mulher e o amigo.

CAPÍTULO CVIII - UM FILHO

Queixa-se que isso tudo não era suficiente para tirar a mágoa de não ter um filho. Sofria muito por isso e vivia rezando para que Deus lhe desse essa ventura. O sonho um dia se realiza e Bentinho pensa em dar o filho para o amigo batizar, mas seu tio Cosme oferece-se com alegria, tirando do sobrinho qualquer possibilidade de recusa. Então, Bentinho põe no rebento o primeiro nome do amigo, Ezequiel, para *suprir desse modo a falta de compadrio.* Assim como Escobar e a esposa também já haviam dado a sua filha o nome de Capitolina.

CAPÍTULO CIX - UM FILHO ÚNICO

Comenta todos os cuidados que os pais têm com filho único e encerra o curto capítulo dizendo: *coisa que não era necessário dizer, mas há leitores tão obtusos, que nada entendem, se se lhes não relata tudo e o resto. Vamos ao* resto.

CAPÍTULO CX - RASGOS DA INFÂNCIA

Relata os modos de ser do menino, atração por música e doce, os brinquedos e o seu interesse, um tanto sádico, um dia em ver um gato comer um rato, mas Bento bateu palmas e o gato fugiu.

CAPÍTULO CXI - CONTADO DEPRESSA

Diz que achou graça ao filho querer ver o gato comer o rato. Aproveita para contar que uma vez saiu de casa disposto a envenenar uns cães que faziam muito alarido não deixando ninguém dormir. Capitu estava com febre. Foi no dia do nascimento de Ezequiel. Fez bolas de carne, pôs o veneno, mas quando um cão veio a ele, amigável, silencioso, não teve coragem. Voltou sem cumprir seu intento.

CAPÍTULO CXII - AS IMITAÇÕES DE EZEQUIEL

Relembra que o menino tinha mania de imitar as pessoas. Um dia, revelou isso a Capitu: *imita prima Justina, imita José Dias; já lhe achei até um jeito dos pés de Escobar e dos olhos.* A mãe achou melhor advertir o menino em hora adequada.

CAPÍTULO CXIII - EMBARGOS DE TERCEIRO

Bentinho não diminuiu seu amor e atenção pela mulher, com a vinda do filho. Saíam sempre, menos duas vezes, em que ela pretextou indisposição, mas insistiu para que ele fosse sozinho. Tendo voltado no fim do primeiro ato,encontrou o amigo à porta do corredor, dizendo que lhe vinha falar de um processo na justiça, mas iria embora já que Capitu não estava bem. Bentinho insistiu para que entrassem e, se a mulher não tivesse melhorado, deixá-lo-ia ir embora. Capitu disse que estava melhor. Escobar, sorrindo, afirmou que ela estava tão doente quanto eles dois, e ficou, para discutir os embargos de terceiro.

CAPÍTULO CXIV - EM QUE SE EXPLICA O EXPLICADO

O narrador retoma o caso de uma canção de cocadas que aparece no início do romance. Diz que há dias pediu para Capitu tocar e ela recusou-se por ter esquecido. Ele trouxe a letra e partitura que pedira a um professor, em São Paulo, para registrar já que ele notou que estava se esquecendo dela. É, confessa ele, que ambos tinham jurado nunca se esquecer da canção. Comenta: *Ao certo, ninguém sabe se há de manter ou não um juramento. Coisas futuras! Portanto, a nossa constituição política, transferindo o juramento à afirmação simples, é profundamente moral. Acabou com um pecado terrível.*

CAPÍTULO CXV - DÚVIDAS SOBRE DÚVIDAS

Ao ouvir Escobar, Bentinho disse a ele que os embargos não valiam nada. Mas o amigo pareceu desconfiado de que Bento agisse assim para evitar trabalho. Quando o amigo saiu, transmitiu à mulher sua dúvida, mas ela disse que deveria ser por estar impressionado com a demanda.

Bentinho disse que até sua mãe estava mudada, muito seca, fria e arredia com a nora. Capitu disse que eram coisas de sogra. Com o tempo passaria.

CAPÍTULO CXVI - FILHO DO HOMEM

Bentinho sondou José Dias quanto ao comportamento de sua mãe. O agregado defendeu D. Glória e disse a Bentinho que ela sempre elogiava Capitu. Depois, por ter lido a Bíblia, José Dias começou a dirigir-se ao menino Ezequiel desse modo: *Dize-me, filho do homem,onde estão os teus brinquedos*? *Queres comer doce, filho do homem*?" Capitu pareceu aborrecida e advertiu o agregado, que trocou a expressão para *meu anjo*.

CAPÍTULO CXVII - AMIGOS PRÓXIMOS

Os casais continuam visitando-se muito. As crianças brincam bastante e, um dia, os pais notam que as crianças até já se iam parecendo e tiveram a fantasia de vê-los crescidos e casados um com o outro, numa espécie de solidificação da amizades deles.

CAPÍTULO CXVIII - A MÃO DE SANCHA

Escobar convidou o amigo para ir jantar em sua casa para tratar de um projeto para os quatro. Este projeto é uma viagem à Europa. Durante esse jantar Bentinho pensa que Sancha o trata sedutoramente, tanto no modo mais íntimo de olhar, quando no aperto de mão ao se despedir: *A mão dela apertou muito a minha, e demorou-se mais que de costume.* Antes de saírem, Escobar comunica que vai nadar no mar, no dia seguinte, apesar de estar bravio, ou melhor, por isso mesmo já que adora esse desafio. Sente-se seguro pela prática e pelos braços fortes. Manda Bentinho apalpá-los: *Apalpei-lhe os braços, como se fossem os de Sancha. Custa-me esta confissão, mas não posso suprimi-la; era* ***jarretear***[178] *a verdade.*

CAPÍTULO CXIX - NÃO FAÇA ISSO, QUERIDA! (na íntegra)

A leitora, que é minha amiga e abriu este livro com o fim de descansar da ***cavatina***[179] *de ontem para a valsa de hoje, quer fechá-lo às pressas, ao ver que beiramos um abismo. Não faça isso, querida; eu mudo de rumo.* (p.242)

---

178. Amputar.

179. O termo está empregado conotativamente no sentido de diversão, farra, espetáculo.

CAPÍTULO CXX - OS AUTOS

No dia seguinte, Bento procura afastar as inclinações infiéis e traiçoeiras do dia anterior e volta a estudar uns autos. De onde trabalha lê uma dedicatória num retrato de Escobar que fala da afeição entre ambos: *Estas palavras fortaleceram-me os pensamentos daquela manhã, e espancaram de todo as recordações da véspera.*

CAPÍTULO CXXI - A CATÁSTROFE

Enquanto isso, um acidente modifica a vida dos casais. Escobar morre afogado no mar, naquela manhã de ressaca[180]. Um escravo da casa de Sancha dá a notícia a Bentinho.

CAPÍTULO CXXII - O ENTERRO e CXXIII - OLHOS DE RESSACA

Durante o enterro, Bentinho notou a forte emoção que tomou conta de sua esposa: Capitu olhou alguns instantes para o cadáver tão fixa, tão apaixonadamente fixa com uns olhos de ressaca como se quisessem afogar agora o afogado da véspera. Por isso, o narrador passou a desconfiar de um possível caso entre o amigo e sua esposa.

CAPÍTULOCXXIV - O DISCURSO e CXXV - UMA COMPARAÇÃO

Apesar do ciúme, Bentinho faz um discurso elogiando o amigo na hora do sepultamento. Depois, compara sua situação paradoxal com a personagem Príamo, da Ilíada de Homero, que precisou beijar a mão de Aquiles, guerreiro grego que matou seu filho, o troiano Heitor. Conclui que se hoje não temos grandes epopéias não é por falta de Homeros, mas porque escondemos e dissimulamos nossos conflitos.

CAPÍTULO CXXVI - CISMANDO e CXXVII - O BARBEIRO

Ao voltar para casa, deixa as mulheres irem de carro com José Dias e vai a pé, para melhor pensar em seu problema. Nas suas cismas, relembra os modos de Capitu no velório e no enterro. No caminho, vê um barbeiro a tocar rabeca. Parou para ouvi-lo e isso fez com que ele se dedicasse mais na execução. Bento conclui que, se demorasse mais a namorar-lhe a mulher que apareceu e o fizesse perder clientes, ele continuaria feliz e então é que ele tocaria desesperadamente.

CAPÍTULO CXXVIII - PUNHADO DE SUCESSOS

Sancha, após ver resolvidos todos os problemas de testamento, partiu para o estado do Paraná, onde tinha parentes.

---

180. Ressaca: mar muito agitado pelas vagas.

CAPÍTULO CXXIX - A D. SANCHA

O narrador pede a Sancha que não leia este livro para evitar o sofrimento.

CAPÍTULO CXXX - UM DIA...

Um dia, Capitu quis saber por que o marido andava aborrecido, mas ele nada diz e acaba saindo para a rua. No final do capítulo diz que este deve ser precedido por outro contando um incidente de semanas antes. Avisa que é curto.

CAPÍTULO CXXXI - ANTERIOR AO ANTERIOR

Começava o ano de 1872.

Dois meses depois da partida de Sancha, Capitu chamou a atenção de Bentinho para o fato de Ezequiel ter os olhos muito parecidos com os de um amigo do Pádua e os de Escobar. Bentinho viu que ela tinha razão, mas não deu muita importância ao fato, e concluiu: *Afinal não haveria mais que meia dúzia de expressões no mundo, e muitas semelhanças se dariam naturalmente.*

CAPÍTULO CXXXII - O DEBUXO E O COLORIDO

Depois da morte do amigo, Bentinho passou a observar melhor o menino e notou que *nem só os olhos, mas as restantes feições, a cara, o corpo, a pessoa inteira, iam-se apurando com o tempo.* Para seu sofrimento, parecia-lhe, diz ele, que *Escobar vinha assim surgindo da sepultura, do seminário e do Flamengo para se sentar comigo à mesa, receber-me na escada, beijar-me no gabinete de manhã, ou pedir-me à noite a bênção de costume.*

A vida de Bentinho transformou-se num grande desespero, num pesadelo, que não foi diminuído sequer pela internação do menino no colégio, de onde só ia para casa nos finais de semana: *A ausência temporária não atalhou o mal, e toda a arte fina de Capitu para fazê-lo atenuar, ao menos, foi como se não fosse; eu sentia-me cada vez pior. A mesma situação nova agravou minha* ***paixão***[181] *. Ezequiel vivia agora mais fora de minha vista; mas a volta dele, ao fim das semanas, ou pelo descostume em que eu ficava, ou porque o tempo fosse andando e completando a semelhança, era a volta de Escobar mais vivo e ruidoso. Até a voz, dentro de pouco, já me parecia a mesma.*

CAPÍTULO CXXXIII - UMA IDÉIA

O desespero leva-o a pensar em suicídio.

---

181. Paixão está aqui no sentido de sofrimento, que é o seu sentido etimológico original em grego.

CAPÍTULO CXXXIV - O DIA DE SÁBADO

Compra veneno. No mesmo dia, visita sua mãe e se sente bem naquela casa. Pensa até abandonar o projeto de se matar: *Que era preciso para viver? Nunca mais deixar aquela casa, ou prender aquela hora a mim mesmo...*

CAPÍTULO CXXXV - OTELO

Bentinho vai ao teatro assistir o drama de Shakespeare, *Otelo*, e estima a coincidência[182]. Depois sai vagando pelas ruas pensando: *E era inocente, vinha eu dizendo rua abaixo; - que faria o público se ela deveras fosse culpada, tão culpada como Capitu?* Chega em casa, pega o veneno, escreve algumas cartas, uma para Capitu.

CAPÍTULO CXXXVI - A XÍCARA DE CAFÉ

Coloca o veneno no café, mas não tem coragem de bebê-lo. Tenta ler um livro de *Plutarco, em que era narrada a vida do célebre romano* (Catão), com a finalidade de conseguir a coragem necessária através da imitação. Catão, antes de se matar, tinha lido e relido um livro de Platão. Comenta o narrador que *muito mais gente poria termo aos seus dias, se pudesse achar essa espécie de cocaína moral dos bons livros.*

CAPÍTULO CXXXVII - SEGUNDO IMPULSO

Bentinho estava em seu escritório enfrentando essa sua indecisão, quando entrou seu filho Ezequiel, despertando nele um sentimento assassino. Decidiu envenenar o garoto. Convenceu Ezequiel a tomar o café. Veja o que acontece, com as palavras do próprio narrador:

Ezequiel abriu a boca. Cheguei-lhe a xícara, tão trêmulo que quase a entornei, mas disposto a fazê-la cair pela goela abaixo, caso o sabor lhe repugnasse, ou a temperatura, porque o café estava frio... Mas não sei que sentir que me fez recuar. Pus a xícara em cima da mesa, e dei por mim a beijar doidamente a cabeça do menino.

- Papai! papai! exclamava Ezequiel.

- Não, não, eu não sou teu pai!"

CAPÍTULOCXXXVIII - CAPITU QUE ENTRA

Capitu entrou e perguntou o que estava acontecendo, ouvindo de Bentinho a confissão da dúvida atroz que o vinha corroendo por dentro durante todo esse tempo. Capitu protestou que nem os mortos escapavam ao seu ciúme. Termina sua defesa dizendo: *- Sei a razão disto; é a casualidade da semelhança... A vontade de Deus explicará tudo... Ri-se? É natural; ape-*

182. Na peça citada, o protagonista Otelo, enciumado, mata Desdêmona.

sar do seminário, não acredita em Deus; eu creio... Mas não falemos nisto; não nos fica bem dizer mais nada.

CAPÍTULO CXXXIX - A FOTOGRAFIA

Nisto, entrou Ezequiel e tanto ele quanto ela olham para o menino e para a fotografia de Escobar, depois um para o outro. *Desta vez a confusão dela fez-se confissão pura. De boca, porém, não confessou nada; repetiu as últimas palavras, puxou do filho e saíram para a missa.*

CAPÍTULO CXL - VOLTA DA IGREJA

Ao voltar da igreja Capitu lhe disse: *Confiei a Deus todas as minhas amarguras, ouvi dentro de mim que a nossa separação é indispensável, e estou às suas ordens.*

Assim, como se confirmasse suas palavras na adolescência de que tudo estaria terminado à primeira suspeita[183], propôs a separação. Bentinho, incapaz de assumir social e publicamente uma separação de fato, ele encontrou uma solução tão engenhosa quanto hipócrita. Está no capítulo seguinte que transcrevemos na íntegra:

CAPÍTULO CXLI - A SOLUÇÃO (na íntegra)

Aqui está o que fizemos. Pegamos em nós e fomos para a Europa, não passear, nem ver nada, novo nem velho; paramos na Suíça. Uma professora do Rio Grande, que foi conosco ficou de companhia a Capitu, ensinando a língua materna a Ezequiel, que aprenderia o resto nas escolas do país. Assim regulada a vida, tornei ao Brasil.

Ao cabo de alguns meses, Capitu começara a escrever-me cartas, a que respondi com brevidade e sequidão. As delas eram submissas, sem ódio, acaso afetuosas, e para o fim saudosas; pedia-me que a fosse ver. Embarquei um ano depois, mas não a procurei, e repeti a viagem com o mesmo resultado. Na volta, os que se lembravam dela, queriam notícias, e eu dava-lhas, como se acabasse de viver com ela; naturalmente as viagens eram feitas com o intuito de simular isto mesmo, e enganar a opinião. Um dia, finalmente... (p.275)

Morrem D. Glória (cap. **CXLII**), José Dias (cap. **CXLIII**) e Capitu (cap. **CXLV**).

---

183. Durante a narrativa, no capítulo intitulado *Das Explicações*, Capitu discute com Bentinho depois de uma cena de ciúmes do garoto por causa de um olhar da menina para um cavaleiro. Ela diz a ele que, à primeira suspeita de ciúmes da parte dele, tudo estaria terminado entre eles. Tal promessa pareceu cumprir-se nesse momento.

CAPÍTULO CXLV - O REGRESSO

Ezequiel, homem feito e formado, volta ao Brasil e visita o pai, que leva um choque, pois o filho embora se vestisse à moderna parecia-lhe muito ao amigo defunto. *Era o próprio, o exato, o verdadeiro Escobar.* (p.280)

Bentinho disfarçou seu problema interior e conviveu com Ezequiel durante seis meses, depois dos quais o rapaz partiu em viagem de pesquisas à Grécia, ao Egito e à Palestina. O pai lhe proporcionou o dinheiro necessário, desejando intimamente que *lhe pegasse a lepra.*

CAPÍTULO CXLVI - NÃO HOUVE LEPRA

E como se o destino atendesse parcialmente o desejo de Bento, onze meses depois, o rapaz morreu de febre tifóide, sendo enterrado nas imediações de Jerusalém.

CAPÍTULO CXLVII - A EXPOSIÇÃO RETROSPECTIVA

Isolado, velho, o narrador procura viver o melhor que pode com "amigas" que aparecem uma vez e não voltam mais, demonstrando assim que Bentinho se vale provavelmente de **cortesãs**[184] para amenizar a solidão, mas nenhuma delas faz com que se esqueça da primeira amada do seu coração.

CAPÍTULO CXLVIII - E BEM, E O RESTO?

Pergunta-se o narrador por que nenhuma dessas mulheres o faz esquecer-se da primeira amada. Talvez porque não tenham olhos de cigana oblíqua e dissimulada. Pergunta-se *se a Capitu da praia da Glória já estava dentro da de Matacavalos* e decide que *que uma estava dentro da outra, como a fruta dentro da casca.*

O último parágrafo é um atestado de que ainda continua acreditando que foi enganado pela mulher e pelo amigo: *... uma coisa fica, e é a suma das sumas, ou o resto dos restos, que a minha primeira amiga e o meu maior amigo, tão extremosos e tão queridos também, quis o destino que acabassem juntando-se e enganando-me... A terra lhes seja leve.*

V - SÍNTESE DO ENREDO

Em 1835, Pedro de Albuquerque Santiago casa-se com D. Maria da Glória Fernandes. Tendo nascido morto o primeiro filho, ela promete a Deus que, se o segundo vingasse e fosse varão, faria dele um padre.

Em 1842, nasceu o segundo filho e recebeu o nome de Bento Santiago. Em 1846, morreu o pai de Bentinho. Sua mãe estava com 31

184. Cortesãs: prostitutas de luxo.

anos. Em 1857, Bentinho ouve a denúncia de José Dias. Entra para o seminário de onde sai em 1859, aproximadamente. Também sai seu grande amigo Ezequiel Escobar.

Por volta de 1863, Bento termina seus estudos superiores em São Paulo e volta para casa. Em 1865, Bentinho e Capitu casam-se. Também Escobar se casa com Sancha, amiga de Capitu. Em 1867, mais ou menos, nasce o filho de Bento e Capitu, recebendo na pia batismal o primeiro nome do amigo Escobar: Ezequiel.

Escobar morre afogado em 1871. Pouco depois, Capitu chama a atenção do marido para a grande semelhança dos olhos de Ezequiel com os do falecido Escobar. Na seqüência, acontece a separação disfarçada: Bentinho manda mulher e filho para a Suíça; morre D. Glória. José dias também falece. Capitu morre e o filho, já adulto, volta ao Brasil e fica com Bentinho durante seis meses. Ezequiel viaja para o Oriente Médio e morre na Palestina, sendo enterrado nas imediações de Jerusalém. Por volta de 1897, Bentinho, viúvo e solitário, resolve escrever um livro sobre sua vida.

VI - ESTRUTURA DA OBRA

FUNÇÃO POÉTICA:

A obra está organizada em 148 capítulos, todos eles muito curtos. O mais longo (**XVIII - O Plano**) apresenta pouco mais de quatro páginas e cerca de metade da obra está composta por capítulos de menos de duas páginas. O desejo de Machado era de que ao terminar cada capítulo, mesmo que fosse curtíssimo, como o XXVII, que tem apenas oito linhas, se mudasse de página, criando assim uma espacialização estética e expressiva. Associando essa espacialização gráfica à concentração e ao cuidado com a linguagem, Machado reforça a função poética que está sempre presente em suas obras da maturidade.

FOCO NARRATIVO:

A escolha do foco narrativo é fundamental para esse romance. Machado cria um personagem, Bento Santiago, que escreve sobre sua própria vida. Por ser uma autobiografia romanesca, ou uma pseudo-autobiografia, o leitor fica tentado a crer, enquanto lê, que é uma verdade, uma confissão, da qual não deve duvidar. Apesar disso, ou além disso, o narrador se encarrega de reforçar esse propósito: *Abane a cabeça, leitor; faça todos os gestos de incredulidade. Chegue a deitar fora este livro, se o tédio já não o obrigou a isso antes; tudo é possível. Mas, se o não fez antes e só agora, fio que torne a pegar o livro e que o abra na mesma página, sem crer por isso na veracidade do autor. Todavia não há nada mais exato. Foi assim mesmo que Capitu falou, com tais palavras e maneiras.*

No entanto, o foco narrativo em primeira pessoa pode ser uma faca de dois gumes, pois ao mesmo tempo que o leitor deve acreditar no que diz o narrador, pode igualmente duvidar da interpretação que o narrador faz dos fatos por ele vividos, porque o narrador crê no que diz, mas pode estar enganado.

Por isso, é inútil e fútil, tanto quanto fascinante e atraente, a tentação de investigar a possível traição de Capitu. Nunca saberemos a verdade, já que o único documento que temos é o relato de Bentinho, pois Escobar morreu e Capitu *De boca, porém, não confessou nada.*

Por mais sincero e verdadeiro que seja o relato, ele é a manifestação de um ser humano, passível de falhas e equívocos. Reside aí o cerne da ambigüidade da obra e também da sua abertura.

TEMPO:

Predomina o tempo psicológico, já que que todo o passado condensa-se na lembrança do narrador, que procura ordenar o tempo cronológico, mas só o consegue fazer dentro das limitações de sua memória e de sua emoção. Dedica, por exemplo, muito mais tempo para o relato de fatos ocorridos na adolescência do que a fatos mais importantes, talvez, acontecidos na sua vida de casado ou de viúvo solitário. Podemos, no entanto, localizar diversas referências ao tempo cronológico. A primeira referência aparece no capítulo III: "*mês de novembro*" e o ano "*o ano era de 1857*", data da denúncia de José Dias. Trata-se, portanto, de uma retrospectiva ou *flash-back*.

Há uma progressão razoável do tempo: adolescência / maturidade / velhice, mas intermeadas de digressões de todo tipo, envolvendo *flash-back* e *flash-forward* (ou prolepse), que consiste em antecipação de fatos ou ações da narrativa. Vale a pena, também, ressaltar que durante toda o relato o narrador deixa o passado e coloca no texto o presente, o exato momento em que está escrevendo, criando uma aproximação muito forte entre ele e o leitor, buscando uma cumplicidade e um clima de veracidade, de documento até. Muitas vezes, esclarece a mistura que sempre acontece entre o narrador adulto Bento Santiago e o rapaz, personagem, Bentinho, como no exemplo seguinte: *É claro que as reflexões que aí deixo não foram feitas então, a caminho do seminário, mas agora no gabinete do Engenho Novo.* Outro exemplo, retirado do capítulo XCIV: *Escobar apertou-me a mão às escondidas, com tal força que ainda me doem os dedos. É ilusão, decerto, se não é efeito das longas horas que tenho estado a escrever sem parar.*

ESPAÇO:

A ação de escrever está sendo realizada na sua casa do Engenho Novo, que é uma imitação da antiga residência na rua de Matacavalos, que é o local onde começa a história de seu amor por Capitu. A identificação das duas casas parece comunicar-nos que esse narrador não consegue se libertar do passado. Escrever pode estar sendo mais uma tentativa de recuperar o tempo perdido, ou livrar-se dele definitivamente; mas, quem sabe, seu fracasso possa ser adivinhado na frase: *Pois, senhor, não consegui recompor o que foi nem o que fui.*

Chama nossa atenção o fato de serem citados outros espaços como São Paulo e Suíça, mas apenas como referências vagas, sem que se ponham as personagens a atuarem neles, dispensando sua descrição. Uma boa explicação para isso talvez resulte do fato de Machado de Assis jamais ter viajado além das fronteiras do estado do Rio, exceto uma viagem a Barbacena, Minas Gerais. Talvez por isso o Rio de Janeiro esteja tão bem definido com indicações e nomes de bairros e ruas: Sancha que morava na rua dos Inválidos, após o casamento com Escobar, vai morar no Andaraí. Mais tarde o casal se muda para o Flamengo. Bentinho quando se casa vai morar no alto da Tijuca. Assim desfilam as ruas e os bairros do Rio.

PERSONAGENS:

Bento Santiago: Protagonista e narrador, quando jovem (aos quinze anos) era um pouco mais baixo que Capitu. Não apresenta traços físicos definidos. O que se revela é que se trata de um moço rico, mimado pela mãe, talvez por isso não tenha o mesmo espírito vivaz e a iniciativa de Capitu. Aos vinte e dois anos, aproximadamente, quando volta dos estudos em São Paulo, comenta-se que ele está a cara do pai.Depois de velho e da perda de seus familiares, passa a viver isolado.

Capitolina: Capitu é considerada um dos três perfis femininos mais bem realizados por Machado (Sofia, Virgília e Capitu). No início da narrativa, ela está com 14 anos, é um pouquinho mais alta do que Bentinho, dotada de cabelos pretos e longos, chegando até a cintura. Seus olhos também são negros e misteriosos a ponto de despertar no narrador a comparação com a ressaca do mar. É esperta, inteligente, extrovertida, criativa e previdente. É ela que pensa primeiro num plano para livrar Bentinho do seminário. É também ela que desperta nele o impulso do primeiro beijo e que, após sua entrada no seminário, fica o maior tempo possível ao lado de D. Glória, tornando-se querida de tal forma que, quando mais tarde José Dias usa a palavra "nora", D. Glória sorri como quem aceita. O narrador, porém, deixa aparecer nas entrelinhas um defeito seu, a pobreza: *...era um espelhinho de pataca (...) comprado a um mascate italiano, moldura tosca, argolinha de latão..., ... nas espáduas vestidas de chita..., Onde estava a fita para atar-lhes as pontas? Em cima da mesa, um triste pedaço de fita* ***enxovalhada***[185].

José Dias: Usava calças brancas, engomadas, presilhas, **rodaque**[186] e gravata de mola. Era magro, chupado, com um princípio de calva. Tinha cinqüenta e cinco anos. Dedicou-se à família de Bentinho até morrer. Sua fala é marcada pelo emprego de superlativos.

---

185. Manchada, enodoada, suja.
186. Espécie de antigo colete masculino.

D. Glória: Mãe de Bentinho, senhora religiosa, viúva, com quarenta e dois anos no início da narrativa (1857). O narrador diz que ela era *ainda bonita e moça, mas teimava em esconder os saldos da juventude, por mais que a natureza quisesse preservá-la da ação do tempo.*

Escobar: Ezequiel Escobar é um rapaz polido, de olhos claros e dulcíssimos (opinião de José Dias, é claro). *A cara rapada mostrava uma pele alva e lisa. A testa é que era um pouco baixa, vindo a risca do cabelo quase em cima da sobrancelha esquerda (...) era interessante de rosto, a boca fina e* ***chocarreira*** [187]*, o nariz curvo e delgado.* Em função de sua facilidade em lidar com os números, dedica-se ao comércio, logo que sai do seminário, obtendo sucesso.

VII - ESTILO DE ÉPOCA E ESTILO INDIVIDUAL

A estética realista surge como uma oposição ao Romantismo, evitando as personagens extraordinárias e/ou heróicas, opta por personagens comuns, portadores de defeitos ou imperfeições. O próprio narrador revela seus pensamentos e desejos mais mesquinhos e sórdidos, como, por exemplo, a tentativa de envenenar um garoto inocente ou a fantasia de infidelidade com a mulher de seu melhor amigo.

Ao contrário dos românticos, que valorizam o passado histórico, os realistas procuram firmar-se no "aqui e agora", abordando sempre assuntos contemporâneos. É o que faz Machado em suas obras. Notem que além das indicações históricas como a guerra da Criméia e o gabinete do Rio Branco, o narrador, em *Dom Casmurro*, registra *agora que o século está a expirar*, no capítulo XC. Logo, a narração, isto é, a escritura, está sendo realizada por Bentinho na mesma época da publicação efetiva do livro, o que deveria criar um efeito muito interessante no leitor de seu tempo.

Um tema constante nas obras realistas é a infidelidade, opondo-se também aos românticos que valorizam o amor fiel. Encontramos a infidelidade em *Madame Bovary* de Flaubert, em *O Primo Basílio* de Eça de Queirós e *em Memórias Póstumas de Brás Cubas*. Em *Dom Casmurro*, a suspeita do adultério é tema principal e fonte de polêmicas, conversas e controvérsias.

A ação das narrativas românticas é dinâmica, valorizando o aspecto externo, as peripécias, enquanto nas obras realistas ocorre um volver-se para o interior, para o psicológico. A ação torna-se morosa, detendo-se em fatos do cotidiano, em hesitações interiores egoístas e mesquinhas, revelando criticamente o desinteressante mundo urbano e burguês.

---

187. Irônica, gozadora.

Outra oposição ao estilo romântico é a atitude realista de evitar a fantasia e a imaginação em que se compraziam os escritores da primeira metade do século XIX para mergulhar na realidade objetiva que os circunda, fazendo da ficção um espelho capaz de revelar e denunciar os problemas de uma sociedade burguesa e competitiva.

Machado de Assis é um escritor realista, mas muito peculiar, pois adota os pressupostos básicos da estética, mas, sem se escravizar a eles, avança livremente em busca de outras possibilidades. Assim, aproveita de maneira criativa as invenções de um Sterne, tanto no emprego de recursos gráficos, quanto no aperfeiçoamento de um estilo digressivo, preferindo o texto opaco, isto é, que se volta sobre a própria escritura, dando mais trabalho ao leitor do que a narrativa tradicional (texto transparente). O texto transparente funcionava para o leitor do século XIX assim como hoje funcionam os filmes de aventuras mais conhecidos de Spilberg, principalmente os que têm o Indiana Jones como protagonista.

Alguns traços estéticos que marcaram a literatura machadiana foram: o **pessimismo**, a **ironia**, a **digressão**, a **metalinguagem**, o **leitor incluso**, a **intertextualidade**, a análise minuciosa e profunda das fraquezas humanas mais escondidas (**psicologismo**), a tendência à **problematização** ou questionamento, recusando qualquer verdade absoluta, seja da ciência, da filosofia ou da religião.

VIII - PROBLEMÁTICA E PRINCIPAIS TEMAS

Um dos temas favoritos de Machado é o de que na infância já se organiza toda a personalidade do adulto, como já dissera antes em seu primeiro livro realista: *o menino é o pai do homem.* Em *Dom Casmurro* o tema reaparece, percorrendo de modo sutil todo o livro, para aflorar de modo aberto e claro no último capítulo: ... *Capitu da praia da Glória já estava dentro da de Matacavalos* (...) *se te lembras bem da Capitu menina, hás de reconhecer que uma estava dentro da outra, como a fruta dentro da casca.* Claro que, se o leitor se deixar envolver pelo narrador e quiser confirmar sempre tudo que diz, precisa retomar capítulos anteriores, lendo-os novamente com atenção redobrada, comparando-os com os finais. Isso nos obriga a fazer sempre mais de uma leitura e várias descobertas, gerando também um novo tipo de prazer na leitura muito diferente daquele que teríamos por exemplo lendo *A Moreninha,* de Macedo, ou *Os Três Mosqueteiros,* de Alexandre Dumas, narrativas com texto muito transparente.

A interpretação da vida como um espetáculo é outro tema deste romance. A vida percebida como uma peça de teatro está clara e inteira no capítulo IX, intitulado "*A Ópera*", em que o narrador Bentinho aceita a teoria de um tenor italiano. Dentro dessa visão, José Dias é uma personagem caricatural que parece ver a vida como representação constante e está sempre empostado, como se se soubesse eternamente vigiado pelos olhos do público. Também poderia ser vista como um resultado disso a simulação própria da figura feminina. A grande atriz dessa comédia da vida é a figura de Capitu que serve de contraponto para a atuação débil do principiante Bentinho: *A minha persuasão é que o coração não lhe batia mais nem menos. Alegou susto, e deu à cara um ar meio enfiado; mas eu que sabia de tudo, vi que era mentira e fiquei com inveja.*

A dissimulação, como necessidade social, está sempre presente e é coerente com a visão da vida como representação teatral. Um dos momentos mais fortes é o do enterro de Escobar. Apesar do terrível ciúme e do ódio, Bentinho discursa elogiando o amigo na hora do sepultamento. Depois, compara sua situação paradoxal com a personagem Príamo, concluindo que se hoje não temos grandes epopéias é porque escondemos e dissimulamos nossos conflitos.

A passagem inexorável do tempo é recorrente na obra de Machado e não podia ficar ausente nesse grande livro: *Uma certidão que me desse vinte anos de idade poderia enganar os estranhos, como todos os documentos falsos, mas não a mim.* No entanto, esse velho, que escreve em busca do tempo perdido, não vê a velhice como algo pior ou desagradável, mas diferente, com qualidades novas, apesar de algumas perdas. Analise o que ele mesmo diz: *A certos respeitos, aquela vida antiga aparece-me despida de muitos encantos que lhe achei; mas também exato que perdeu muito espinho que a fez molesta, e, de memória, conservo alguma recordação doce e feiticeira.*

O tema central a unificar todos os demais é o do ciúme, gerado a partir da suspeita do adultério, justificando com isso as referências feitas à peça de Shakespeare. São muitos os momentos em que o ciúme aparece claramente: "*o puro ciúme*" (LXII), "*Tal foi o segundo dente de ciúme que me mordeu", "Os meus ciúmes eram intensos*" (CVII), "*Cheguei a ter ciúmes de tudo e de todos*" (CXIII).

É a desconfiança da infidelidade da esposa que leva o narrador a escrever o livro. A obra é uma tentativa, inconsciente talvez, de demonstrar para si mesmo ou para o mundo (leitores) que foi traído, embora não tenha provas concretas, mas apenas alguns sinais ou pistas de que isso teria ocorrido.

BIBLIOGRAFIA CONSULTADA

Assis, Machado de - *Dom Casmurro,* SP, s/data, Gráfica e Editora Edigraf Ltda.

Assis, Machado de - *Dom Casmurro,* SP, 1981,Abril S.A.

Assis, Machado de - *Dom Casmurro,* RJ, 1988, Livraria Garnier.

Teixeira, Ivan - *Apresentação de Machado de Assis*, SP, 1987, Liv. Martins Fontes Ed. Ltda.

CONTOS NOVOS

de Mário de Andrade
por Geraldo Chacon

I - BIOGRAFIA

Mário Raul de Moraes Andrade nasceu em 1883, na capital de São Paulo, precisamente na Rua Aurora. Estudou e diplomou-se no Conservatório Dramático e Musical, na Av. São João. Aí mesmo, mais tarde, exerceu o magistério na cadeira de História da Música. Foi professor de piano e polígrafo, isto é, produziu textos dos mais diversos gêneros: ensaio, crítica, poesia, prosa de ficção (contos, romances), etc.

Foi um constante pesquisador de nosso folclore e das mais variadas manifestações artísticas. No período compreendido entre 1934 e 1937, dirigiu o departamento de Cultura de São Paulo, tendo fundado a discoteca Pública (emprestava discos ao público) e promovido o I Congresso da Língua Nacional.

Foi sempre um apaixonado pela sua cidade e pelo seu país. Desiludido com a situação internacional (2ª Guerra Mundial) e com perseguições contra ele, isolou-se em sua casa, na Rua Lopes Chaves, onde produziu seus últimos trabalhos literários, e onde faleceu em 1945.

II - BIBLIOGRAFIA

POESIA: *Há uma gota de sangue em cada poema* (1917), *Paulicéia desvairada* (1922), *Losango cáqui* (1926), *Clã do jabuti* (1927), *Remate de males* (1930) e *Lira paulistana* (1946). PROSA: *Amar, verbo intransitivo* (Idílio - 1927) e *Macunaíma* (Rapsódia - 1928).

CONTOS: *Primeiro andar* (1926), *Belazarte* (1934) e *Contos novos* (1947).

III - INTRODUÇÃO

A obra de Mário, tanto na poesia quanto na prosa de ficção, é marcada por uma constante evolução que pode ser vista no salto qualificativo, tanto de *Há uma Gota de Sangue em Cada Poema* até *Lira Paulistana*, quanto de *Primeiro Andar* até *Contos Novos*. Como afirma o crítico Antônio Cândido: *É o caminho que vai de Primeiro Andar à segura maturidade de Belazarte e à perfeição quase clássica, para o gênero, dos Contos Novos, revelando um contista soberano na fixação do tema expressivo, na dosagem da emoção, na arte sutil da composição literária e nos recursos de estilo.*

A obra *Contos Novos* é de publicação póstuma, tendo o escritor deixado anotações com um plano para a elaboração do livro. A previsão inicial era de que o ele seria composto de doze contos, que estavam já titulados e com projeto definido de corrigir (*Nelson*), escrever (*Educai vossos pais, Marcha Fúnebre, O Cego*) e os já prontos para publicação, que não vamos enumerar, pois estão no corpo do resumo. O conto *Nelson*, ainda imperfeito, segundo o ponto de vista do exigente artista, foi incluído pelos editores por acreditarem que somente o rigor de Mário tinha-o deixado de lado para uma última revisão.

IV - RESUMO DOS ENREDOS

1. VESTIDA DE PRETO

O narrador-personagem, Juca, inicia a narrativa com uma introdução metalingüística, para, em seguida, falar do seu amor por Maria, uma "*prima longínqua que freqüentava sua casa*". Ele e ela estavam ainda na inocência de seus cinco anos. A ternura de ambos expressava-se de maneira natural, simples e pura, através de um modo de falar mais baixo e da diminuição de palavras.

Lá pelos dez anos acontece o primeiro beijo. Foi assim: Eles estavam visitando uma antipática Tia Velha, cuja casa grande de muitos quartos convidava as crianças para brincar de família. Os primos e primas casavam-se rapidamente e partia cada casal para seu quarto: "*Íamos para os nossos quartos e ficávamos vivendo lá. O que os outros faziam, não sei. Eu, isto é, eu com Maria, não fazíamos nada*". (p.23)

Mas naquele dia, tudo ficou diferente, pois estar deitado com ela, tendo a cabeça no mesmo travesseiro e com a cara enfiada naqueles cabelos que lhe faziam cócegas no nariz, foi como que empurrando para o beijo... "*ficou fácil continuar enterrando a cara, a cara toda, a alma, a vida, naqueles cabelos, que maravilha! até que meu nariz tocou num pescocinho roliço.. Então fui empurrando os meus lábios, tinha uns bonitos lábios grossos nem eram lábios era beiço, minha boca foi ficando encanudada até que encontrou o pescocinho roliço. Será que ela dorme de verdade?... Me ajeitei muito sem-cerimônia, mulherzinha! e então beijei. Quem falou que este mundo é ruim! só recordar... Beijei Maria, rapazes!*" (p.25)

A Tia Velha vem buscar a louça para o chá e os surpreende. Chama-lhes a atenção e ameaça contar tudo à mãe do Juca. Seu olhar de censura e maldade faz com que as crianças sintam vergonha do que estavam fazendo. A partir desse instante, Maria passa a tratar com desprezo e antipatia o primo Juca. "*Nesse mesmo chá ainda achou jeito de me maltratar diante de todos, fiquei zonzo*". (p.25)

Comentários:

1) Se é a própria personagem que conta sua história, o foco narrativo é de primeira pessoa.
2) Texto metalingüístico é aquele a que se auto-referencia, é o que trata dele mesmo. Exemplo do começo deste conto: "*Tanto andam agora preocupados em definir o conto que não sei bem si o que vou contar é conto ou não, sei que é verdade*". (p.7)
3) Mário de Andrade adotou para si, seguindo pressupostos modernistas, a grafia original de "si" para "se" e "milhor" em vez de "melhor", para aproximar a língua escrita da língua falada.
4) Notem que a fala do narrador adulto, às vezes, mescla-se com a fala da personagem criança, recuperada pela memória provocando no mesmo trecho o emprego de dois tempos diversos: presente (personagem) "*Será que ela dorme de verdade?*" ao lado do passado (narrador) "*Me ajeitei muito sem-cerimônia*".

A dor maior vem cinco anos depois da desagradável cena com a Tia Velha. Juca estava tendo dificuldade nos estudos. Só conseguia passar nos exames de segunda época. Tinha levado bomba (reprovado) em uma matéria e estava estudando para recuperar-se com um professor particular. Voltava de uma dessas aulas, quando a "Matilde" a peste, a implicante, a deusa estúpida que Tia Velha perdia com suas preferências:

"*- Passou seu namorado, Maria.*

- Não caso com bombeado - ela respondeu de imediato, numa voz tão feia, mas tão feia, que parei estarrecido. Era a decisão final, não tinha dúvida nenhuma.

Maria não gostava mais de mim". (p.26)

Além dessa atitude da prima, havia ainda a diferença de classe econômica das duas famílias. A família de Maria era muito rica, enquanto a de Juca era pobre, talvez tanto quanto a de um rapaz que tentou namorar uma das irmãs de Maria e foi recusado pela família dela por causa de condições econômicas.

Por causa de tudo isso, Juca decide não amar mais Maria e, para enganar-se, dá tudo que tem nos estudos. Torna-se brilhante, faz conferências, até assustando as pessoas: "*E todos principiavam maldando que eu era muito inteligente mas perigoso.*" (p.27)

Por seu lado, Maria procurou resolver o que quer que seja lá dentro dela, namorando todo mundo, até ficar noiva de "*um diplomata riquíssimo, casar em duas semanas com alegria desmedida, rindo muito no altar e partir em busca duma embaixada européia, com o secretário chique seu marido*". (p.27). Apesar de dedicado aos estudos, Juca não lhe fica muito atrás, pois dedica seu tempo livre a dois outros amores: um amor clandestino, Rose; e uma namoradinha oficial, Violeta.

Muitos anos depois, a mãe de Maria, a propósito de uma volta dela ao Brasil, comentou com Juca que se ele tivesse gostado da filha, agora ela não estaria sempre tão longe, pela Europa. Só assim Juca percebeu que toda aquela namoração da prima era porque o amava e queria esconder. Igualzinho a ele que, estudando demais, só estava disfarçando, porque Maria era o que realmente importava.

Juca visita Maria. No reencontro, todo o embaraço do passado volta e Juca nada consegue dizer que possa quebrar a barreira erguida entre ambos, embora por um segundo, vendo-a toda vestida de preto, ele tenha tido o desejo de "*devorá-la numa hora estilhaçada de quarto de hotel*". (p.29)

Maria volta para a Europa. Juca continua sua vida falsamente solitária, porque guarda consigo esse grande amor: "*Foi este o primeiro dos quatro amores eternos que fazem de minha vida uma grave condensação interior*". (p.29)

2. O LADRÃO

Num bairro adormecido, pouco depois da meia-noite, alguém grita: "*Pega*". Todos se assustam e levantam-se. Um rapaz, vindo correndo, interpela o guarda que diz não ter visto ninguém. O rapaz continua sua perseguição. Quando o guarda se recupera do espanto, o rapaz já vai longe. Parte então o guarda atrás dele, pedindo a ajuda de dois transeuntes que apareceram naquele momento. Estes partem também gritando: "*Pega*". Logo se forma um grupo de perseguidores, subdividindo-se depois para conseguir melhor resultado.

Alguém informa que o perseguido foi visto pulando para dentro do jardim de uma das casas. O guarda toma coragem, quando vê mais dois policiais chegando, e bate à porta. A mulher atende, abotoando-se ainda: Ele diz:

"*- Dona, acho que entrou um homem na sua casa que...*" (p.32)

Não consegue terminar a frase, pois a mulher abre um berreiro de medo pelos filhos que estão no interior da casa e o grupo se inflama, entrando todos para ajudar a salvar as crianças. A mulher sai com três crianças chorando como se estivessem tendo as unhas arrancadas com um alicate. A vizinha de frente, uma italiana, dá guarida para toda a família. O grupo aproveita para vasculhar a casa toda, mas nada encontra. Nisso, uma moça "*das casas operárias fronteiras*" gritou, apontando para o telhado. Um dos homens abaixou-se e gritou: "*Está lá*". Três homens do grupo atiraram. Muitos se esconderam com medo das balas. As janelas se fecharam temerosas. A caçada continua. De novo, varrem tudo e nada encontram.

A mãe daquele rapaz que primeiro gritara, vem e tomando-o pelo braço pede para ele entrar por causa de sua doença: "*Meu filho! olhe sua asma! Deixe, que os outros pegam! Está frio!...*" Alguém que chega agora pergunta o que foi e recebe como resposta a informação "*diz-que estão pegando um ladrão*". Outro questiona: "*Quem lhe contou que é ladrão?*"

Nesse momento, o leitor percebe que nem mesmo o rapaz sabia, ninguém sabia.

Os perseguidores se reúnem num bate-papo descontraído no meio da rua. Alguém toca uma valsa no violino. Vem a mulher do português das galinhas e acende o desejo dos homens por aventuras indecorosas. A italiana leva a mulher com os três filhos para a casa que já não apresenta mais perigo. Lá mesmo, a italiana faz um café que anima a todos. A valsa tocada pelo violinista é aplaudida.

Já são duas horas da manhã. Após um gole de café os perseguidores se perguntam interiormente a quem tinham perseguido. Ninguém sabia pois "*Uns tinham ido atrás dos outros, levados pelos outros, seria ladrão?*" (p.38)

Comentário:

O foco narrativo é de terceira pessoa, o narrador é onisciente no sentido de conhecer o interior das personagens, desvendando seus desejos mais íntimos. No entanto, procura esconder informações quando se trata do objeto da perseguição, porque o que importa é trazer as pessoas (de seu mundinho fechado e de aparências) para a rua e desnudá-las em seus desejos, frustrações e aparências enganosas.

3. PRIMEIRO DE MAIO

No dia primeiro de maio, o 35 resolve que não iria ocupar o seu posto de carregador na Estação da Luz. Tomou banho e fez a barba com a navalha herdada do pai. Precisava comemorar o seu dia.

Com vinte anos, o 35 lia sempre os jornais e, por eles, sabia que "*o proletariado era uma classe oprimida*". (p.39) Pelos pensamentos e sentimentos não muito claros perpassaram: uma piedade por proletários de Paris, Cuba, Chile e Madri; uma vontade de dar um "*soco nas fuças dum polícia*"; auto-admiração por seu "*bigodinho de cinema*" e a lembrança de uma moça: "*Lembrou aquela moça do apartamento, é verdade, nunca mais tinha passado lá pra ver se ela queria outra vez, safada!*" (p.40)

Saiu e "*decidiu ir na cidade pra assuntar alguma coisa*". Passou no serviço para cumprimentar seus colegas. Estes riram dele. Na cidade, encontrou tudo fechado e pouca gente nas ruas. Mas policiais, havia muitos. Cada esquina, cada porta de firma, bar ou banco, tinha polícia. O 35 comprou um jornal e foi para o Jardim da Luz, sentar-se num banco para ler sossegado. Leu um pequeno artigo "*falando na nobreza do trabalho*" e se orgulhou todo comovido.

Leu mais: "*... em São Paulo a Polícia proibira comícios na rua e passeatas, embora se falasse vagamente em motim de-tarde no Largo da Sé*". (p.41)

Confusamente imagina-se indo ao Palácio da Indústria, no parque Pedro II, onde a polícia permitiria uma "*grande reunião proletária, com discurso do ilustre Secretário do Trabalho*". Vê-se tumultuando tudo, saindo machucado, mas orgulhoso.

Levantou-se e tomou o bonde para o Brás, pois lera que na Estação do Norte, às 9 horas, chegavam os deputados trabalhistas. Lá chegando, informa-se com outros carregadores. Nada de importante acontecera, só um grupinho de políticos que "*parou na porta da Estação, tirando fotografia*". Sentiu fome e voltou para casa, dando uma volta "*pra não passar na Estação da Luz e os companheiros não rirem dele outra vez*". (p.43)

Comeu e saiu de novo, chegando no parque Pedro II por volta das treze horas. Havia polícia por todo lado. Encontrou o 486, policial seu amigo, que se dizia anarquista, mas era mesmo é covarde. Conversaram. Apareceram três homens bem vestidos e gritaram: "*Podem entrar! não tenham vergonha! podem entrar!*". Vários fingiram obedecer, mas se desviaram e ficaram por ali. O 35 fez a mesma manobra. Logo apareceu a cavalaria e fez todo mundo andar: "*Aqui ninguém não fica não! a festa é lá dentro, me'rmão! no parque ninguém não pára não!*" (p.45) Com raiva o 35 pegou um bonde e partiu sem sequer despedir-se do 486, por quem agora sentia ódio. Estendeu esse ódio ao primeiro de maio e até ao ato de viver. No largo da Sé, onde nada aconteceu também, ficou muito tempo olhando a multidão. Lá pelas dezessete horas, teve fome de novo. Dirigiu-se "*num passo arrastado para a Estação da Luz*". Num bar, tomou duas médias e pão com manteiga. Comprou uma vermelhíssima maçã e "*foi comendo com prazer até os companheiros*". Na estação, ajuda o 22, carregador velho, que está com dificuldades para carregar quatro malas grandes.

Comentário:
Nesse conto nenhuma personagem tem nome. Todas são designadas por números, denunciando o alto grau de massificação e despersonalização do centro urbano moderno

4. ATRÁS DA CATEDRAL DE RUÃO

Alda e Lúcia, duas adolescentes, aprendem francês com uma quarentona virgem. A mãe, D. Lúcia, "*fizera da solteirona uma espécie de dama-de-companhia das filhas*". As aulas são pontuadas de insinuações maldosas sobre sexo, deixando a quarentona vermelha, mas muito excitada.

O pai separara-se da família e as meninas passaram "*cinco anos de viagens, colégios, camelos, freiras, Dinamarcas e Palestinas, quando voltaram não supunham mais um pai*". (p.49)

Durante o relacionamento entre alunas e professora intensifica-se toda uma comunicação de malícia e de duplo sentido. Mademoiselle, que na sua virgindade passiva nunca desejara um homem, agora estava no cio.

Um dia, as meninas começaram a falar que viram um homem de barba atrás da Catedral de Ruão, mas não puderam terminar, porque a quarentona disse que sabia muito bem o que podia se passar atrás da catedral de Ruão, porque o mesmo se passa atrás de todas as catedrais. Outro dia, tendo ido comprar remédios na farmácia homeopática, sentiu-se arrastada em direção à catedral da Sé, numa "*evocação bruta de carnes vibrantes*" e em medo e desejos confusos "*chega o medo horrível, mil braços que a enforcassem, mil bocas, une chair vive contre une chair vive*[188]*, lhe rasgam a blusinha no ventre!*" (p.55) As fantasias estão tomando todo o seu ser, "*o mal de sexo já está grande por demais, e Mademoiselle precisa duma experiência maior pra alcançar a verdade*". (p.55)

Essa experiência acontece em uma noite que se atrasara em conversa com as meninas. Eram mais de oito horas quando vinha retornando para a pensão, onde morava, na rua Sebastião Pereira. Sentiu um desejo irresistível de passar atrás da igreja de Santa Cecília. De uma das ruas que desembocam no largo, saltaram dois homens que se atiraram a perseguí-la. Ela espirra para afastá-los, como se as constipações protegessem contra os assaltos à virgindade. Não vê ninguém que possa salvá-la. Parece que não poderá escapar desta vez. "*Cairia nos braços deles, e eles a violariam sem piedade, exatamente como sucedera atrás da catedral de Ruão*". (p.58)

"*Afinal um dos homens agarra-a pelo pescoço*". Escapou, tentou fugir. mas o outro "*veio feito uma fúria, ergueu os braços políticos e espedaçou-lhe os seios que sangravam*".

"*Mademoiselle deu um último gritinho e virou a esquina*", alcançando a segurança da pensão. "*Os homens vinham chegando em suas conversas*

---

188. Uma carne viva contra uma carne viva.

distraídas" e se espantaram quando aquela senhora "*tirou mais que depressa dois níqueis da bolsa*" e lhos deu, dizendo em francês:

"*- Mer-ci pour votre bo-nne com-pa-gnie!*[189] " (p.60)

Comentário:
Notem que o que é narrado como real, não passa de imaginação da personagem, mas o narrador onisciente prega um susto no leitor. No final, o gesto da mulher parece dizer que ela paga aos homens pelo sexo que viveu na fantasia.

5. O POÇO

O velho Joaquim Prestes, 75 anos, chegou no pesqueiro de Mogi às onze horas da manhã. O frio úmido era forte. Joaquim era um homem bem rico, viajado e tinha sido o introdutor do automóvel naquelas estradas. Era "*caprichosíssimo, mais cioso de mando que de justiça, tinha idolatria da autoridade*".

Veio com ele uma visita. Joaquim consultou o relógio, olhou os empregados parados e perguntou porque não estavam trabalhando ainda. Eles disseram que com aquele tempo de frio feroz ninguém suportava ficar dentro do poço, continuando a perfuração.

Durante a conversa tensa entre patrão e empregados, vamos descobrindo os problemas. Dos homens que furam o poço, só um, o mais leve, de nome Albino, é quem tem prática no serviço dentro do poço. O trabalho é perigoso. Além disso, o rapaz é doente dos peitos segundo o médico. Sempre foi um menino fraco. "*Teve tifo, escarlatina,* ***desinteria***[190] *sarampo e tosse comprida*". José, o irmão mais velho de Albino, "*contou que agora ainda ficara mais penoso o trabalho porque enfim já estava minando água*".

Joaquim Prestes foi olhar o poço e lá deixou cair sua caneta: "*Essa é boa!... Eu é que não posso ficar sem a minha caneta-tinteiro! Agora vocês hão de ter paciência, mas ficar sem minha caneta é que eu não posso! têm que descer lá dentro buscar! Chame os outros, Albino! e depressa! que com o barro revolvido como está, a caneta vai afundando!!*" (p.66)

Todos se desesperam para recuperar a valiosíssima caneta, e o Albino sacrifica-se na lama do fundo do poço. A visita angustiada com a situação, afasta-se do local. As horas passam, o sofrimento continua e Joaquim não se abala. Xinga, ofende, dá ordens irracionais e um empregado "*com oito anos de fazenda*" se demite.

Albino se esforça num tormento insano e quando sai feito um bagaço humano, provoca tanta preocupação no irmão que este não resiste e enfrenta o padrão, dizendo: "*Albino não desce mais*". Há um enfrentamento insuportável, mas José vence. Joaquim, porém, adverte: "*...doutra vez veja como fala com seu patrão*".

189. Obrigado por vossa boa companhia!

190. A prosódia correta é disenteria, mas Mário de Andrade optou pela linguagem coloquial.

"*Dois dias depois o* ***camarada***[191] ***desapeou da besta***[192] *com a caneta-tinteiro. Foram levá-la a Joaquim Prestes que, sentado à escrivaninha, punha em dia a escrita da fazenda, um brinco.*

Joaquim Prestes abriu o embrulho devagar. A caneta vinha muito limpa, toda arranhada. Se via que os homens tinham tratado com carinho aquele objeto meio místico, servindo pra escrever sozinho. Joaquim Prestes experimentou mas a caneta não escrevia. Ainda a abriu, examinou tudo, havia areia em qualquer frincha. Afinal descobriu a rachadura.

- Pisaram na minha caneta! brutos...

Jogou tudo no lixo. Tirou da gaveta de baixo uma caixinha que abriu. Havia nela várias lapiseiras e três canetas-tinteiro. Uma era de ouro". (p.74)

Comentário:

O autor mostra no conto o autoritarismo em relação aos empregados, denunciando o desprezo pelo ser humano e o apego aos bens materiais. Para o patrão uma caneta vale mais do que a vida de um dos seus operários.

6. O PERU DE NATAL

Trata-se do mesmo narrador-personagem do conto *Vestida de Preto*, o Juca.

"*O nosso primeiro Natal de família, depois da morte de meu pai acontecida cinco meses antes, foi de conseqüências decisivas para a felicidade familiar*". (p.75)

O narrador inicia assim sua introdução, pintando sua família como feliz e medíocre a um só tempo. Tudo por culpa do pai, honesto, mas sem lirismo. Nas palavras do próprio narrador, seu pai "*fora de um bom errado, quase dramático, o puro sangue dos desmancha-prazeres*".

"*Era costume sempre, na família, a ceia de Natal. Ceia reles, já se imagina: ceia tipo meu pai, castanhas, figos, passas, depois da Missa do Galo*". (p.76)

Foi por isso que o narrador, após a morte do pai, tomou a resolução e a manifestou à família:

"*- Bom, no Natal, quero comer peru*".

Como sempre fora o doido da família, houve espanto e protestos, mas acabaram concordando todos e embarcando na esperança gulosa de um natal diferente. Seria um peru só para cinco pessoas da casa. Nada de parentes esfomeados. Seriam só eles: a mãe, a tia, a irmã (às quais ele chamava suas três mães), o narrador e seu irmão, de quem ele fala muito pouco. O narrador só destaca as mulheres.

Ele mesmo determina como será feito o peru, de acordo com uma receita que aprendera com sua amante, Rose. E cerveja bem gelada, não por seu gosto, mas para agradar à mãe. Ele explica: "*Mamãe adorava cerveja*".

Quando ele termina o projeto, nota que todos estavam felicíssimos, num desejo danado de participar daquela mesma loucura. Chegou o Natal.

191. Empregado
192. Desceu do cavalo

"*Comprou-se o peru, fez-se o peru, etc. E depois de uma Missa do Galo bem mal rezada, se deu o nosso mais maravilhoso Natal*". (p.77)

A mãe começa o jantar partindo com economia o maravilhoso peru. Ele protesta "*Corte inteiro! só eu como tudo isso!*", e faz questão de servir. Quando enche muito o prato a mãe reclama: "*Se lembre de seus irmãos, Juca!*". Logo em seguida, Juca diz que aquele prato é o dela. Ela se emociona e chora. A cena se repete três vezes com cada uma das mulheres. Choram também a tia e a irmã. Juca vai se emocionando: "*Então principiei dizendo muitos desaforos pra não chorar também, tinha dezenove anos... Diabo de família besta que via peru e chorava! coisas assim*". (p.78)

Para estragar a festa, a lembrança lutuosa do pai cai sobre o peru, pela associação do pranto. Trava-se uma luta entre o peru assado e o pai morto. O narrador está definitivamente do lado do peru, mas finge estrategicamente estar do lado do pai. Para enganar, diz disfarçadamente triste:

"- *É mesmo... Mas papai, que queria tanto bem a gente, que morreu de tanto trabalhar para nós, papai lá no céu há de estar contente... (Hesitei, mas resolvi não mencionar mais o peru) contente de ver nós todos reunidos em família*". (p.78/9)

Assim a imagem do pai foi diminuindo até virar uma estrelinha no céu, que não incomodou mais ninguém. Todos comiam o peru com sensualidade. Nem mesmo a sobremesa, uns doces, de nome "bem-casados" quebraram aquela "felicidade gustativa".

Quase às duas horas, todos se retiraram para dormir e o Juca, dizendo à mãe que iria à festa de um amigo, sai para tomar um champanha com a Rose.

Comentário:
A devoração do peru simboliza a destruição da figura do pai e a resolução do complexo de Édipo. Podemos destacar nessa atitude um comportamento antropofágico.

7. FREDERICO PACIÊNCIA

Trata-se do mesmo narrador-personagem, Juca, portanto, com foco narrativo de primeira pessoa. Ele relembra sua época de ginásio, quando tinha aproximadamente treze anos. Relembra seu amigo, Frederico Paciência. Descreve-o emocionadamente. "*Frederico Paciência era aquela solidariedade escandalosa. Trazia nos olhos grandes bem pretos, na boca larga, na musculatura quadrada da peitaria, em principal nas mãos enormes, uma franqueza, uma saúde, uma ausência rija de segundas intenções (...) Ficava impossível a gente não querer bem ele, não concordar com o que ele falava*". (p.80)

Assim, envolvido por uma inveja, por uma admiração intensa, o narrador sinceramente confessa que: "*Quis ser ele, ser dele, me confundir naquele esplendor, e ficamos amigos*". O narrador recorda que, pelo contrário, ele (Juca) era feio e fraco, além de ser um mau estudante, considerado pela família como um caso perdido. Com a nova amizade, esforça-se por melhorar.

Um dia, depois da aula, quando passavam pelo largo da Sé, Juca confessa a Frederico que ele era seu único amigo. Naquele dia, Frederico "*estava maravilhoso, sujo do futebol, suado, corado, derramando vida*". Frederico propõe indiretamente que o Juca não vá logo para casa e ficam passeando juntos. Lembrando-se disto o narrador comenta: "*Foram quinze minutos dos mais sublimes de minha vida*".

Os meninos fazem-se confidências íntimas e dão longos passeios. Juca deixa entrever que já o incomodava aquela amizade. Quando Frederico sonha fazer medicina, o narrador adverte que ele teria que fazer seus estudos no Rio de Janeiro e que quando isso acontecesse eles precisariam se separar, mas interiormente calcula quantos anos faltam para se livrar do amigo.

Comentário:
Esse conflito é apenas aparentemente contraditório, pois o menino está semiconsciente de um perigo ainda nebuloso de que essa ligação possa se transformar em homossexualismo. Gradativamente esse sentimento vai se tornando mais forte até tornar-se uma consciência clara.

Quando Frederico surpreende Juca lendo *História da Prostituição na Antigüidade*, não resiste e pede emprestado. Embora estivesse esperando e desejando isso, Juca tem vontade de não emprestar para não contaminá-lo. No entanto, a dúvida fica só por dentro: "*E o livro foi entregue, sem nenhuma hesitação no gesto. Frederico Paciência ainda riu pra mim, não pude rir. Sentia um cansaço. E puro. E impuro*". (p.83) Quando o livro é devolvido, Juca, numa atitude heróica premeditada, divide o volume em dois e eles o rasgam jogando os pedacinhos pelas ruas.

Os colegas já maliciam, e um deles faz uma indireta que deixa Frederico cego de cólera, estrangulando o ofensor até deixá-lo desmaiado. No dia seguinte, o ofensor não aparece na escola, mas no segundo dia vem e tem de enfrentar o Juca que o desafia e quebra-lhe o nariz. Após a briga, Juca sente-se feliz por ter vingado o amigo e agido como "homem-feito".

O resultado de tudo isso é uma aproximação maior, mais física do que antes, com o abraço tornando-se freqüente a cada encontro e despedida. Certos de que essa amizade não pode levar a nada condenável, ambos se tornam cada vez mais íntimos: "*Era um jogo de cabeças unidas quando sentávamos para estudar juntos, de mãos unidas sempre, e alguma vez mais rara, corpos enlaçados nos passeios noturnos*". (p.87)

Essa intimidade acabou levando-os ao beijo. Juca beija-o no nariz e Frederico o "*beijou na cara em cheio dolorosamente*". Assustam-se e passam a evitar o contato físico, mas ambos agora estão conscientes "*de que aquilo ou os levava para infernos insolúveis, ou era um princípio do fim*". (p.87)

O último ano escolar facilita a preparação do fim. Juca quer divertir-se nos bailes e com o novo romance que desponta, com Rose, enquanto Frederico quer estudar para formar-se com distinção. Morre o pai de Frederico e Juca vai confortá-lo. Após o enterro e após expulsarem um intruso inconveniente, ambos vão para o quarto de Frederico. Este se deita e Juca sente impulsos de beijá-lo. A imagem do pai morto afasta os dois. Frederico parte para o Rio, e a separação acontece. Nem a morte da mãe de Frederico é suficientemente forte para levar Juca ao Rio.

8 . NELSON[193]

Num bar, quatro rapazes observam um indivíduo que chama a atenção pelo seu "*ar esquisito, ar antigo, que talvez lhe viesse da roupa mal talhada*". (p. 94)

O narrador-testemunha (um dos quatro rapazes, não identificado) examina o homem, que se senta no outro lado da sala, inquieto por ver-se examinado pelo grupo. A garçonete, Diva, leva chope ao homem misterioso. Ele bebe o primeiro "*duma vez só, entregando o copo à moça*". Um dos rapazes, o Alfredo, diz que ouviu do Abílio algumas coisas sobre o homem.

Conta que foi rico e "*que é do Mato Grosso*". Era um homem sozinho e costumava ir ao Paraguai, de onde acabou trazendo uma mulher para sua fazenda. Por ela se apaixonou, transferindo todos seus bens para o nome dela. Sua narrativa é interrompida, porque todos os rapazes se voltam para ver a garçonete levar mais um chope ao estranho. Um deles nota "*que ele tem qualquer coisa na mão esquerda*". Alfredo explica que "*é uma cicatriz medonha*" por causa de uma briga.

Outro rapaz intervém, dizendo que também ouviu histórias a respeito. O homem teria perdido o polegar e tido a carne do braço repuxada por um ataque de piranha. Outro já diz que tudo aconteceu na **Coluna Prestes**[194], mas não pode esclarecer se ele estava com o exército ou com os revolucionários. Parece que houve um ataque, e esse homem misterioso teria se engalfinhado com um dos inimigos, lutando embaixo d'água. Quando subiram para respirar, ficaram presos sob uma **maromba**[195]. O homem estranho teria estrangulado o outro até a morte. Em cima da maromba os inimigos venciam e davam pela sua falta e de um tal Faustino, que devia ser o morto ainda preso em suas mãos. Por isso, fica quieto, não chamando a atenção. Quando sente uma dor e fisgada na mão, percebe que são as piranhas comendo o morto e "*arrancando pedacinhos da mão dele e depois do braço também, mas ele ali, sem se mover*". (p.99) Depois conseguiu escapar e foi socorrido por um caboclo que morava perto.

Alfredo retoma o fio da sua narrativa e diz que se o cara é ou parece meio louco não é por causa das piranhas, mas sim por causa da paraguaia. Diva vem, senta-se junto ao grupo e ouve também a narrativa, mas não lhe agrada a curiosidade dos rapazes.

Segundo Alfredo, a paraguaia um dia largou tudo e foi embora deixando tudo (roupas, livros, jóias) em frangalhos, menos um livro: *História do Paraguai*, onde deixou com sua letra a palavra INFAMES no trecho que falava da guerra com o Brasil. Por isso, o homem abandonou tudo que tinha e agora

---

193. Em nenhum lugar do conto aparece mais o nome que lhe dá título. Fala-se apenas "o homem" ou "o indivíduo", sendo, portanto, a pessoa do título.

194. Grupo revolucionário, liderado por Luís Carlos Prestes e Miguel Costa, que chegou a contar com quase 2.000 homens e percorreu aproximadamente 25 mil Km do interior brasileiro, durante o governo de Artur Bernardes e Washington Luís.

195. Estrado grande para colocar boiando no rio para servir de chão aos bois. Espécie de balsa.

prega na parede de seu quarto "*tudo que é notícia ofendendo o Brasil*". Alguém protesta que é mentira. Diva não gosta do que ouve e diz que eles deviam falar sobre outra coisa.

Nisso o homem se prepara para sair. Ela vai, recebe o dinheiro, e ele escapa sem esperar o troco. "*Era incontestável que fugia*". (p.103)

Comentário:
A partir desse instante o foco narrativo, que era da primeira pessoa com um narrador-testemunha, dotado de um conhecimento apenas parcial, passa para a terceira pessoa e torna-se onisciente.

O homem pára seis quarteirões depois e tira a mão esquerda do bolso. Era uma mão repugnante, pele engelhada, vermelha e polida, sem polegar, parecendo um garfo. Recuperou o fôlego e continuou seu caminho. Chegando à sua casa, esperou até que os últimos fregueses do Abílio se afastassem. Então, entrou rápido em casa e "*fechou a porta atrás de si, dando três voltas à chave*". (p.105)

Comentários:
1) Há várias versões sobre o homem, como num quadro cubista.
2) Foi empregada aqui a técnica do encaixe, com uma narrativa servindo de moldura para as outras. Assim, como são várias as histórias, são diversos os narradores: Alfredo, outro rapaz, o narrador-testemunha.

9. TEMPO DA CAMISOLINHA

Este conto é narrado em primeira pessoa por uma personagem-protagonista.

Conta-nos a história de um menino que tinha os cabelos grandes, cacheados e negros. Quando o pai determina que se cortem esses cabelos, o menino de três anos revolta-se, mas a decisão paterna é definitiva. Ainda agora o narrador-adulto parece não se conformar com a injustiça, pois comenta que a mãe nada fez para demover o pai. Se ele não podia conservar os cabelos longos por mais uns tempos, como então ela pôde permitir que ele continuasse usando camisolinhas bem depois disso? "*As camisolinhas, ela as conservaria, ainda por mais de ano, até que se acabassem feitas em trapos*".

É dentro de uma dessas camisolinhas que o garoto vai para Santos, de férias, com a família, por causa da saúde delicada de sua mãe, após o parto difícil que trouxe à casa uma menina. Vão para a praia do José Menino, que naquele tempo (final do séc. XIX) era um verdadeiro deserto.

A casa fica perto de um canal, que está sendo alinhado por operários. E o menino passa o dia inteiro sujando a barra da camisolinha na terra amontoada pelos operários. Com isso, as calcinhas são postas a lavar e o garoto delicia-se, levantando a barra da camisolinha para sentir o ar entrar. A mãe o aterroriza com um quadro de Nossa Senhora, dizendo a ele que ela é sua madrinha, que ela não ia gostar, pois aquilo era muito feio.

Um dia, o menino vê-se só em casa e tem uma decisão firme. Vai correndo até o quadro da Virgem Maria e mostra-lhe o pipi: "*Levantei quanto pude a camisola e empinando a barriguinha, mostrei tudo para ela. Tó! eu dizia, olhe! olhe bem! tó! olhe bastante mesmo! E empinava a barriguinha de quase de quebrar para trás*". (p.109)

Orgulhoso de seu feito e contente por ver confirmada sua suspeita de que não aconteceria nada, o menino vai sozinho até a esquina da praia larga, onde conhece um pescador que lhe dá três lindas estrelas-do-mar, dizendo que dão boa sorte.

Quando vai, após o almoço, brincar no canal, faz amizade com um operário que está muito triste. O menino pergunta o porquê dessa tristeza toda e o homem diz que é "*má sorte*". Isso põe o garoto perante um problema maior do que o da Virgem Maria. Ele tem as estrelas que dão sorte, logo, se ele der uma delas ao homem, poderá resolver o problema dele. No entanto, o egoísmo também fala alto. E ele? Ele fica, então, sem suas estrelas? Por fim resolve que dará a pequena. Mas se o problema do homem é grave, pode ser que a pequenina não resolva. Decide que dará a grande, perfeita. E é em prantos pela perda da estrela que ele corre até o operário e lhe dá a mais bonita delas para que ele tenha sorte.

Comentário:
Vê-se aqui que Mário conhece e faz uso de teorias freudianas em seu conto. Pela contextualização, percebe-se que o garoto está na fase genital do desenvolvimento da sua sexualidade. Aí se interrelacionam o problema do complexo de Édipo e começo da socialização da criança, que, dependendo de todo processo, pode se tornar uma pessoa generosa ou egoísta. Sugerimos aos jovens que leiam o livro *Em busca da felicidade*, de Flávio Gikovate, pois trata do assunto em linguagem simples.

V - ESTRUTURA DA OBRA

Ressalta nesses nove contos de Mário de Andrade a preocupação com a análise psicológica. Em quase todos o narrador procura captar a alma das personagens em momentos limites, às vezes, com muito lirismo, como no instante em que o menino decide dar uma estrela-do-mar ao operário para que lhe dê sorte, apesar do sentimento doloroso de perda. Outras vezes, com uma mistura de humor irônico e simpatia lírica, como quando revela um operário desejando comemorar o dia do trabalhador, mas não sabe bem o que fazer nem como.

Há várias formas de reagruparmos os contos dessa obra. Uma delas poderia ser feita com base no foco narrativo e poderia ser feita assim:

1. **Foco de 1ª pessoa:** *Tempo de Camisolinha*, *Vestida de Preto*, *Frederico paciência*, *Peru de Natal* (levando em conta progressão da faixa etária do protagonista, da infância à maturidade).
2. **Foco de 3ª pessoa:** *O Ladrão*, *O Poço*, *Primeiro de Maio* e *Atrás da Catedral de Ruão.*
3. **Foco duplo** (1ª pessoa no início e 3ª pessoa no final): *Nelson.*

Predomina o espaço urbano. A ação desenvolve-se na capital paulista em quase todos os contos, menos em *Tempo da Camisolinha*, que ocorre na baixada santista, e *Nelson* que, através de narrativa de encaixe tem parte da ação acontecendo no interior de Mato Grosso. Esse último espaço é vago, já que aparece na narrativa de um rapaz que a ouviu de um terceiro que diz tê-la ouvido do homem misterioso.

Não parece existir preocupação em determinar com precisão o tempo cronológico. Somente no conto *Tempo da Camisolinha* o narrador explicita que os fatos ocorrem no final do século passado (XIX). Predomina o tempo psicológico, o que é bastante coerente com a preocupação em analisar o interior das pessoas.

As personagens são sempre pessoas comuns com as quais o leitor não tem dificuldades de se identificar.

VI - ESTILO DE ÉPOCA E ESTILO INDIVIDUAL

Compactuando com as propostas estéticas modernistas que defendiam a elevação da língua falada à condição de língua literária, Mário utiliza uma linguagem simples, tanto do ponto de vista sintático quanto morfológico, adotando muitas palavras e torneios sintáticos bastante comuns na fala popular. Veja estes exemplos:

***Se** lembre de seus irmãos, Juca!*

***Me** ajeitei muito sem-cerimônia, mulherzinha!*

*Aqui ninguém **não** fica **não**! a festa é lá dentro, **me'rmão**! no parque ninguém **não** pára **não**!*

*"... **Diabo** de família **besta** que via peru e chorava!"*

A abordagem de assuntos e temas extraídos do banal cotidiano moderno está perfeitamente inserida na postura modernista. O que podemos acrescentar é que Mário fez isso com muita doçura, com muita ternura, revelando um espírito humanista de formação cristã.

VII - PRINCIPAIS TEMAS

Em *O Ladrão* e *Nelson*, descobrimos o vazio das pessoas levando-as à fofoca, ao mexerico. O amor castrado, que não morre, mas fica retorcido, pode ser visto em *Vestida de Preto* e *Frederico Paciência*. No primeiro, a repressão feita pela Tia Velha põe fim ao relacionamento amoroso. No segundo, a repressão é feita pela própria censura interior dos dois rapazes. Ressalta-se que no segundo conto o problema fica mais complicado por ser amor por alguém do mesmo sexo.

A temática da massificação do indivíduo e da exploração do homem pelo homem está presente nos contos *O Poço* e *Primeiro de Maio*.

Pode-se notar sempre uma postura marxista nos contos de denúncia social e nos de análise psicológica uma influência da psicanálise freudiana.

BIBLIOGRAFIA CONSULTADA

Andrade, Mário de - *Contos Novos*, BH, 1991, Villa Rica Ed. Reunidas Ltda. (Utilizado para citação)

SÃO BERNARDO

de Graciliano Ramos

por Geraldo Chacon

I - BIOGRAFIA

Graciliano Ramos nasce em Quebrangulo (AL), aos 27 de outubro de 1892. De 1894 a 1910 muda-se diversas vezes, com a família, morando no interior do estado natal e em Pernambuco. Passa a maior parte da infância e adolescência no interior de Alagoas. Em sua obra de memórias *Infância*, Graciliano confessa que não viveu bem com os pais, sentindo-se um "bezerro-encourado", isto é, um filho desprezado. Não é difícil entendermos seu sentimento se recordarmos que ele era o primogênito numa família com dezesseis filhos.

Influenciado por um professor, dedica-se à leitura muito cedo e gosta de contar histórias para os freqüentadores da venda do pai. Paralelamente aos livros mais superficiais, de seu próprio gosto, seu professor impõe-lhe a leitura de autores profundos, como Machado de Assis, por exemplo, o que inicialmente o aborrece bastante.

Em 1915, estando no Rio de Janeiro, Graciliano trabalha para diversos jornais cariocas. No mesmo ano, retorna a Palmeira dos Índios, onde se torna pequeno comerciante e se casa. Em 1927, torna-se prefeito, tendo-se destacado como excelente administrador. Seus ofícios já revelam estilo literário, chamando a atenção de um editor carioca, também escritor, que o procura, oferecendo-se para publicar sua primeira obra. Isso ocorre em 1933, e seu romance de estréia é *Caetés*, seguido por *São Bernardo* (1934), *Angústia* (1936) e *Vidas Secas* (1938). Em 1936, durante o governo de Getúlio Vargas, Graciliano é preso em Maceió como comunista e levado para o Rio de Janeiro. Não teve acusação formal ou julgamento. Sofreu diversas privações e teve sua saúde abalada na prisão. Desse período resultou uma de suas obras de memórias de maior vulto, na qual denuncia os arbítrios da ditadura: *Memórias do Cárcere* (1953). Essa obra foi transformada em um belíssimo filme por Nelson Pereira dos Santos.

Graciliano era um perfeccionista, daí seu estilo próximo ao de Machado de Assis. À maneira do escritor francês Flaubert, relia e corrigia seus originais exaustivamente até atingir a máxima concisão.

Graciliano transporta para o resto do país, através das personagens e narrativas, sua terra natal. E é interessante notar que, embora tenha vivido no Rio, jamais escolhe qualquer paisagem carioca para cenário de suas narrativas. Seja pela proposta estética de seu tempo, seja pelo seu temperamento, manteve-se fiel ao cenário regional do Nordeste.

Em 1952, Graciliano viaja pelos seguintes países: Portugal, França, Tcheco-Eslováquia e a antiga União Soviética. Ao regressar dessas viagens, adoece gravemente. Viaja para a Argentina e é internado num hospital em Buenos Aires para operar-se, mas sem resultados positivos. Retorna ao Rio de Janeiro, onde seu sexagésimo aniversário é comemorado com solenidade. Em

1953, uma piora leva-o à internação numa casa de saúde em Botafogo, falecendo no dia 20 de março, vítima de câncer.

II - BIBLIOGRAFIA

Graciliano produziu, além de narrativa de viagens, contos, crônicas, romances, memórias e ficção infantil. O romance é o gênero em que mais se destacou e ganhou prestígio.

- **Romances:** *Caetés* (1933), *São Bernardo* (1934), *Vidas Secas* (1938) e *Angústia* (1936).
- **Memórias:** *Infância* (1945) e *Memórias do Cárcere* (1953).
- **Contos:** *Insônia* (1947) e *Alexandre e Outros Heróis* (infantil) (1962).
- **Crônicas:** *Linhas Tortas* (1962).
- **Viagens:** *Viagem* (1954).

III - INTRODUÇÃO

Graciliano é um criador de obras-primas, sendo muito difícil escolher entre *Vidas Secas*, *São Bernardo* e *Angústia*. Cada um apresenta seu fascínio e sua dificuldade. *São Bernardo* pode ser lido vinte vezes, que na última leitura o leitor atento ainda poderá encontrar uma novidade, perceber o porquê de uma citação ou de uma palavra. Nada está jogado. Embora o pseudo-autor (Paulo Honório) insista em que não sabe escrever, o verdadeiro escritor (Graciliano Ramos) organiza os dados de maneira perfeita, tanto para comprovar o caráter rude do protagonista e narrador, quanto para demonstrar seu estado emocional.

A narrativa é feita pelo protagonista, Paulo Honório, na primeira pessoa, foco narrativo que Graciliano sabe utilizar com mestria. Paulo Honório conta como se transformou de trabalhador braçal em dono de fazenda, passando por cima de tudo e de todos para remover os obstáculos ao seu enriquecimento. No entanto, a mesma luta que o leva para cima, sem dúvida, provoca a sua lenta e inevitável queda tanto econômica quanto emocional, ficando em quase completa solidão.

São Bernardo é o segundo romance de Graciliano Ramos, publicado em 1934 e apresenta alguns aspectos semelhantes ao *Dom Casmurro* de Machado de Assis:

- as duas obras apresentam foco narrativo de primeira pessoa, com os narradores tentando atar duas pontas da vida e escrevendo suas memórias numa tentativa de auto-análise;
- os narradores estão sempre refletindo sobre a própria atividade de construir o livro (metalinguagem);
- os dois são ciumentos e não se transformam interiormente no final da narrativa, pois Bentinho continua a duvidar da fidelidade de Capitu e Paulo Honório, embora reconheça que perdeu a vida na busca de riquezas materiais, não consegue transformar-se, dizendo que se pudesse

recomeçar faria tudo igual, agiria da mesma forma, pondo culpa na vida rude e agreste que levou.

IV - RESUMO DO ENREDO

1 *Antes de iniciar este livro, imaginei construí-lo pela divisão de trabalho.* (p.7) Assim o narrador inicia seu relato, contando-nos que pretendia escrever este livro num trabalho coletivo, contando com a ajuda do Padre Silvestre para citações morais e latinas; João Nogueira, para a correção gramatical; Arquimedes, para a composição tipográfica e Lúcio Gomes de Azevedo Gondim para a composição literária. Como Gondim era redator e diretor do Cruzeiro, podemos supor que havia aí algum interesse. Ele, além de introduzir alguns rudimentos de agricultura e pecuária, pagaria as despesas e poria seu nome na capa.[196]

Inicialmente animado, já antevia os livros expostos e vendidos, graças à crítica comprada a sair na **Gazeta**. Logo, porém, vieram os problemas. Afastou o Nogueira por querer empregar uma linguagem erudita, pesada, cheia de inversões. Pe. Silvestre afasta-se por decepcionar-se politicamente com o narrador. Concentra-se no Gondim, iniciando o trabalho, imaginando que o redator era *uma espécie de folha de papel destinada a receber as idéias confusas que me fervilhavam na cabeça.* Quando duas semanas depois recebe os dois primeiros capítulos, explode: *Vá para o inferno, Gondim. Você acanalhou o troço. Está pernóstico, está safado, está idiota. Há lá ninguém que fale dessa forma!*"[197] (p.9)

Gondim justifica-se, mas nada adianta. O narrador evita continuar a conversa, convidando-o a beber. Ao registrar este momento, o narrador anota: *Levantei-me e encostei-me à balaustrada para ver de perto o touro limosino que Marciano conduzia ao estábulo. Uma cigarra começou a chiar. A velha Margarida veio vindo pelo paredão do açude, curvada em duas. Na torre da igreja uma coruja piou. Estremeci, pensei em Madalena.*"[198]

---

196. Notem que PH não fala em colocar os nomes dos outros na capa, Quer dizer que o trabalho era coletivo, mas não dividiria com eles a fama, o mérito, se algum houvesse.

197. Essa fala da personagem é definidora do seu próprio caráter: bruto, direto, vulgar, tirânico. Vejam que em vez de falar "estragou", diz "acanalhou" e no lugar de "minha obra" ou "minha biografia" fala "troço".

198. Aqui o narrador insere duas personagens femininas importantes, Margarida e Madalena, sem qualquer explicação. Tanto elas quanto Marciano e o pio da coruja ficam como pontas de um iceberg, de que o leitor vai tomar conhecimento depois e gradativamente.

2 *Abandonei a empresa, mas um dia destes ouvi novo pio de coruja - e iniciei a composição de repente, valendo-me dos meus próprios recursos e sem indagar se isto me traz qualquer vantagem, direta ou indireta.*[199] (p.9)

Avisa ao leitor que "*talvez deixe de mencionar particularidades úteis*" e que, além disso, seu relato "*vai arranjado sem nenhuma ordem*", mas como dizem os matutos que trabalham para *ele "todo o caminho dá na venda*". Demonstra suas dificuldades, enquanto escreve. Vai fumando cachimbo e bebendo café, suspendendo às vezes o trabalho lento, achando a pena um objeto pesado, reconhecendo que isso ocorre porque: "*Não estou acostumado a pensar.*"

Casimiro Lopes pergunta se quer alguma coisa e ele responde negativamente. Pensa *que "se tivesse a metade da instrução de Madalena*" "*encoivarava isto brincando*" e reconhece que aquela papelada tinha préstimo. Deixa escapar a sua idade, também natural e acidentalmente como outras informações: "*E não vou, está claro, aos cinqüenta anos, munir-me de noções que não obtive na mocidade*".[200] (p.11)

Confessa que não teve tal formação por serem outros os seus interesses: *"o meu fito na vida foi apossar-me das terras de S. Bernardo*".

Pede ao leitor que traduza seu texto em linguagem literária, pois não pretende bancar o escritor, pois "*É tarde para mudar de profissão.*" Assim como no capítulo anterior citou as duas mulheres sem explicação, menciona rapidamente como um simples acidente um menino "*que ali está chorando*" e encerra, após pedir uma xícara de café para a criada Maria das Dores, dizendo: "*Dois capítulos perdidos. Talvez não fosse mau aproveitar os do Gondim, depois de expurgados.*" (p.11)

3 *Começo declarando que me chamo Paulo Honório, peso oitenta e nove quilos e completei cinqüenta anos pelo São Pedro.* (p.12) Esclarece que a idade é aproximada, considerando a certidão de batismo, que não apresenta nome dos pais. É o iniciador de uma família, ou seja, um enjeitado, que foi criado pela velha Margarida, que vendia doces. Esclarece que ela agora mora com ele na fazenda, custando-lhes dez mil-réis por semana: "*quantia suficiente para compensar o bocado que me deu*".[201]

Não se lembra muito da infância e considera como primeiro ato importante de sua vida ter cometido um crime aos dezoito anos. Por causa de

---

199. Podemos notar que houve uma total mudança de planos. O projeto inicial já não interessa. Vai fazer o livro sozinho e sem pensar em vantagem. Qual seria a nova motivação? Podemos levantar a hipótese de que deve ser um desejo inconsciente de se conhecer melhor, de rever e repensar a própria vida. Vamos acompanhar o relato e ver se isso se confirma.

200. Metalingüisticamente, fala mais da composição de sua obra do que si próprio, mas continua atirando pequenas migalhas de informações que vão compondo um mosaico que se completará no decorrer do relato.

201. Torna-se patente aqui a coisificação materialista e capitalista, pois ele não demonstra afeição ou qualquer outro sentimento que pudesse ou devesse sentir. Vê tudo através de números, de cifrões.

uma cabritinha **sarará**[202], Germana, esfaqueou João Fagundes, o que lhe rendeu três anos, nove meses e quinze dias de cadeia, onde aprendeu a ler com Joaquim sapateiro.

Ao sair da cadeia, Germana já se tinha prostituído e estava com "*doença do mundo*"[203]. *Nesse tempo eu não pensava mais nela, pensava em ganhar dinheiro. Tirei o título de eleitor, e Seu Pereira, agiota e chefe político, emprestou-me cem mil-réis a juro de cinco por cento ao mês. Paguei os cem mil-réis e obtive duzentos com o juro reduzido para três e meio por cento. Daí não baixou mais, e estudei aritmética para não ser roubado além da conveniência.* (p.13) Informa que mais tarde se vingou, hipotecando e tomando todos os bens do Seu Pereira.[204]

Descreve todos os sacrifícios que precisou enfrentar no início, para mascatear todo tipo de produto pelo interior a fora, e até a violência que precisou praticar para receber de um mau pagador: Doutor Sampaio, que só pagou para não perder a vida. Data dessa época o conhecimento com Casimiro Lopes, que o ajudou nessa cobrança e encerra o capítulo dizendo: *Gosto dele. É corajoso, laça, rasteja, tem faro de cão e fidelidade de cão.* (p.15)

4

Resolvi estabelecer-me aqui na minha terra, município de Viçosa, Alagoas, e logo planeei adquirir a propriedade S. Bernardo, onde trabalhei, no eito, com salário de cinco tostões.[205] (p.15)

Salustiano Padilha, seu antigo patrão, já tinha morrido e o filho, Padilha moço (Luís), não realizou o sonho e os investimentos do pai para vê-lo doutor. Tornou-se um mulherengo, jogador e bêbado. Disso se aproveita Paulo Honório, emprestando-lhe dinheiro a juros e incentivando-o a investir na propriedade, mas fazia isso exatamente por perceber que o rapaz não saberia como fazê-lo, desperdiçando o dinheiro. Tudo se confirma. Padilha pede dinheiro para iniciar um projeto agrícola, mas acaba abrindo uma tipografia e fundando um jornal político. Ambos não lhe melhoram em nada a vida. Quando vencem as promissórias, Paulo Honório procura o esquivo Padilha que anda se escondendo na fazenda. Encontra-o em um dia de inverno, chuvoso, a beber. Ameaça-o e força-o a entregar-lhe as terras em pagamento da dívida. Toda a minuciosa descrição do processo de negociação é um excelente registro da maior e mais importante "qualidade" do narrador, a sua competência como capitalista. Veja alguns trechos:

- *Cheguei a ameaçá-lo com as mãos. Recuou para cinqüenta. Avancei a quarenta e afirmei que estava roubando a mim mesmo. Nesse ponto cada um*

---

202. Mulata, mestiça de cabelo crespo, mas arruivado, aloirado.
203. Blenorragia, mais popularmente conhecida como gonorréia.
204. Isso vai aparecer no final do capítulo 9. Revela-se aqui um procedimento técnico muito empregado por Graciliano neste relato. Aponta rapidamente, como na linguagem cinematográfica moderna, alguma coisa para mais tarde desenvolvê-la, explicá-la, fornecendo maiores dados. Essa técnica cria interesse suspensivo no leitor por um lado e, por outro, obriga-o a uma leitura mais atenta, concentrada.
205. A fazenda é o único valor que poderia dar sentido a sua vida, concretizando sua ânsia de ascensão social com base no lucro. Não é acidentalmente que a escolhe, mas por ter sido aí que trabalhou como empregado, revidando ou vingando-se e transformando-se de empregado em patrão.

puxou para o seu lado. Finca-pé. Chamei em meu auxílio o Mendonça, que engolia a terra, o oficial de justiça, a avaliação e as custas. O infeliz, apavorado, desceu a quarenta e oito. Arrependi-me de haver arriscado quarenta: não valia, era um roubo. Padilha escorregou a quarenta e cinco. Firmei-me nos quarenta. (p.24)

• *Afetei comiseração e prometi pagar com dinheiro e com uma casa que possuía na rua. Dez contos. Padilha botou sete contos na casa e quarenta e três em S. Bernardo. Arranquei-lhe mais dois contos: quarenta e dois pela propriedade e oito pela casa. Arengamos ainda meia hora e findamos o ajuste.* (p.24)

Para evitar desistência, levou Padilha para a cidade, ficou com ele durante toda a noite e logo cedo fez que assinasse a escritura, deduzindo a dívida, os juros, o preço da casa. Dessa forma, entregou a ele sete contos e quinhentos e cinqüenta mil-réis. O narrador encerra o capítulo dizendo: "*Não tive remorsos.*"

5 O quinto capítulo já começa direto com um diálogo ríspido e manhoso entre Paulo Honório e Mendonça, velho de barbas brancas e nariz curvo, vizinho de S. Bernardo que vinha avançando com suas cercas nas terras do Padilha. Mendonça diz a Paulo Honório que ele não deveria ter comprado as terras sem consultá-lo e que os limites atuais eram provisórios. Discutem. Paulo Honório conta os capangas de ambos os lados, e assevera *que a cerca não se derrubava. Explicações, com bons modos, sim; gritos não.* (p.25) Depois, abranda porque queria apenas era evitar baixar a crista logo no primeiro encontro. Casimiro Lopes deu um passo à frente, mas Paulo Honório tocou-lhe o ombro e ele recuou[206]. Mendonça entendeu a situação e também abrandou. O final deste capítulo é muito importante para entendermos algo que acontecerá depois, por isso vamos registrá-lo na íntegra:

Despedimo-nos. Continuei a estirar o arame farpado e a substituir os grampos velhos por outros novos. Mendonça, de longe, ainda se virou, sorrindo e pregando-me os olhos vermelhos.

À tarde, quando voltei para casa, Casimiro Lopes acompanhou-me, carrancudo. Como eu não dissesse nada, tossiu, parou. Encostei-me a um limoeiro e espalhei idéias ruins que me perseguiam:

- Amanhã traga quatro homens, venha aterrar este charco. E limpe aqui o riacho para as águas não entrarem na várzea.

- Só?

Pensei que, em vez de aterrar o charco, era melhor mandar chamar Mestre Caetano para trabalhar na pedreira. Mas não dei contra-ordem, coisa prejudicial a um chefe.

- Só? tornou a perguntar Casimiro Lopes.

Apanhei o pensamento que lhe escorregava pelos cabelos emaranhados, pela testa estreita, pelas maçãs enormes e pelos beiços

---

206. Assim como na conversa com Padilha, quando comprou a fazenda, podemos perceber aqui uma série de gestos que compõem um jogo de ameaças implícitas, com avanços e recuos como uma partida de xadrez. Ganha o melhor jogador.

grossos.[207] *Talvez ele tivesse razão. Era preciso mexer-me com prudência, evitar as moitas, ter cuidado com os caminhos. E aquela casa esburacada, de paredes caídas...*

Decidi convidar Mestre Caetano e cavouqueiros.

Diabo! Agitei a cabeça e afastei um plano mal esboçado.

- Por enquanto, só." (pp.26-7)

6 O narrador inicia o capítulo com um relativamente longo parágrafo que relata suas dificuldades iniciais: safra ruim, preços baixos. *Trabalhava danadamente, dormindo pouco, levantando-me às quatro da manhã, passando dias ao sol, à chuva, de facão, pistola e cartucheira, comendo nas horas de descanso um pedaço de bacalhau assado e um punhado de farinha.* (p.27) Indivíduos suspeitos rondam sua casa à noite. Um dia vai à casa do Mendonça e mantém toda uma ardilosa conversa sobre política e sua origem de trabalhador alugado.

Naquele mesmo dia, preocupado com uns tiros que ouviu, conversou com Casimiro. *Enquanto jantava, falei em voz baixa a Casimiro Lopes, a princípio com panos mornos, depois delineando um projeto. Casimiro Lopes desviou-se dos panos mornos e colaborou no projeto.* (p.31)

Depois escreve cartas aos bancos e ao governador, pedindo empréstimo e dispensa de imposto. Era uma sexta-feira. *No outro dia, sábado, matei o carneiro para os eleitores. Dormindo à tarde, de volta da eleição, Mendonça recebeu um tiro na costela mindinha e bateu as botas ali mesmo na estrada, perto de Bom-Sucesso*" (...) *Na hora do crime eu estava na cidade, conversando com o Vigário a respeito da igreja que pretendia levantar em S. Bernardo. Para o futuro, se os negócios corressem bem.*[208] (p.32)

7 *Por esse tempo encontrei em Maceió, chupando uma barata na **Gazeta** do Brito, um velho alto, magro, curvado, amarelo, de suíças, chamado Ribeiro. Via-se perfeitamente que andava com fome.* (p.33)

Paulo Honório contratou-o para ser seu guarda-livros na fazenda S. Bernardo. *Dei-lhe alguma confiança e ouvi a sua história, que aqui reproduzo...* O que se segue é uma micro narrativa de encaixe, relatando como o Seu Ribeiro era considerado Major, temido, respeitado no pequeno povoado onde residia. Mas um dia veio o progresso, a cidade cresceu, a mulher morreu, os filhos do Seu Ribeiro fugiram para a cidade grande. *Seu Ribeiro escondeu-se cheio de vergonha.* Depois vendeu seus cacarecos e partiu em busca dos filhos. Não os encontrou. Enraizou-se na capital.

---

207. Nesta magnífica obra tudo é planejado e executado minuciosamente. As informações aparecem, como o narrador e pseudo-autor avisou, fora de ordem, mas o verdadeiro criador, Graciliano, tudo organizou com perfeição e concisão. Vejam o final do capítulo 3 e notem no trecho grifado por nós que patrão e jagunço estão em ligação perfeita e comum acordo, vendo a necessidade de eliminar o vizinho.

208. Acreditamos que para quem lê o romance com atenção os dados se juntam aqui e fica bem claro que Paulo Honório tem um álibi perfeito e que o tal projeto vagamente mencionado na conversa com Casimiro já foi executado.

Depois de dez anos de sofrimentos *era gerente e guarda-livros da **Gazeta**, com cento e cinqüenta mil-réis de ordenado, e pedia dinheiro aos amigos.*

Quando o velho acabou de escorrer a sua narrativa, exclamei:

- Tenho a impressão de que o senhor deixou as pernas debaixo de um automóvel, Seu Ribeiro. Por que não andou mais depressa? É o diabo. (p.36)

8 O narrador faz um apanhado de cinco anos de trabalho e tece reflexões em cima disso. Confessa que nem sempre andou certo, mas reflete: *A verdade é que nunca soube quais foram os meus atos bons e quais foram os maus. Fiz coisas boas que me trouxeram prejuízo; fiz coisas ruins que deram lucro.* Comentando seus lucros, adverte e aconselha com relação aos negócios: *Se eles não entram nos trilhos, rodam que é uma beleza. Se não entram, cruzem os braços. Mas se virem que estão de sorte, metam o pau: as tolices que praticarem viram sabedoria.* (p.37) Confessa também que invadiu as terras do Mendonça, do Fidélis (paralítico de um braço), dos Gama (viviam no Recife) e só deixou em paz o engenho do Dr. Magalhães, porque era juiz.

Conta que fez estradas por conta própria, construiu açudes, importou máquinas e quando recebeu a visita do governador, vendo que este falava de escola a todo momento, decidiu construir uma escola, afirmando ao político: *Pois sim senhor. Quando V. Exa. vier aqui outra vez, encontrará essa gente aprendendo cartilha.* E quando da partida do governador, fica pensando: *A escola seria um capital. Os alicerces da igreja eram também capital.*

É neste momento que ele decidiu proteger as Mendonça: *A minha prosperidade começara depois da morte do pai delas. Mandaria no dia seguinte dar uma limpa no algodão de Bom-Sucesso, enfezado, coberto de mato.* Decide ainda que se alguém quiser prejudicá-las vai ter que se ver com ele.

9 *No outro dia, de volta do campo, encontrei no alpendre João Nogueira, Padilha e Azevedo Gondim elogiando umas pernas e uns peitos.* Durante todo o diálogo, ficamos sabendo também que se trata de uma mulher educada, instruída, sisuda, bonita, lourinha, de uns trinta anos, mas que a alguns sugere apenas uns vinte. Padilha insiste que nenhuma dessas qualidades se compara aos peitos e às pernas. Paulo acerta negócios com o advogado João Nogueira e ao examinar o primeiro processo percebe que os quatrocentos mil-réis que acabara de pagar ao Nogueira tinham sido gastos com bom proveito. Janta com os hóspedes. Durante a refeição, propõe ao Padilha trabalhar para ele, na escola, como professor, em troca de casa, comida e 150 mil-réis por mês e a proibição de beber em serviço. Alguém sugere que contrate Madalena, mas ele recusa. Gondim informa que já localizou onde está a velha Margarida. Paulo manda que seja remetida com cuidado "*para não se estragar na viagem*".

Depois do jantar, discute-se a política local. O Padre Silvestre, indicado pelo Pereira, é revolucionário e não agrada a João Nogueira que afirma ter o homem propósito de "*salvar o país por processos violentos*".

Vários deles concordam que o Pereira vai se dar mal e dizem que ele é burro. Paulo Honório chama o Dr. Nogueira de lado e pergunta se é certa a queda do Pereira. Ao ouvir resposta afirmativa diz: *Pois, Dr. Nogueira,* (..) *cuido que chegou a ocasião de liquidar os meus negócios com o Pereira. Tenho marombado, espiado maré, porque o chefe era ele. Mas se foi ao barro, acabou-se. Está aqui enrascado numa conta de cabelos brancos. Vou entregar-lhe a conta. Veja se me consegue uma hipoteca.*(pp.50/1)

10

O narrador inicia o capítulo reclamando que os trabalhadores aproveitam os dias-santos, com pretexto de viagem ou doença, para faltar ao trabalho. Como nos domingos é folga e no sábado tem feira, a semana fica reduzida a cinco dias. Eles só recebem pelo dia efetivamente trabalhado, por isso vivem com a "*barriga tinindo*".

Num dia desses, gastou o tempo ouvindo uma conversa de onças entre o estudado Padilha e o ignorante do coxo Casimiro Lopes de quem comenta: *No sertão passava horas calado, e quando estava satisfeito, aboiava. Quanto a palavras, meia dúzia delas. Ultimamente, ouvindo pessoas da cidade, tinha decorado alguns termos, que empregava fora de propósito e deturpados.*[209] (p.51)

Aproveita esse tempo sem trabalho e vai visitar a velha Margarida, que já está na fazenda. *Chegara dias antes e estava alojada numa casinha cercada de bananeiras.* A casa tem móveis e luz elétrica, o que a velha considera um luxo. Pede um tacho a Paulo e ele promete arrumar.

11

Amanheci um dia pensando em casar. Foi uma idéia que me veio sem que nenhum rabo de saia a provocasse. Não me ocupo com amores, devem ter notado[210]*, e sempre me pareceu que mulher é um bicho esquisito, difícil de governar.* (p.54)

Revela que o desejo que o impulsionava era gerar um herdeiro para as terras de S. Bernardo. Passa pela sua mente as mulheres que conhece: a irmã do Godim, D. Emília Mendonça, uma Gama e Marcela, a filha do juiz Dr. Magalhães.

Uma tarde pegou Padilha pregando idéias socialistas ao Marciano e ao Casimiro. Marciano concordava, Casimiro resmungava que "*as coisas desde o começo do mundo tinham dono*". Paulo Honório esculhambou com Padilha e Marciano, terminando por mandá-los embora. No dia seguinte, Padilha implorou pelo emprego e Rosa, mulher do Marciano, que Paulo

---

209. Vejam a semelhança com o que o narrador de *Vidas Secas* fala de Fabiano: "(Fabiano) ouvira falar em juros e prazos. Isto lhe dera uma impressão bastante penosa: sempre que os homens sabidos lhe diziam palavras difíceis, ele saía logrado. Sobressaltava-se escutando-as. Evidentemente só serviam para encobrir ladroeiras. Mas eram bonitas. Às vezes decorava algumas e empregava-as fora de propósito. Depois esquecia-as. Para que um pobre da laia dele usar conversa de gente rica? "

210. Encontramos aqui o leitor incluso, ou diálogo com o leitor, técnica que vimos também em Dom Casmurro, livro que parece ter influenciado Graciliano na composição de S. Bernardo.

Honório usava para satisfazer seus instintos sexuais, apareceu com os filhos "*balbuciando peditórios*".

Atendendo a Rosa, chamou os dois e berrou um sermão comprido em que procurava demonstrar que ele é que trabalhava para eles. Dá conselhos e avisa: *Por essa vez passa. Mas se me constar que vocês andam com saltos de pulga, chamo o Delegado de Polícia, que isto aqui não é a Rússia, estão ouvindo*? (p.56)

As lembranças se misturam na mente do narrador. Fala de sua procura de uma mulher que seja ideal para se casar, fundindo essa com as recordações dos atritos com o Brito da ***Gazeta.*** Conta que o Brito sempre lhe pedia mais dinheiro. Cansado, mandara-lhe um telegrama, avisando que estava farto e nada mais enviaria.

12

A questão do Pereira estava dormindo no cartório, esperando que o Juiz de Direito desse uma penada nos autos. João Nogueira disse-me isso uma tarde. Eu então, ligando o caso do Pereira aos predicados de D. Marcela, desci no dia seguinte à cidade, resolvido a visitar o Dr. Magalhães. (p.58)

Nessa visita encontra além do juiz e família o Nogueira e duas senhoras: uma de preto, alta, velha, magra, e outra moça, loura, bonita, de olhos azuis. Durante a conversa das mulheres ouve muito o nome de D. Glória, mas nunca o da loura, que o atrai bastante.

De um lado fica o grupo das mulheres e do outro o dos homens, que discutem a política do momento. Atento à loura que em certo momento voltava para o grupo dos homens seus olhos, Paulo Honório toma consciência do que sente: "*De repente conheci que estava querendo bem à pequena.*" (p.62)

Depois de sair da casa do Magalhães estava curioso para ter informações sobre a loura, chegou a procurar o Nogueira, mas ficou inibido e saiu sem pedir qualquer informação.

13

Conta o narrador como voltou a encontrar a mocinha loura. Ele tinha ido à capital para castigar o Brito que, por não receber mais dinheiro dele, tinha escrito artigos horrorosos em que o chamava de assassino para baixo. Na capital, foi direto à redação da **Gazeta**, mas o Brito não estava. Informaram que ele tinha ido a Pajuçara. Por isso, Paulo Honório refez o caminho: *Voltei pelo mesmo caminho e estive uma hora no relógio oficial, observando os passageiros dos bondes de Ponta-da-Terra. Afinal surgiu o focinho de rato do Brito.*

- Olá!

Recuou, tentou retomar o estribo, mas o carro já ia longe. Franziu a testa com dignidade. Vendo o rebenque, empalideceu e gaguejou:

- Bons olhos o vejam. Que sorte! Sim senhor, precisamos conversar. (p.66)

De nada adiantam as explicações do Brito, pois Paulo Honório após breve xingamento, atira-lhe várias chicotadas com o rebenque. Por isso, precisou comparecer à polícia, pagar advogado e perdeu o trem das três. Por acaso e sorte, no mesmo vagão viajava uma senhora de que se lembrou. Era a mesma que estava com a moça loura na casa do Magalhães. Conversam e fica sabendo que o nome da loura é Madalena, aquela dos peitos e das pernas, tão comentados por Padilha. Convida D. Glória para conhecer S. Bernardo.

O narrador termina o capítulo dizendo que devia ter falado da paisagem, mas essa descrição "*só seria aqui embutida por motivos de ordem técnica*". E parte para a digressão metalingüística, à moda de Machado: *E não tenho o intuito de escrever em conformidade com as regras. Tanto que vou cometer um erro. Presumo que é um erro. Vou dividir um capítulo em dois. Realmente o que se segue podia encaixar-se no que procurei expor antes desta digressão. Mas não tem dúvida, faço um capítulo especial por causa da Madalena.* (p.72)

14

Ao chegarem à estação encontraram Madalena, que esperava pela tia. Paulo Honório foi-lhe apresentado e ficou emburrado, como ele mesmo diz, pois sabia lidar com mulheres rudes como Germana e Rosa; mas, na presença de uma que estudara, não sabia direito o que fazer. Renovou o convite para D. Glória ir a S. Bernardo e levar a sobrinha.

Depois, encontra Gondim, Nogueira e o padre Silvestre que estavam preocupados, querendo saber o que tinha realmente acontecido no encontro com o Brito, pois os boatos já tinham chegado até a punhaladas, com a vítima hospitalizada. Houve quem já tivesse falado até em morte. Calmo, Paulo diz que não foi nada, só uma arenga, sem mesmo mencionar as chicotadas. Aproveitando a ocasião, Paulo Honório convidou Gondim para acompanhá-lo a jantar e, enquanto come e o outro bebe cerveja, pede informações sobre Madalena, alegando que deseja contratá-la para o lugar do Padilha. Fica muito surpreso e decepcionado quando é informado de que ela escreve artigos para o Cruzeiro, chegando a dizer: *Julguei que fosse uma criatura sensata.*

15

Paulo Honório passa a freqüentar a casa de D. Glória e procura dar uns toques:

- Por que é que sua sobrinha não procura marido?

- Minha sobrinha não é feijão bichado para se andar oferecendo.

Além disso, D. Glória diz-lhe achar que para casamento é preciso sentimento recíproco, de que Paulo Honório discorda grosseiramente alegando que *se "o casal for bom, os filhos saem bons, se for ruim, os filhos não prestam*" e encerra bem bruto*: Conheço o meu manual de zootecnia.* Finalmente, Paulo Honório fala diretamente a Madalena e, com certo embaraço, confessa que convidá-la para lecionar na fazenda era tapeação, pois o que queria mesmo era casar-se.

Indecisa, Madalena alega que nem se conhecem ainda, mas ele retruca: *Ora essa! Não lhe tenho contado pedaços da minha vida? O que não contei vale pouco. A senhora, pelo que mostra e pelas informações que peguei, é sisuda, econômica, sabe onde tem as ventas e pode dar uma boa mãe de família.* (p.81)

Ela, sem dizer não, procura outro obstáculo: *Deve haver muitas diferenças entre nós.* Acrescenta ainda que é uma pessoa muito pobre, mas ele repele a objeção: *Não fale assim, menina. E a instrução, a sua pessoa, isso não vale nada? Quer que lhe diga? Se chegarmos a acordo, quem faz um negócio supimpa sou eu.*[211] (p.82)

16 Uma tarde, numa dessas visitas às duas mulheres, Paulo Honório é surpreendido pela entrada sem cerimônia do Gondim que, inconvenientemente, pergunta para quando é o casamento. Paulo fica irritado e adverte-o. Gondim desculpa-se dizendo que todos já comentam e que não sabia ser segredo.

Em seguida, para disfarçar seu embaraço e acanhamento, Honório inicia com Gondim uma longa e tediosa discussão sobre a importância ou inutilidade da biblioteca local (Grêmio Literário e Recreativo). Paulo Honório ataca principalmente as obras de ficção (a que chama "histórias fiadas") e os livros prolixos: "*Há por aí volumes que cabem em quatro linhas*". Madalena intervém, em defesa da ficção: "*O pior é que o que é desnecessário para o senhor talvez seja necessário a muitos*".[212]

D. Glória, entediada com o assunto, retira-se. A conversa esmorece e Gondim despede-se. Paulo Honório fica a sós com Madalena e aproveita para insistir que ela responda ao seu pedido, alegando que agora não é possível ficar adiando já que são alvos dos comentários da sociedade. Ela pede um ano de prazo. Ele acha que é muito. Nisso, D. Glória retorna à sala e Paulo pede permissão a Madalena para informá-la do seu consentimento. Madalena, ainda irresoluta, aceita e ele diz a D. Glória no seu modo rude: *D.Glória, comunico-lhe que eu e sua sobrinha dentro de uma semana estaremos embirados. Para usar linguagem mais correta, vamos casar. A senhora, está claro, acompanha a gente. Onde comem dois comem três. E a casa é grande, tem uma porção de caritós*[213]. (p.86)

---

211. Vejam que tanto quando foi tomar a fazenda do Padilha, quanto agora ao pedir a mão de Madalena, Paulo Honório faz pesquisas, estuda o terreno, prepara o ataque e vai firme e direto ao seu objetivo jamais recuando. Claro que aqui aparece uma ou outra diferença de tratamento, pois está falando com uma mulher, mas mesmo assim não admite romantismo, sentimentalidade e diz descaradamente que se trata de um "negócio".

212. Com esse diálogo já fica muita clara uma das diferenças brutais entre os dois. Paulo Honório é o tipo egocêntrico e egoísta, só pensando e julgando válido e direito o que lhe interesse ou seja importante para ele. Já Madalena, pelo contrário, é sociocêntrica e generosa e chama a atenção de Paulo para o que os outros podem precisar. Tenta, inutilmente, deslocá-lo de seu centro para que possa ver o problema pelo ponto de vista do outro.

213. Termo regionalista para designar móveis, prateleiras e também quartos de despejo. É mais uma demonstração da grosseria de PH.

17 O narrador pula toda e qualquer preparação para o casamento e, assim como na vida, vai direto ao que lhe interessa contar: *Casou-nos o Padre Silvestre, na capela de S. Bernardo, no altar de S. Pedro. Estávamos em fins de janeiro.* (p.86) Logo nos primeiros dias de casamento tem uma surpresa: *Tive, durante uma semana, o cuidado de procurar afinar a minha sintaxe pela dela, mas não conseguir evitar numerosos solecismos. Mudei de rumo. Tolice. Madalena não se incomodava com essas coisas. Imaginei-a uma boneca da escola normal. Engano.* (p.87)

Madalena não gosta do Padilha, afirmando que ele tem a alma muito baixa. Paulo Honório lhe diz que não liga para a alma de seus empregados, mas para o serviço que prestam. Logo, ela se mete em vários serviços da fazenda, desde a escrituração a cargo do Seu Ribeiro até o serviço do maquinista no descaroçador de algodão. Quando Paulo Honório lhe recomenda evitar os caboclos e trabalhar com a Maria das Dores nos afazeres domésticos, Madalena diz que tais ocupações não lhe agradam e acrescenta também que não está ali para dormir. Além disso, defende a situação do Mestre Caetano, que está velho e doente. Paulo Honório diz que são imprevidentes, que não guardam dinheiro, mas acaba atendendo: *Mande meia cuia de farinha, mande uns litros de feijão. É dinheiro perdido.*

18 Exatamente oito dias depois do casamento, durante o jantar, em uma conversa iniciada pelo Seu Ribeiro, elogiando Madalena pela letra e conhecimentos de escrituração contábil, deu-se a primeira discussão mais forte. A esposa quis saber quanto ganhava Seu Ribeiro. Ao saber que recebia duzentos mil-réis, achou pouco e o disse em voz alta. O marido protestou que antes ele ganhava só cento e cinqüenta a seco, enquanto agora tinha, além do salário mais alto, casa e comida. Ela continua achando pouco e D. Glória concorda com ela. Isto é o suficiente para fazer Paulo Honório explodir:

- Ora gaitas! berrei. Até a senhora? Meta-se com seus romances.

Madalena empalideceu:

- Não é preciso zangar-se. Todos nós temos as nossas opiniões.

- Sem dúvida. Mas é tolice querer uma pessoa ter opinião sobre assunto que desconhece. Cada macaco no seu galho. Que diabo! Eu nunca andei discutindo gramática. Mas as coisas da minha fazenda julgo que devo saber. E era bom que não me viessem dar lições. Vocês me fazem perder a paciência. (p.91)

19 *Conheci que Madalena era boa em demasia, mas não conheci tudo de uma vez. Ela se revelou pouco a pouco, e nunca se revelou inteiramente. A culpa foi minha, ou antes,*[214] *a culpa foi desta vida agreste, que me deu uma alma agreste.*

---

214. Este é um momento da narrativa em que o narrador, na solidão, começa a entrar em contato com seus erros, com sua consciência, mas notem que no exato momento em que isso ocorre, ele se desculpa e joga a responsabilidade sobre a "vida agreste". Uma diferença com relação a Bentinho é que ele não muda sua opinião sobre Capitu, buscando convencer o leitor de que ela era culpada. Paulo Honório, pelo menos, reconhece a inocência dela, embora não assuma toda sua responsabilidade pelo que aconteceu.

E, falando assim, compreendo que perco o tempo. Com efeito, se me escapa o retrato moral de minha mulher, para que serve esta narrativa? Para nada, mas sou forçado a escrever." (p.92)

Continua o narrador, ora falando de sua dificuldade para escrever *(Releio algumas linhas, que me desagradam. Não vale a pena tentar corrigi-las. Afasto o papel.*), ora recordando momentos passados com Madalena. Seu estado psíquico, porém, parece bem desequilibrado, pois mistura cenas do passado com o presente e cria cenas impossíveis de acontecer. Ao mesmo tempo, ao ir revelando suas fantasias, não só denuncia seu estado interior, mas também já revela alguns lances da narrativa que só mais tarde vão ser esclarecidos. Vejam por exemplo:

A voz de Madalena continua a acariciar-me. Que diz ela? Pede-me naturalmente que mande algum dinheiro a Mestre Caetano. Isto me irrita, mas a irritação é diferente das outras, é uma irritação antiga, que me deixa inteiramente calmo. Loucura estar uma pessoa ao mesmo tempo zangada e tranqüila. Mas estou assim. Irritado contra quem? Contra Mestre Caetano. Não obstante ele ter morrido, acho bom que vá trabalhar.[215] *Mandrião!*

A toalha reaparece, mas não sei se é esta toalha sobre que tenho as mãos cruzadas ou a que estava aqui há cinco anos.[216] (p.93)
Agora Seu Ribeiro está conversando com D. Glória no salão. Esqueço que eles me deixaram e que esta casa está quase deserta.

> **Comentário:**
> Em vez de contar sua história, o narrador se detém e registra as fantasias de seu momento presente, revelando fiapos que vão formar um tecido mais tarde. O leitor, no entanto, já fica sabendo que no fim do relato ele deverá estar quase sozinho. Com certeza, pelo menos sem Seu Ribeiro e D. Glória, pois como diz: "*eles me deixaram*".

20

Retorna o narrador ao dia da briga e confessa que Madalena era dona de excelente coração e as esmolas eram apenas vestígios da sua bondade para todos os viventes. Diz Paulo Honório que chegou até a se sensibilizar: *E, como sabem, não sou homem de sensibilidades. É certo que tenho experimentado mudanças nestes dois últimos anos. Mas isto passa.* (p.95)

Conta como ela o procurou, levando um café, logo depois da briga e pediu-lhe desculpas, docemente, confessando que foi inconveniente. Essa atitude amoleceu Paulo Honório que chegou a pedir para ela desculpá-lo junto à tia. Assim viveram bem algum tempo. Paulo entrega a Madalena, já que deseja ocupação, a correspondência para fazer, promete salário e diz que vai pedir ao Seu Ribeiro para abrir-lhe uma conta.

---

215. Este é um dos melhores exemplos do autoritarismo de Paulo Honório e de sua falta de humanismo; não suportar a idéia de ver o empregado sem trabalhar mesmo depois de morto e chegar ao cúmulo de chamá-lo de mandrião, isto é, preguiçoso.

216. Este fragmento tem tanto a função de mostrar seu estado de descontrole emocional (a tolha some e reaparece) quanto a de revelar o tempo na narrativa. Neste momento, presente, leitor e narrador estão cinco anos depois daquela briga do capítulo anterior. Aqui temos uma semelhança com D. Casmurro, a interposição do presente (ato de narrar) e do passado (ação).

21 O narrador comenta que depois de um tempo as brigas recomeçaram. Madalena tinha o hábito de logo depois de sair do escritório, onde trabalhava de manhã, passear pela fazenda, visitar as casas dos moradores. Visitou a escola um dia e criticou o método do Padilha. Insistiu com o marido para comprar uma série de objetos que, por fim, mandou comprar, irritando-se quando precisou pagar a conta: seis contos de réis. Achou um absurdo, para ele que aprendeu a ler numa velha bíblia, na cadeia, gastar essa dinheirama com globos, mapas, folhetos, cartões e pedacinhos de tábua para filhos de trabalhadores. *Contive-me porque tinha feito tenção de evitar dissidências com minha mulher e porque imaginei mostrar aquelas complicações ao Governador quando ele aparecesse aqui. Em todo o caso era despesa supérflua.* (p.97)

Estava nervoso com esse assunto quando pegou o Marciano de conversa com o Padilha, enquanto o cocho dos animais estava sem comida. Advertiu o empregado, que reclamou do tratamento e levou vários pescoções, rolou pelo chão e saiu de nariz sangrando. Madalena que chegava viu tudo e ficou horrorizada, indignada, dizendo que era uma barbaridade. Quando ele pergunta o quê e ela esclarece que falava da surra dada ao Marciano, Paulo exclama: *Ah! sim! por causa do Marciano. Pensei que fosse coisa séria. Assustou-me.* (...) *Julguei que ela se aborrecesse por outro motivo, pois aquilo era uma frivolidade.* (p.100)

Comentário:
Esse incidente mostra bem que tipo de patrão é o Paulo Honório. Espanta-se com a indignação da mulher, pois para ele o empregado não vale nada, é pior do que um animal, é um traste, uma coisa que ele pode usar e atirar fora quando bem entender e quiser.

22 Relembra o narrador que D. Glória gostava de conversar com Seu Ribeiro, ele falando alto e ela quase cochichando. Imaginava que devia estar se queixando dele. Num dia quatro, como o balancete do mês anterior não estivesse pronto, Paulo Honório aproveitou a ocasião para dar uma indireta. Ordenou ao Seu Ribeiro que fizesse um cartaz bem grande proibindo a entrada de quem não tivesse serviço a fazer ali. D. Glória pergunta se é com ela, dando início a uma discussão em que ele diz tudo o que estava querendo dizer, magoando-a.

Depois, sai pelo campo com Madalena, e esta faz uma retrospectiva de toda a pobreza e sofrimento que D. Glória precisou enfrentar para criá-la e educá-la. Defende a tia, dizendo que ela é trabalhadora, mas não consegue dedicar-se a uma só coisa e trabalhar nela até terminá-la. Num momento em que recorda ter a esposa dito que a tia foi a responsável por sua formação e que não a trocava pela fazenda, Paulo Honório pensa: *Vaidade. Professorinhas de primeiras letras a escola normal fabricava às dúzias. Uma propriedade como S. Bernardo era diferente.* (p.105)

23

Num domingo à tarde, Paulo Honório voltava do descaroçador e da serraria, aborrecido. Tinha encontrado um volante empenado e um dínamo que emperrava. Encontrou no caminho a velha Margarida que lhe disse ter muito mais do que precisava. Fala das muitas roupas que Madalena lhe mandara, inclusive sapatos que ela não usava. Logo depois, encontrou Marciano conduzindo um touro limosino-caracu e reclamou que o bicho estava magro: *Não estava, mas achei que estava.* E sem que o Marciano dissesse nada, gritou: *Não me responda, entupa-se.* Logo em seguida, deixou escapar o que o estava irritando por baixo de tudo mais: *A culpada era Madalena, que tinha oferecido à Rosa um vestido de seda. É verdade que o vestido tinha um rasgão. Mas era disparate.* (p.108) E continuou seu caminho, chamando mentalmente a mulher de estúpida várias vezes, até quando se lembra novamente do problema com o volante e o dínamo. Mistura as duas irritações, os problemas com a esposa e com o maquinário, embora reconheça interiormente que Madalena nada tenha a ver com isso: "*...mas naquele momento não refleti nisso: misturei tudo e a minha cólera aumentou. Uma cólera despropositada. Esqueci os presentes que, há alguns anos, a Rosa me comeu (pó de arroz, voltas de conta) e as despesas que fiz com Margarida...*" (p.109)

O seu nervosismo não diminuiu com a tomada de consciência, percebeu o erro, mas insistiu no mesmo modo de ser. Continuou maquinando raivas. Pensou em demitir o maquinista por causa do dínamo e do volante. No caminho, irrita-se com tudo, até com uns passarinhos que vê namorando pelo caminho: *Uma galinhagem desgraçada.* E ao chegar em casa, só viu motivos para aumentar seu nervosismo: D. Glória conversando baixinho com Seu Ribeiro, Madalena com Padilha. Isolou-se de todos e ficou de lado, na varanda, pensando no mestre Caetano, doente de cama, recebendo toda semana um dinheirão de Madalena: *Necessitava, é claro, mas se eu fosse sustentar os necessitados, arrasava-me.* E continuou seus pensamentos: *Além de tudo vestido de seda para a Rosa, sapatos e lençóis para Margarida. Sem me consultar*[217]*. Já viram descaramento assim? Um abuso, um roubo, positivamente um roubo.* (p.111) Casimiro Lopes sentou-se num degrau da escada e ambos trocaram um olhar significativo. Nisso o pequeno chorou e ele gritou com as mulheres que fizessem algo. Só agora, na última frase deste capítulo, abruptamente, Paulo Honório informa o leitor: *Madalena tinha tido menino.*[218] (p.113)

---

217. Está aqui mais um índice do autoritarismo do narrador. Não se aborrece apenas pelo que considera um desperdício, mas principalmente por não ter sido consultado, por terem agido com liberdade. Quer dizer que, se pedissem e ele permitisse, poderia ser possível.

218. É muito estranho esse comportamento. O narrador disse que procurava uma mulher só porque desejava um herdeiro para suas terras. Casa-se, tem um filho e esquece-se de tratar disso quando vai escrever o livro. Só se lembra de informar o leitor quando o menino chora, aumentando sua irritação. Parece que o filho perdeu o interesse.

24

Fazia dois anos que eu estava casado, e por isso João Nogueira, Padre Silvestre e Azevedo Gondim jantavam conosco. (p.113) Relembra o narrador que nesse mesmo dia advertira o Padilha por estar colhendo rosas, a mando de Madalena. Aproveitando, reclama também dos falatórios com Madalena. Padilha desculpa-se, diz que atende aos pedidos dela e justifica os falatórios alegando que uma senhora de instrução neste interior precisa de "palestras amenas e variadas". Durante o dia, Paulo Honório tem uma sensação vaga, uma espécie de pressentimento que não logra definir com precisão.

Durante o jantar, discute-se política, a situação do país e fala-se de que só uma revolução para mudar tudo isso. Padre Silvestre deseja, mas Seu Ribeiro teme essa revolução. Madalena e Padilha também são pela mudança. Paulo Honório só poderia ser do partido do contra:

- *Ora por quê! Porque o crédito se sumia, o câmbio baixava, a mercadoria estrangeira ficava pela hora da morte. Sem falar na atrapalhação política.*

- *Seria magnífico, interrompeu Madalena. Depois se endireitava tudo.*

- *Com certeza, apoiou Luís Padilha.* (p.117)

Com isso, aquela sensação da véspera volta e se faz clara para o narrador: *Sim senhor! Conluiada com o Padilha e tentando afastar os empregados sérios do bom caminho. Sim senhor, comunista! Eu construindo e ela desmanchando.* (p.119) Após o jantar, o narrador relata como surgiu sua primeira pontada de ciúme:

Procurei Madalena e avistei-a derretendo-se e sorrindo para o Nogueira, num vão de janela.

Confio em mim. Mas exagerei os olhos bonitos do Nogueira, a roupa bem feita, a voz insinuante. Pensei nos meus oitenta e nove quilos, neste rosto vermelho de sobrancelhas espessas. Cruzei descontente as mãos enormes, cabeludas, endurecidas em muitos anos de lavoura. Misturei tudo ao materialismo e ao comunismo de Madalena - e comecei a sentir ciúmes. (p.121)

25

Comecei a sentir ciúmes. O meu primeiro desejo foi agarrar o Padilha pelas orelhas e deitá-lo fora, a pontapés. (p.121) Para vingar-se, Paulo Honório tirou Padilha da casa grande, mantendo-o sempre na escola: *Lá vivia, lá dormia, lá recebia alimento, bóia fria, num tabuleiro.* Chegou mesmo a deixá-lo quatro meses sem salário.

Mas não é só do Padilha que sentia ciúme, ficava procurando lembranças e indícios de Madalena com outros homens: Nogueira, Gondim, recordando-se que um dia *discutiam as pernas e os peitos dela*!. E aproveita para dizer que não gostava de mulheres sabidas, intelectuais. Reflete que o marido nunca sabe. E de um pensamento a outro, pergunta-se se o seu empregado Marciano desconfiaria de suas relações com a

Rosa. Ele tomava cuidado, além disso, Marciano provavelmente não queria saber e conclui: *Enfim certeza, certeza de verdade, ninguém tem.*

Afastava-se Paulo Honório dos outros adultos de quem sempre desconfiava. Estavam sempre falando mal dele, no seu ponto de vista. Às vezes, examina o filho: *Era magro. Tinha os cabelos louros, como os da mãe. Olhos agateados. Os meus são escuros. Nariz chato. De ordinário as crianças têm o nariz chato. Interrompia o exame, indeciso: não havia sinais meus: também não havia os de outro homem.*" [219]

Diz que o menino era feio e que ninguém se interessava por ele. Chega a dizer a si mesmo que ela não quer bem ao filho. Só Casimiro Lopes tinha amizade ao menino.

26

Todos os capítulos desse livro apresentam um ritmo rápido, mas este destaca-se dos demais. Ao contrário da literatura antiga, principalmente a romântica, que fazia muita descrição, Graciliano Ramos vai direto ao que deseja, sem maiores enrolações. Tudo é importante e sintético. O narrador começa confessando: *Fui indo sempre de mal a pior.* Diz que seu desejo *era "pegar Madalena e dar-lhe pancada até no céu da boca*" e fazer o mesmo a D. Glória por ter criado aquela "*cobrinha*". Revela que qualquer fato insignificante tomava, para ele, grande importância e que só lhe faltava uma prova: "*entrar no quarto de supetão e vê-la na cama com outro.*" (p.126) Assim, sentiu ciúmes até do idoso Dr. Magalhães e do Gondim. Pegou-a escrevendo algo e viu nome e endereço do Gondim. Quis pegar, ela não deixou. Paulo Honório ficou furioso: *Deixa ver a carta, galinha.* Ela em troca, chama-o de canalha e depois de assassino, ao que ele responde com termos como perua, cachorra e manda tanto ela quanto D. Glória a lugar mais indigno: *Vá amolar a puta que a pariu. Está mouca, aí com a sua carinha de santa? É isto: puta que a pariu. E se achar ruim, rua. A senhora e a boa de sua sobrinha, compreende? Puta que pariu as duas.* (p.128)

O que mais o incomodou entre miserável, canalha e assassino, foi a última palavra e ele se embaraça tanto que associa Casimiro Lopes ("*Madalena estava sendo ingrata com Casimiro Lopes*", "*Ela não tinha chamado assassino a Casimiro Lopes, mas a mim.*") deixando ainda mais claro o que já vimos, que houve um projeto de ambos para matar o vizinho incômodo. Nesta atrapalhação mental por causa da palavra "assassino" acaba intercalando uma micro narrativa em que conta a história do Jaqueira.

O Jaqueira era um sujeito insignificante de que todos zombavam e em quem todos batiam. *Toda a gente dormia com a mulher do Jaqueira. Era*

---

219. Podemos ver aqui uma intertextualidade com *Dom Casmurro*. Assim como Bentinho, quer ver no filho a prova de uma traição, mas diferentemente daquele, nada consegue ver no menino que possa inculpar a mãe de um adultério.

só empurrar a porta. Se a mulher não abria logo, Jaqueira ia abrir, bocejando e ameaçando: Um dia eu mato um peste." (p.131)

Realmente, um dia matou, foi julgado e condenado, mas ao sair da cadeia tornou-se um cidadão respeitado: *Nunca mais ninguém buliu com o Jaqueira.*[220]

27

Quando serenei, pareceu-me que houvera barulho sem motivo. O Dr. Magalhães tinha feitio para dirigir amabilidades a qualquer senhora sem que ninguém desconfiasse dele. E o papel endereçado ao Gondim devia ser literatura para composição. Não será senão isso. Coisas tão fúteis - e em conseqüência um arranca-rabo estúpido, com desaforo grosso, Maria das Dores ouvindo, Seu Ribeiro ouvindo. Sebo![221] (p.132)

Assim o narrador inicia o capítulo, reconhecendo o seu erro e a inocência da esposa. Logo depois admite que "*mais bem comportada que ela só num convento.*"

Após o surto de violência expressa, Paulo Honório como que se tranqüilizou com relação a Madalena e procurou dirigir contra o mestre-escola, Padilha, sua brutalidade, como ele mesmo admite: "*a brutalidade que há em mim*".

Comunica a Padilha que vai demiti-lo por ficar de fuxicos com sua mulher e por ter dito a ela que ele era um assassino. Padilha se defende. Diz que nada falou, que ela já sabia e que ele até procurou defender o patrão alegando que tudo eram calúnias. Reclama ainda que sabe que vai ser demitido por causa da mulher, que, se não fosse obediente e atencioso com ela, não sofreria esta punição.

Finalmente, Paulo Honório pergunta a Padilha quais os assuntos de suas conversas com Madalena e o mestre-escola responde: *Literatura, política, artes, religião... Uma senhora inteligente, a D. Madalena. E instruída, é uma biblioteca. Afinal eu estou chovendo no molhado. O senhor, melhor do que eu, conhece a mulher que possui.* (p.135)

---

220. Parece-nos que inconscientemente o narrador está procurando justificar o seu crime. Quer dizer, o Jaqueira só foi respeitado quando matou. Paulo Honório para crescer precisou matar. Matar não é ruim, às vezes é necessário. Parece que é isso que nos quer dizer, é disso que nos quer convencer. Comporta-se com o leitor como um paciente frente a seu analista, em vez de ver-se, de descobrir-se, procura encobrir-se, disfarçar-se. Evita o auto-conhecimento que pode resultar doloroso e exija mudanças.

221. É brilhante a maneira como o criador, através do pseudo-autor, vai revelando uma pessoa totalmente desequilibrada, desajustada, pois o fato de admitir o erro deveria levá-lo a uma transformação, mas não, logo voltará a cometer as mesmas injustiças, caracterizando-se como personagem plana (que não muda), mas ao mesmo tempo complexa, como já constatou o prof. Antônio Medina Rodrigues.

28

"O senhor conhece a mulher que possui". Que frase! Padilha sabia alguma coisa. Saberia? Ou teria falado à toa?

Conjecturas. O que eu desejava era ter uma certeza e acabar depressa com aquilo. Sim ou não.

"O senhor conhece a mulher que possui." Conhecia nada! Era justamente o que me tirava o apetite. Viver com uma pessoa na mesma casa, comendo na mesma mesa, dormindo na mesma cama, e perceber ao cabo de anos que ela é uma estranha! Meu Deus! Mas se eu ignoro o que há em mim, se esqueci muitos dos meus atos e nem sei o que sentia naqueles meses[222] *compridos de tortura!".* (p.135)

O narrador julga que a dúvida é que o atormenta, porque se tivesse certeza de que a mulher era inocente, seria um marido atencioso e dar-lhe-ia tudo de bom[223], mas, pelo contrário, se tivesse certeza do adultério, então iria matá-la aos poucos, cortando-lhe a veia e deixando o sangue sair devagar e correr o dia inteiro.[224]

29

No seu exagerado ciúme, Paulo Honório passa a ver em D. Glória uma alcoviteira que desencaminha a sobrinha: *Sempre de acordo, aquelas duas éguas.* Julga que todos sabem do adultério: *Não havia gato nem cachorro em S. Bernardo que ignorasse o procedimento dela.* Acredita que demonstra isso a frase do Padilha: *Aquela mulher foi a causa da minha desgraça.* E pensa: *Que falta de respeito! Há quem atire semelhante heresia em cima de uma senhora casada, nas barbas do marido? Há? Não há. Querem mais claro?*

Padre Silvestre passou por S. Bernardo - e eu fiquei de orelha em pé, desconfiado. Deus me perdoe, desconfiei. Cavalo amarrado também come.

A infelicidade deu um pulo medonho: notei que Madalena namorava os caboclos da lavoura. Os caboclos, sim senhor. (p.137)

No entanto, logo em seguida admite que uma criatura branca, bem lavada, vestida e engomada não ia encostar-se a brutos sujos, escuros e fedorento. Mas imediatamente corre pelo seu pensamento uma máxima popular: *Mulher não vai com carrapato porque não sabe qual é o macho.*

---

222. Vejam neste capítulo o narrador se detém no presente, fazendo uma reflexão sobre o passado, assim como Bentinho em *Dom Casmurro*. Leia com atenção este capítulo na obra original, observando que quase todo ele se concentra no pensamento, no interior da personagem. Só nas duas últimas linhas encontramos ação exterior.

223. Vejam que contradição absurda, estúpida, já que há poucas páginas atrás ele revelou que só num convento para encontrar alguém bem comportada como Madalena. Em outro ponto já dissera que o mal dela era ser "boa em demasia". Será que ele não tinha memória? Ou o ciúme doentio deixa-o cego a maior parte do tempo?

224. Comparem esse trecho com o final do cap.LXXV de D. Casmurro, em que Bentinho diz: "A vontade que me dava era cravar-lhe as unhas no pescoço, enterrá-la bem, até ver-lhe sair a vida com o sangue..."

Demonstrando a que ponto absurdo de loucura chegou o seu ciúme, conta que tendo a velha Margarida ido visitá-los, ficou todo o tempo a vigiá-la com medo de que a pobre estivesse trazendo alguma carta para sua mulher.[225]

30 Relata o Paulo Honório todo seu sofrimento em noites de insônia, ouvindo a todo momento assovios no quintal, gente mexendo na fechadura ou o rumor de telhas sendo arrastadas. Sempre imaginava um homem por trás de cada ruído suspeito. Chega a dar um tiro no escuro. Madalena sempre chora desesperada. Às vezes, ele fica sentado, vendo-a dormir inocente, encolhida a um canto. Depois vai para a sala, sentando-se à mesa, no mesmo lugar em que, antes, ficava conversando com ela e onde, hoje, fica escrevendo. Lembrando-se das conversas e discussões, encerra o capítulo com a seguinte reflexão:

Para que, realmente? O que eu dizia era simples, direto, e procurava debalde em minha mulher concisão e clareza. Usar aquele vocabulário, vasto, cheio de ciladas, não me seria possível. E se ela tentava empregar a minha linguagem resumida, matuta, as expressões mais inofensivas e concretas eram para mim semelhantes às cobras: faziam voltas, picavam e tinham significação venenosa. (p.141)

31 *Uma tarde subi à torre da igreja e fui ver Marciano procurar corujas. Algumas se haviam alojado no forro, e à noite era cada pio de rebentar os ouvidos da gente. Eu desejava assistir à extinção daquelas aves amaldiçoadas.* Enquanto acompanhava o trabalho de Marciano, pensou em Madalena: *Em que estará pensando aquela burra? Escrevendo. Que estupidez!* Olhou a bela paisagem que dali se avistava e pensou de novo na mulher: *Se aquela mosca-morta prestasse e tivesse juízo, estaria aqui aproveitando esta catervagem*[226] *de belezas.*" (p.142)

Ao sair de lá, passou pelo jardim e encontrou uma página de prosa trazida pelo vento. Leu e notou que era parte de uma carta dirigida a homem. O ciúme deixou-o enlouquecido. Saiu à procura da mulher: *Ia tão cego que bati com as ventas em Madalena, que saía da igreja.* (p.144) Perguntou-lhe o que estava fazendo, mas em vez de responder só lhe perguntou: *Ainda*? E em vez de sacudir desaforos como ele esperava, *pôs-se a observar-me como se me quisesse comer com os olhos muito abertos.*

---

225. Vejam aqui uma semelhança e uma oposição com o narrador Bentinho. Bento escreve sobre seu ciúme e organiza seu discurso de modo a convencer o leitor de que foi traído e agiu da melhor maneira possível. Também Paulo fala de seu ciúme, mas além de não procurar convencer o leitor da infidelidade da mulher, faz (não intencionalmente talvez) com que seu discurso revele todo seu desequilíbrio emocional e psíquico.

226. Regionalismo nordestino: quantidade, grande quantidade.

Vinha disposto a matá-la, mas encontrou-a com tal calma que ficou sem saber o que fazer. Mencionou a carta, mas ela não se alterou. Deu-lhe a folha, ela leu tranqüila e não fez qualquer comentário, justificando: *Para quê? Murmurou Madalena. Há três anos vivemos uma vida horrível. Quando procuramos entender-nos, já temos a certeza de que acabamos brigando.* Diz-lhe que o resto da carta está no escritório e que ele pode ir ver. Comenta Madalena que *o que estragou tudo foi esse ciúme.* Depois pede-lhe para perdoá-la e para ter calma, compreensão com D. Glória, Seu Ribeiro, Padilha, Marciano. Sem compreender nada do que está acontecendo, o narrador só queria que ela o tirasse daquela dúvida. Intuía que deveria estar havendo um engano que ela poderia explicar se quisesse. Fica sem saber o que pensar e o que dizer. Ouvia a mulher dizendo e associando coisas que não pareciam ter ligação: *Estava perturbada, via-se perfeitamente que estava perturbada. Largou outras incoerências:*

- As casas dos moradores, lá embaixo, também são úmidas e frias. É uma tristeza. Estive rezando por eles. Por vocês todos. Rezando... Estive falando só.

O relógio da sacristia tocou meia-noite.

- Meu Deus! Já tão tarde! Aqui, tagarelando...

Levantou-se e pôs-me a mão no ombro:

- Adeus, Paulo. Vou descansar.[227] (p.149)

Ela saiu. Ele ficou, adormecendo e passando a noite na igreja. De manhã, acordou, foi ao curral, tomou um copo de leite. Ao mesmo tempo que relata ações passadas, o narrador volta ao momento presente da narração e comenta: *Três anos de casado. Fazia exatamente um ano que tinha começado o diabo do ciúme.* (p.150) Depois foi ao açude nadar e só quando o sol já estava alto, ouviu gritos altos que o alarmaram. Entrou em casa e encontrou Madalena morta: *estava estirada na cama, branca, de olhos vidrados, espuma nos cantos da boca.* Tinha tomado veneno. Incoerentemente dizendo *a Deus nada é impossível*, dirige-se ao escritório onde encontra e lê a carta deixada pela mulher: *Faltava uma página: exatamente a que eu trazia na carteira, entre faturas de cimento e orações contra maleitas que a Rosa anos atrás me havia oferecido*". (p.152)

32

Paulo Honório vestiu-se de preto, recebeu pêsames dos conhecidos, vizinhos, muitos telegramas e cartas. Depois, mudou-se para um quarto menor, dedicou-se com afinco a uma derrubada de madeira na mata e conserto do açude. Esta agitação durou pouco e a verdade apareceu. Queria apagar a lembrança de Madalena: *E*

227. A palavra descansar aqui enche-se de ambigüidade, já que ela poderia estar dizendo dormir, mas também, morrer, pois ela está decidida a matar-se, como se verá em seguida. Dessa resolução tomada vem a sua irradiante calma capaz de conter os ímpetos assassinos do marido.

pensava em Madalena. Creio na verdade que a lembrança dela sempre esteve em mim.

Tudo o aborrecia. Vivia a passear pela sala, mãos nos bolsos e cachimbo na boca. Um dia, veio D. Glória e se despediu. No seu jeito rude, pediu para ela ficar: *A senhora não tem para onde ir.* Aconselhou-a a ficar, perguntou quando voltava e ela respondeu que nunca. Por fim, inventou que Madalena tinha três anos de salário a receber e lhe ofereceu esse dinheiro.

Passados alguns dias, também o Seu Ribeiro partiu, dizendo que ali tinha "*recordações pungentes*" e que apesar da "*saudade cruciante*", partia com o "*coração dilacerado*".

O narrador encerra o capítulo comentando: *Assim o excelente Seu Ribeiro, que eu esperava enterrar em S. Bernardo, foi terminar nos cafés e nos bancos dos jardins a sua velhice e as suas lembranças.* (p.157)

33 Padilha ficou e aproveitou para ir-se chegando aos poucos até ficar de novo na casa grande. Paulo deixou e comenta que "*sempre era uma companhia*".

Um dia Azevedo Gondim trouxe boatos de revolução. À noite recebeu do chefe político uma carta, pedindo armas e cabroeira. Paulo Honório mandou um caminhão com rifles e homens. *Depois os boatos engrossaram e viraram fatos: batalhões aderindo, regimentos aderindo, colunas organizando-se e deslocando-se rapidamente, bandeiras encarnadas por toda a parte, o governo da república encurralado no Rio.*" (p.158) Padilha desapareceu da fazenda. Um dia, João Nogueira veio e contou a Paulo Honório que *Padilha e Padre Silvestre incorporaram-se às tropas revolucionárias e conseguiram galões.*

34 Paulo Honório deixou de ir à cidade, ficando só e entediado na fazenda. Nem o filho o distrai: "*Vida estúpida! É certo que havia o pequeno, mas eu não gostava dele. Tão franzino, tão amarelo!*" (p.159)

As notícias da revolução chegam-lhe pelos amigos e pelos jornais.

Uma vez por semana, vêm almoçar com ele o Azevedo Gondim e o João Nogueira, sempre comentando e discutindo política. Nogueira dizia que não se incomodava, para ele tanto fazia estar por baixo ou por cima. Já Gondim, sonhava com mudanças, tinha esperanças: *S. Paulo havia de se erguer, intrépido; em S. Paulo ardia o fogo sagrado; de S. Paulo, terra de bandeirantes, sairiam novas bandeiras para a conquista da liberdade postergada.* (p.161)

35 *Entrei nesse ano com o pé esquerdo.* Vários de seus fregueses quebraram,, suas criações e plantações foram abandonadas por falta de mercado. As fábricas de tecido que antes adiantavam dinheiro passaram a comprar fiado e até a pagar mal. Até os bancos lhe fecharam as portas, sem qualquer motivo real. Por isso, cruzou os braços.Encerra dizendo que retomou seus passeios sem sentido pela casa: *E os meus passos me levavam para os quartos, como se procurassem alguém.* (p.164)

36 *Faz dois anos que Madalena morreu, dois anos difíceis. E quando os amigos deixaram de vir discutir política, isto se tornou insuportável.* (p.164) Foi aí que lhe veio a idéia de escrever este livro. Depois que a primeira tentativa gorou, há cerca de quatro meses antes deste momento em que Paulo escreve, ele estava para responder uma carta de negócios e ouviu um grito de coruja. Sobressaltou-se e decidiu mandar Marciano ao forro da igreja, como já fizera na véspera da morte de Madalena. No mesmo momento, voltou-lhe a idéia de construir o livro, redigindo em seguida o primeiro capítulo.

Fala da dificuldade que enfrentou e vem enfrentando para escrever e da compreensão de muitas coisas que sente: *Sou um homem arrasado. Doença? Não. Gozo perfeita saúde. Quando o Costa Brito, por causa de duzentos mil-réis que me queria abafar, vomitou os dois artigos, chamou-me doente, aludindo a crimes que me imputam. O Brito da* ***Gazeta*** *era uma besta. Até hoje, graças a Deus, nunca um médico me entrou em casa. Não tenho doença nenhuma.* Na seqüência, toma consciência de ter gastado cinqüenta anos sem objetivo, maltratando-se e aos outros, endurecendo-se de tal forma que não é um arranhão *que penetra esta casca espessa e vem ferir cá dentro a sensibilidade embotada.* (p.165)

Neste impressionante exame de consciência, Paulo Honório explode numa autocrítica e crítica ao próprio sistema de vida criado pelo capitalismo: *Cinqüenta anos! Quantas horas inúteis! Consumir-se uma pessoa a vida inteira sem saber para quê? Comer e dormir como um porco! Como um porco! Levantar-se cedo todas as manhãs e sair correndo, procurando comida! E depois guardar comida para os filhos, para os netos, para muitas gerações. Que estupidez! Que porcaria! Não é bom vir o diabo e levar tudo?*

Continua sua reflexão revelando que após a crise poderia fazer tudo voltar a funcionar e a crescer como já fizera antes, mas pergunta-se "*para quê?*" já que *as criancinhas, nos casebres úmidos e frios, inchariam roídas pela verminose.* E deixa escapar o que acreditamos ser mais importante, mas que ele tenta evitar dizer o tempo todo: *E Madalena não estaria aqui para mandar-lhes remédio e leite. Os homens e as mulheres seriam animais tristes.* (p.166)

Revendo sua vida, nota o narrador que se colocou acima de sua classe: "*elevei-me bastante*", mas observando a sua falta de instrução, de cultura, conclui: *devo confessar que a superioridade que me envaidece é bem mesquinha.* (p.167)

No desenrolar de tais pensamentos, chega a pensar que teria sido melhor se tivesse ficado a lavar tacho com a velha Margarida, ou casado-se com a Germana. Levaria uma vida pobre, mas sem preocupações nem angústias. Nesses pensamentos todos vem sempre a lembrança de Madalena:

A lembrança de Madalena persegue-me. Tem um vago desejo de recomeçar, isso mal passa pela sua cabeça e já conclui que nada adiantaria porque faria tudo de novo: *Não consigo modificar-me é o que me aflige.* (p.170)

Madalena entrou aqui cheia de bons sentimentos e bons propósitos. Os sentimentos e os propósitos esbarraram com a minha brutalidade e o meu egoísmo.

Creio que nem sempre fui egoísta e brutal. A profissão é que me deu qualidades tão ruins.

E a desconfiança terrível que me aponta inimigos em toda a parte! A desconfiança é também conseqüência da profissão.

Foi este modo de vida que me inutilizou. Sou um aleijado. Devo ter um coração miúdo, lacunas no cérebro, nervos diferentes dos nervos dos outros homens. E um nariz enorme, uma boca enorme, dedos enormes. (p.170)

E conclui sua narrativa em completa solidão, desolado, falando do vento nordeste e de seu desejo de que aparecesse alguém:

Se ao menos a criança chorasse... Nem sequer tenho amizade a meu filho. Que miséria!

Casimiro Lopes está dormindo. Marciano está dormindo. Patifes!

E eu vou ficar aqui, às escuras, até não sei que hora, até que, morto de fadiga, encoste a cabeça à mesa e descanse uns minutos. (p.171)

V - SÍNTESE DO ENREDO

Quando menino foi enjeitado pela mãe e recolhido pela preta Margarida, que o criou. Na infância e adolescência, ajudou Margarida a fazer e vender doces, foi guia de cego e trabalhador de enxada em S. Bernardo.

Homem feito, cometeu crime por ciúme machista, sendo condenado. Em três anos de cadeia, aprendeu a ler e escrever. Ao sair, dedicou-se ao comércio, com sucesso. Paulo Honório volta ao seu local de origem e mediante expedientes manhosos toma S. Bernardo do filho do antigo proprietário. Sem medir esforços,, sem respeitar a lei nem a moral social, faz a fazenda crescer e se torna um rico proprietário, respeitado e bem relacionado na política e no comércio.

Quando a fazenda cresce e se consolida, resolve casar-se para gerar um herdeiro para suas terras e é assim que conhece Madalena e se engraça com ela. O casamento, no entanto, traz-lhe muitas desconfianças e problemas. Paulo Honório passa a ver em cada gesto e ato da mulher uma atitude de infidelidade ou de subversão, perseguindo-a, vigiando-a e ofendendo-a durante uns três anos até que ela recorre ao suicídio para libertar-se de seu jugo.

Dois anos após a morte da esposa, Paulo Honório passa a seguir uma trajetória inversa: decadência. Corrobora para isso a crise política e econômica do país, paralela ao seu desmoronamento interior. Paulo vê as pessoas afastarem-se dele, a fazenda decair e sente-se sem vontade de lutar contra isso. Por fim, resolve escrever um livro contando tudo.

VI - ESTRUTURA DA OBRA

AÇÃO:

Podemos ver na obra dois tipos fundamentais de ação:

a) o ato de escrever, de registrar os fatos acontecidos através da linguagem escrita;

b) o ato de enriquecer-se, de subir na vida.

- No segundo, PH revela-se um dominador. É seguro e objetivo, agindo sempre de maneira decidida, afastando todos os obstáculos, caminhando de maneira rápida e direta rumo ao que pretende, chegando a dizer de si mesmo: "*explorador feroz em que me transformei.*" (p.167)
- Já no primeiro (escrever o livro) tropeça com várias dificuldades, embaraça-se, dá voltas, recomeça, confessando várias vezes que não tem jeito para isso.

FOCO NARRATIVO:

Primeira pessoa, com o protagonista Paulo Honório narrando sua trajetória.

TEMPO:

A ação se passa no século XX, no final da década de vinte e no início da década de 30, embora nenhuma data precisa seja mencionada. Podemos assim supor com base nos fatos políticos que servem de pano de fundo para a narrativa, como a revolução e a perspectiva de que São Paulo se levante contra a ditadura.

A narrativa engloba toda a vida de Paulo Honório, mas dedica pouquíssimo tempo para a infância e adolescência, que são tratadas sumariamente. O tempo e a importância maior ficam por conta da ascensão (enriquecimento e casamento: três anos) e da decadência e solidão (após morte de Madalena: dois anos).

Predomina o tempo psicológico, pois o narrador muitas vezes perde-se em divagações com lembranças vagas, entrecortadas por reflexões, reunidas aos pedaços. Ao reunir e apresentar os fatos, muitas vezes o narrador conta em um tempo curtíssimo vários anos de sua vida, detendo-se pelo contrário muito tempo em breves momentos do presente, em que tece sua narrativa, com uma percepção pouco precisa do tempo: "Uma pancada no relógio da sala de jantar. Que horas seriam?: Meia? uma? uma e meia? ou metade de qualquer outra hora?"

A sua noção, tanto do espaço quanto do tempo, fica prejudicada pelo desequilíbrio interior. Fica, às vezes, sem saber se o relógio parou de fazer o "tic-tac" marcador do tempo que passa, ou se a toalha que vê é a que tem sob as mãos, na mesa em que escreve, ou é a do passado reavivada pela lembrança.

ESPAÇO:

Predomina o espaço rural, com as ações acontecendo na fazenda de S. Bernardo, no sertão de Alagoas. Há várias referências à casa grande com seu escritório, sua varanda, e sua sala de jantar, de onde se pode ver a folhagem das laranjeiras e a horta. Fala também das plantações de mamona e de algodão, do curral, do açude, e da capela. Os espaços privilegiados são o escritório, sala de jantar e a varanda, porque aí se reúnem as pessoas (Madalena, Padilha, D. Glória, Seu Ribeiro, etc.) possibilitando os choques, os conflitos. Além desses, a capela adquire relevada importância por ser o cenário de um dos momentos mais emocionantes da narrativa, o doloroso diálogo de Madalena com Paulo, que é uma despedida paradoxalmente doce e trágica.

A natureza é sempre vista por Paulo Honório com objetivo de lucro, essa visão predomina sobre o aspecto estético. Além disso, está sempre presente a idéia de que tudo aquilo é seu, é sua propriedade. Essa visão é parte do processo de coisificação. Paulo transforma tudo em "coisa" sua, inclusive as pessoas: Marciano, Rosa, Casimiro.

PERSONAGENS:

Paulo Honório pesa oitenta e nove quilos, cinqüenta anos, idade aproximada, considerando a certidão de batismo, que não apresenta nome dos pais, nem data de nascimento. É o iniciador de uma família, ou seja, um enjeitado, que foi criado por Margarida. Tem sobrancelhas enormes e intimidadoras. Paulo vê-se a si mesmo como homem pouco atraente: *Que mãos enormes! As palmas eram enormes, gretadas, calosas, duras como casco de cavalo. E os dedos eram também enormes, curtos e grossos.* Sua brutalidade não se restringe ao físico, que parece ser apenas um reflexo de uma brutalidade ainda maior, que lhe vem de dentro, da alma e que se revela nos atos e na linguagem. É um sujeito egoísta, possessivo, que pretende ser dono de tudo e de todos. Quando se casa e não consegue ser dono e dominador da esposa, mulher culta que fala livremente com os outros sobre suas idéias, irrita-se profundamente e torna-se um ciumento doentio.

Madalena. Mulher de olhos claros, loura, vinte e sete anos, professora primária, pobre, de muita cultura, bondade e sensibilidade. Tão logo se vê na fazenda, não se intimida com o marido e procura melhorar a vida dos colonos e de seus filhos. É muito estranho que, apesar da sua bondade e sensibilidade, não se dedique ao filho. Pode ser isso um índice de que ela veja no garoto uma projeção do pai. Neurótica com o tratamento do marido, provavelmente não consegue aproximar-se do seu rebento, atingindo-o também com seu ressentimento e desprezo. Tragicamente, opta pela morte voluntária como forma única de libertação. Em vez de suicídio, poder-se-ia considerar esse ato como assassinato à distância, ou seja, Paulo Honório é que a levou à morte, assim como ao vizinho Mendonça pelas mãos de Casimiro.

Margarida. Velha doceira de quase cem anos, que adotou e criou Paulo Honório. É magrinha, não tem muita noção das coisas, pois deixa de dar importância aos móveis e roupas que recebe, pedindo um tacho, que de nada mais lhe pode servir.

Luís Padilha. Filho do antigo dono de S. Bernardo, de personalidade fraca, de alma baixa, segundo Madalena. Levava uma vida de boêmia, perdendo a fazenda por isso. Por imposição de Paulo Honório, deixa os vícios ao se tornar mestre-escola da fazenda. Irrita o patrão com suas idéias revolucionárias, expostas em conversas com as visitas e principalmente com Marciano e Madalena. Desaparece da fazenda para engrossar as forças da revolução.

Casimiro Lopes. É um matuto, caboclo manco, capanga de confiança, inculto, pobre de vocabulário, lembrando bastante outra personagem de Graciliano: Fabiano de *Vidas Secas*. Paulo Honório o define bem quando diz: "Gosto dele. É corajoso, laça, rasteja, tem faro de cão e fidelidade de cão". (p.15) Em outro momento, revelando que é o único a não lhe dar desgosto, porque nunca lhe desobedece, PH diz: *Boa alma, Casimiro Lopes. Nunca vi ninguém mais simples. Estou convencido de que não guarda a lembrança do mal que pratica. Toda a gente o julga uma fera. Exagero. A ferocidade aparece nele raramente. Não compreende nada, exprime-se mal e é crédulo como um selvagem.*

Filho. Era magro. Tinha os cabelos louros, como os da mãe. Olhos agateados. Nariz chato, pernas e braços muito finos. O narrador diz que o filho era "*feio de fazer dó*" e que ninguém se interessava por ele, menos Casimiro Lopes que sempre se dedicava ao menino.

Seu Ribeiro. Um velho alto, magro, curvado, amarelo, de suíças, que Paulo Honório encontrou em Maceió, trabalhando na Gazeta do Brito e acabou levando-o para São Bernardo, oferecendo-lhe um salário mais alto, casa e comida, para trabalhar como guarda-livros na fazenda.

Além deles, temos: **Padre Silvestre**, revolucionário; **Marciano**, empregado da fazenda, cuja mulher é amante do patrão; **Azevedo Gondim**, redator do cruzeiro, que deveria ser um dos colaboradores na escritura do romance; **Mendonça**, fazendeiro vizinho, velho de barbas brancas e nariz curvo que morre tragicamente assassinado numa emboscada; **Nogueira**, advogado que trata dos negócios de Paulo Honório e **Magalhães**, juiz de direito, que tem uma filha, Marcela, com quem Paulo Honório andou pensando em casar-se.

VII - ESTILO DE ÉPOCA E ESTILO INDIVIDUAL

Graciliano Ramos é um dos autores mais importantes do Modernismo no Brasil, estando inserido na segunda fase ou geração, surgida na década de trinta. Por isso mesmo, pode ser denominada "Geração de 30", ou "Pós-Modernismo", como o faz Alfredo Bosi em seu *História Concisa da Literatura Brasileira.* Outra denominação que se lhe pode dar é a de Neo-Realismo, pela quantidade de traços estéticos semelhantes. Assim como o Realismo e o Naturalismo, os escritores modernistas da segunda fase valorizam a temática contemporânea e uma visão mais objetiva e crítica das relações sociais, Também valorizam a preocupação com a forma e focalizam o homem vulgar com seus defeitos e covardias, ou seja, em vez do herói romântico que vence, mesmo quando morre; temos o anti-herói, que mesmo dominador, como Paulo Honório, é um vencido, é um derrotado. A literatura em prosa desse período marcou-se por um profundo regionalismo e pela sua postura ideológica, colocando o ato de escrever e a obra literária como arte de combate contra a opressão e a exploração do homem pelo homem.

Graciliano ultrapassa as tendências meramente regionalistas da sua geração. Seu regionalismo tem um aspecto generalizante e universal a partir de suas perspectivas psicológicas. Não há espaço para sentimentalismo, mas para o analista ou cientista que procura dissecar e observar criticamente a realidade humana, partindo do individual para compreender o social. Seus enredos nascem do nexo entre as personagens, a paisagem e a realidade sócio-econômica. Seu realismo, no sentido comum do termo, não é orgânico, nem espontâneo, mas crítico. Sua escrita nasce sob o signo do conflito. Seu herói (anti-herói) é sempre um problema, pois não aceita o mundo, as pessoas ou a si mesmo. O estilo de Graciliano é sempre conciso, seco, de vocabulário econômico, de sintaxe rigorosa. Esse rigor e o profundo mergulho na análise psicológica das personagens faz com que o associemos sempre a Machado de Assis. A concisão e o perfeccionismo, assim como a análise psicológica colocam-no acima dos demais **regionalistas de 30.**

A sintaxe de Graciliano privilegia a frase sintética, com poucos termos acessórios, valorizando as orações absolutas e os períodos coordenados assindéticos: "Erguia-me, pegava o rifle, soprava a luz, abria a janela." Valorizando mais a ação do que sua adjetivação, concentra-se muitas vezes no verbo: "Andei, virei, mexi, procurei empenho..." A frase nominal é empregada freqüentemente, excelente por sua objetividade e energia, atributos próprios do narrador: "Mudei de rumo. **Tolice**. Madalena não se incomodava com essas coisas. Imaginei-a uma boneca da escola normal. **Engano**." (p.87)

Em São Bernardo, podemos encontrar tanto exemplos de linguagem culta: "Tive, durante uma semana, o cuidado de procurar afinar a minha **sintaxe** pela dela, mas não conseguir evitar numerosos **solecismos**"; quanto a coloquial, com vulgarismos e regionalismos: "...um tiro na costela **mindinha** e **bateu as botas** ali mesmo na estrada..."; "cambembes", "muçambés" e ditados populares: "Cada macaco no seu galho"; "Quem pariu Mateu que o balance"; " ...não é feijão bichado para se andar oferecendo."; "Onde comem dois comem três."; chovendo no molhado" "Cavalo amarrado também come."; "Mulher não vai com carrapato porque não sabe qual é o macho".

Assim como em *Vidas Secas* percebemos uma herança da tendência naturalista na atribuição de características animais aos seres humanos. Vejamos alguns exemplos:

- "Que mãos enormes! As palmas eram enormes, gretadas, calosas, duras **como casco de cavalo**."
- "...abrequei a Germana, **cabritinha** sarará..."
- "Comer e dormir **como um porco**" (falando de si mesmo)
- Quando foi pedir Madalena em casamento, ao conversar com D. Glória, falando da união conjugal, usa a seguinte expressão: "Conheço meu manual de **zootecnia**", como se homem e mulher fossem apenas animais. Também quando briga com a mulher, PH chama-a de **perua**, **cachorra** e **galinha**. Acreditamos que a postura fatalista de Paulo Honório, declarando que lhe é impossível mudar, apontando como causa disso o meio e momento histórico, pode também ser vista como influência do determinismo naturalista.

IX - PROBLEMÁTICA E PRINCIPAIS TEMAS

O tema fundamental da obra é o processo de coisificação do homem em virtude da sociedade capitalista, mostrando um indivíduo, Paulo Honório, que, no seu desejo de subir social e economicamente, foi pisando sobre todos, destruindo (Mendonça) ou subjugando (Padilha) os que estão em seu caminho, mas concluindo no final que se ganhou por um lado, perdeu pelo outro, pois conseguiu reunir bens materiais, mas espiritualmente é um ignorante vazio e solitário: "...tudo (móveis, casas, terras, semoventes) está fora de mim. Paulo Honório chega a ter consciência disso ao falar do tacho de doces da velha preta Margarida: *Margarida utilizou-o durante quase toda a vida. Ou foi ele que a utilizou.*

Além desse, outros temas são:

a) a dificuldade de relacionamento conjugal;
b) a marginalização social dos oprimidos;
c) opressão x submissão do homem;
d) a dificuldade de relacionamento entre pessoas de nível desigual;
e) o ciúme doentio e a fraqueza ou impotência da mulher para se libertar dos grilhões escravizadores;
f) a revolta contra as injustiças;
g) a solidão do homem egoísta;
h) a impotência do pobre para lutar contra a miséria e a opressão;

i) o progresso provocando a migração do interior para as grandes cidades

j) incapacidade de sentir ou de admitir o sentimento. Paulo ao fazer a segunda visita a Margarida em sua propriedade, emociona-se: "Uma **fraqueza** apertou-me o coração", demonstrando que para ele qualquer sentimentalismo é visto como coisa negativa, como fraqueza. Para ele o amor não tem vez e lugar, é motivo de perda. No entanto, ele não é absolutamente insensível, porque quando a velha pede um tacho, que ele sabe ser inútil, não consegue recusar. A razão diz que é um gasto tolo, mas seu sentimento de agradecimento leva-o a fornecer. Procurando esconder esse sentimento que para ele é até motivo de vergonha, justifica-se, como numa contabilidade, que a despesa com ela paga o que ela já gastara com ele no passado;

k) visão do sexo com algo sujo, errado, pecaminoso. Ao ver passarinhos namorando PH comenta: "Uma galinhagem desgraçada."

BIBLIOGRAFIA

Ramos, Graciliano -*São Bernardo*, RJ, 1978, Editora Record, 31ª edição.[228]

---

228. É importante ler o posfácio *O MUNDO À REVELIA* de João Luiz Lafetá.

CAMPO GERAL

De Guimarães Rosa

Por Pedro Alcântara

I - BIOGRAFIA

Nasce numa pequena cidade do interior de Minas Gerais, chamada Cordisburgo, no dia 27 de junho de 1908. Em 1918, vai para Belo Horizonte, com o avô, e matricula-se na primeira série ginasial. Forma-se, mais tarde, em Medicina. No ano da Revolução Constitucionalista, 1932, serve como médico voluntário da Força Pública em BH. Dois anos mais tarde, passa a exercer a função de oficial médico do 9º batalhão de infantaria, em Barbacena. Presta concurso para o Ministério do Exterior. Exerce a profissão de médico até o ano de 1934, quando entra para a carreira diplomática. Aos trinta anos, é nomeado Cônsul adjunto em Hamburgo, e durante a segunda grande guerra fica internado em Baden-Baden, em conseqüência do rompimento Brasil e Alemanha.

Estréia na literatura em 1946, com o livro de contos *Sagarana*, obra que já possui um alto teor literário. Em 1952, volta ao Brasil e faz uma excursão ao Mato Grosso, recolhendo dados que serão utilizados na sua produção literária. Quatro anos mais tarde, publica *Corpo de baile*, reunião de novelas, *e Grande sertão: veredas*, sua obra prima e única no gênero romance.

Em 1963, candidata-se à Academia Brasileira de Letras e é eleito por unanimidade. É solenemente empossado em 1967 e morre, três dias depois,, vítima de problemas cardíacos.

II - BIBLIOGRAFIA

Contos*:* *Sagarana* (1946); *Primeiras Estórias* (1962); *Tutaméia* (1967); *Estas Estórias* (1969);

Romance: *Grande Sertão: Veredas* (1956);,.

Novelas: *Corpo de Baile* (1956). Posteriormente, a obra foi dividida em três volumes: *Manuelzão e Miguilim*; *No Urubuquaquá, no Pinhém*; *Noites do Sertão.*

Diversos: *Ave, Palavra* (1970.),

III - INTRODUÇÃO

Guimarães Rosa é um fenômeno. Pode-se dizer que ele renovou a literatura brasileira, abrindo caminhos tanto para o romance como para a novela literária. Sobre sua atividade, ele mesmo dizia: *Escrevendo descubro sempre um novo pedaço de infinito. Vivo no infinito, o momento não conta. Vou-lhe revelar um segredo: creio já ter vivido uma vez. Nesta vida, também fui brasileiro e me chamava João Guimarães Rosa.*

Afirmou, certa vez, que não gostava de falar da infância, pois seria um tempo de coisas boas com pessoas grandes *incomodando, intervindo, estragando os prazeres.* No entanto, justamente em sua novela *Campo Geral*, inserida inicialmente na obra *Corpo de Baile*, Rosa aborda a infância e faz uma das narrativas mais perfeitas e líricas da nossa literatura. Qual o assunto dessa esplêndida novela? O ambiente da meninice de Miguilim, um garoto sensível, inteligente e míope. Assim como o autor, Miguilim, não sabia que era míope, por isso seu espanto, sua perplexidade no final, quando repentinamente vê um mundo novo e colorido revelar-se diante de si através dos óculos.

Há críticos que colocam esta novela como uma obra de traços autobiográficos, uma espécie de biografia da infância.

IV - RESUMO DO ENREDO

NOTA: Não colocaremos em itálico as transcrições da obra para preservar o traço estilístico de Guimarães Rosa do emprego ora combinado de aspas e travessão, quando introduz diálogos, ora simplesmente com o uso do travessão.
Veja um exemplo de cada caso.

Que os trovões a mau retumbavam. - "Tá nas tosses..." (...) "- Dito, que Pai disse: o ano em que chove sucedido é ano formoso... - ? "

"...ele foi falou.
- Miguilim você tem medo de morrer?
- Demais... Dito, eu tenho um medo, mas só se fosse sozinho. Queria a gente todos morresse juntos..."

Miguilim tinha oito anos e morava com sua família num lugar distante chamado Mutum. Quando completou sete anos, o tio Terêz levou-o a cavalo para ser crismado no Sucuriju. Da viagem que durou sete dias, ele se lembrava que alguém disse que o Mutum era bonito. "mas sua mãe, que era linda e com cabelos pretos e compridos, se doía de tristeza de ter de viver ali..."

Miguilim guardava lembranças da viagem do Sucuriju e lembranças "que ainda hoje o assustavam..."do lugar onde tinha nascido, mais longe ainda: o Pau-Roxo, na Beira do Sarinhém. As lembranças eram afastadas "que até formavam sonhos." Veio toda a família num carro de bois.

Os irmãos de Miguilim se chamavam Drelina, Dito, Tomezinho e Chica, porém havia um mais velho que não morava no Mutum, o Liovaldo.

A narrativa recria o mundo captado pela perspectiva do garoto, assim, além das crianças e adultos com quem ele se relaciona, surge uma série de animais, alguns dos quais ganham dimensão de personagem como ocorre com a cadela Pingo-de-Ouro.

Miguilim gostava muito dela. Pingo-de-Ouro era quase cega e tinha um filhotinho, mas quando passaram por lá uns tropeiros, ö pai de Miguilim deu para eles a cachorra" e o filhote.

O pai era um homem de temperamento passional e agressivo, estava sempre discutindo com mãe pois não queria que ela conversasse mais com tio Terêz. Com quem Miguilim se dava melhor era com seu irmão, ö Dito era menor mas sabia o sério, pensava ligeiro as coisas, Deus tinha dado a ele todo juízo." Dito tentava tirá-lo dali, mas Miguilim correu para a mãe e acabou apanhando do pai e ficando de castigo.

Ali, de castigo, observava o cachorro Gigão andando pela casa, via as formiguinhas, os caramujinhos; o pai dizia que ia colocá-lo amarrado em árvore no mato; tinha muito medo de onça: "Como o pai podia imaginar judiação...? Só pai de Joãozinho mais Maria[229]". Ninguém podia conversar com que estivesse de castigo, mas o Dito dava um jeito de conversar com Miguilim. O pai saíra, por isso a Chica podia levar água para Miguilim no castigo.

Tio Terêz vem chegando trazendo consigo um coelho abatido e brincando com Miguilim. Este permanece como está, divaga sobre as caçadas de coelho e de tatu. No momento em que tio Terêz perguntava por mãe, "Vovó Izidra vinha saindo do se quarto escuro". A velha mandava tio Terêz ir embora, a velha não queria ver confusão. Como a vó lhe deu autorização para sair do castigo, ele sai mas fica escutando a conversa detrás da porta, em seguida é surpreendido por Drelina que o leva para a cozinha onde estão Rosa e Mãe Pretinha fazendo o jantar.

Nesse instante viria uma enorme chuva, "todos corriam para o quintal, apanhar um resto de roupa dependurada." A chuva era forte, "os coqueiros, para cima do curral, os coqueiros vergavam, se entortavam... de repente deu estrondo. " Miguilim e Dito conversavam, tinham medo da chuva, e então todos iam rezar.

Na hora do almoço Miguilim engasgou com ossinho de galinha, desde então não comeu mais galinha.

A chuva caia: Mãitina era uma preta que morava por lá, às vezes aparecia e Vovó Izidra se irritava com ela: -"traste de negra pagã, encostada na cozinha, mascando fumo e rogando para os demônios dela, africanos!

Vem ajoelhar gente, Mãitina!

As crianças ficavam dentro de casa, Vovó Izidra "tirava o terço" e todos iam rezar.

Veio a noite, chegou a hora de dormir. De manhã o pai havia retornado. Estava mais calmo e durante o almoço dizia que "Miguilim já estava

229. Referência a uma antiga e tradicionalíssima história infantil que narra as desventuras e aventuras de um casal de irmãos que são abandonados na floresta pelo pai a pedido da madrasta.

no ponto de aprender a ler, de ajudar em qualquer serviço fosse"

Miguilim ouvia aquilo e observava o gato Sossõe que caçava os ratos. Esse bicho era querido, mas fugiu quando o Patori chegou..

Patori era um menino dentuço, filho de seo Deogracias. "Contavam que esse Deogracias estava excomungado, porque um dia ele tinha ficado agachado dentro da igreja. Mas ele entendia de remédios e quando alguém estava doente ele vinha ver. Era viúvo. Morava dali a diversas léguas, na vereda do Cocho." O Patori era um menino maldoso, diabrava." Mas o Dito era muito esperto e sabia lidar com ele. Seo Deogracias olhou Miguilim, tomou café e falou da falta de providencias, "ninguém não olha p'ra este sertão dos pobres..."

Miguilim estava doente, todos rezavam para que ele ficasse bom. Vovó Izidra brigava, "para ele não ir caminhar molhando os pés no chão chovido." Miguilim olhava os passarinhos brincando na água da chuva. Passa por Miguilim um medo de morrer: -"Rosa, que coisa é a gente ficar héctico - Menino, fala nisso não.

Héctico é tísico, essas doenças, derrói no bofe, pessoa vai minguando magra, não esbarra de tossir, chega cospe sangue..."

Miguilim estava melhor, ia "armar urupuca" para pegar passarinho, "corria, tinha uma dor de um lado...já estava héctico. Então ia morrer, mesmo, o remédio de seo Deogracias não adiantava." Ele tinha pensamentos ruins. Rezava e pedia para Deus um prazo: "três dias. De dentro daqueles três dias, ele podia morrer, se fosse para ser, se Deus quisesse. Se não, passados os três dias, aí então ele não morria mais, nem ficava doente com perigo, mas sarava!" Então ele brincava com o Dito e com o cachorro Gigão, na brincadeira acaba rasgando a calça, "o pai gritou pito".

O foco na narrativa desloca-se para o curral onde o pai e os vaqueiros estão marcando com ferro em brasa os bezerros. "Às vezes, no pular, algum rasgava a barriga nas pontas da aroeira, depois morriam. Como pai ficava furioso: até quase chorava de raiva!"

Miguilim contava os dias, com medo da morte. Segue-se uma divagação que distrai o menino do medo. Recorda uma caçada de tatu, e se sente indignado com a crueldade das pessoas grandes, "se praziam tão risonhos, doidavam, tão animados alegres, na hora de caçar atoa[230], de matar tatu e os outros bichinhos desvalidos?" (p.40) Ele não seria assim quando crescesse. A lembrança da caçada distrai o menino, mas o medo da morte retorna: "Miguilim não achava pé em pensamento onde se firmar, os dias não cabiam dentro do tempo".

A noite vinha, ele escutava *o oõo das vacas, o pio das rolinhas, as cigarras.* Queria não dormir, nunca. Queria abraçar o Ditinho, conversar, mas não tinha diligência, não tinha ânimo." (p.42)

E enfim, chegou o último dia. Miguilim não queria sair da cama. Um

---

230. O registro gramaticalmente correto é "à toa", mas o autor sempre preferiu manter uma ortografia própria.

homem alto, alegre, falando alto, veio vê-lo. Era Seu Aristeu, "parecia desinventado de uma estória: -"Miguilim - bom de tudo que tu tá: levanta, ligeiro e são..."

Ele estava com saúde, brincou, comeu bem e pai disse :- "Miguilim carece de render exercício labutando, amanhã ele leva almoço meu na rocinha". (p.45)

No dia seguinte Miguilim foi levar a comida para o pai na roça, segue-se a descrição do caminho com "papagaios voantes", "uma arara azul" ele teve medo do Tamanduá. Mas logo avistou o pai e entregou-lhe o almoço. Gostava do pai.

No caminho de volta Miguilim foi tomado por novo medo, sentia que havia alguém escondido na floresta, esse alguém era tio Terêz. Ele era carinhoso com Miguilim, "pegou o queixo de Miguilim, endireitando a cara dele para se olharem.- "Você vai, Miguilim, você leva, entrega isto aqui à Mãe, bem escondido, você garante?!" Em seguida, tio Terêz sumiu na mata e deixou o menino com uma grande angústia. Não sabia se deveria ou não entregar o bilhete, não podia contar aquilo para ninguém, nem para o Dito. Segue-se um grande conflito da personagem central.

Porém Miguilim não queria mais pensar naquilo, ia brincar, "no curral, o vaqueiro Jé já tinha reunido todos os burros e cavalos... Dito montava no Pavento e Miguilim montava no Preto. Depois conversava com Dito, fazendo perguntas, mas Dito não entendia muito bem, pois não sabia da carta.

No fim da tarde os garotos estavam brincando de jogar malha, no pátio: "Era com dois tocos, botados em pé, cada um de cada lado. A gente tinha de derrubar de longe, acertando com a ferradura velha, de distância.' Miguilim nunca acertava porque não enxergava bem o toco. (p.52)

"Pai tinha voltado da roça estava lá dentro, cansado, deitado na rede macia de buriti, perto d mãe, como cochilava." Miguilim pensava, como fazer tudo certo para não sofrer castigo? Era difícil. "Agora jogavam peteca, atoa. Vaqueiro Salúz fez uma peteca de palha-de-milho, espetou penas de galinhas. A Chica e o Tomezinho divertiam com os bezerros."(..) "O Vaqueiro Jé acendia um foguinho de sabugos". (p.53) A noite vinha caindo e os vaga-lumes começavam a piscar. "O vaqueiro Salúz contava duma caçada de veado, no Passo do Perau, em beiras."

Comentário: O narrador valoriza mais o aspecto pictórico, construindo uma aquarela delicada, lírica, de imagens e sensações.

Na hora de dormir Miguilim e Dito conversavam, Dito dormia primeiro. "O que dormia primeiro, adormecia. O outro herdava os medos, e as coragens..." "O bilhete estava ali na algibeira[231], até medo de botar a mão ..."

Naquela noite Miguilim teve sonhos ruins. Amanheceu e chegou a hora de levar o almoço ao pai. Não sabia o que fazer, o que dizer a tio

---

231. O mesmo que bolso. Palavra de origem árabe.

Terêz:,pois não entregara o bilhete. Pensa numa série de desculpas, mas realmente não encontrava solução. Um grande conflito invadiu o coraçãozinho do menino e quando tio Terêz apareceu, Miguilim chorou convulsivamente. Apavorado dizia: "Tio Terêz, eu não entreguei o bilhete, não falei nada com mãe, não falei nada com ninguém!" (p.58) Tio Terêz consolou-o carinhosamente: - "Miguilim, não chora, não te importa, você[232] é um menino bom, menino direito, você é meu amigo." (...) Tio Terêz dizia só tinha vindo por perto ara dar adeus, pois que ia executar viagem, por muito distante... daí sumia por entre o escuro das árvores." (p.58)

Miguilim respirava aliviado "seguindo seu caminhinho, saía do mato, depois noutro mato entrava..." Em certo momento percebeu que alguém mexeu no mato, viu "um vulto de vaqueiro encourado[233]", saiu correndo apavorado só parou quando alguém segurou seus braços. Era o pai, junto com outro homem. Miguilim explicou que vira alguém na mata. Seguido pelos dois adultos, volta ao ponto onde havia visto o vulto. Descobrem que eram apenas macacos, que comeram toda a comida que o menino deixara cair na fuga. Os dois homens se riram muito, e como ia começar a chover, resolveram voltar para casa. "Pai caçoava[234]. Quando pai caçoava, então era porque Pai gostava dele!"

Já em casa, Miguilim conversava: - "Dito, você sabe que quando a gente reza, reza, reza, mesmo no fogo do medo, o medo vai s'embora, se a gente rezar sem esbarrar[235]?! " Miguilim e Dito se gostavam bastante.

Logo depois do almoço começou a chover forte, o vaqueiro Salúz deu a notícia de que o Patori tinha assassinado um rapaz. Seo Deogracias dizia *que o filho não queria assassinar, só que estavam experimentando arma-de-fogo, a garrucha disparou.* O Patori sumiu no mundo.

Um dia, chegou junto com o pai um homem chamado Luisaltino, "ia passar os tempos morando em casa, plantar roça com pai". Miguilim a princípio não simpatizava muito com ele. "Drelina ficava olhando muito para Luisaltino, disse depois que ele era um moço muito bonito apessoado". Luisaltino trouxe um papagaio chamado "Papaco-o-Paco, que sabia muitas coisas". "Miguilim agora ia todo dia levar comida na roça, para pai e Luisaltino."

Estava chegando a época de fazer presépio, as crianças brincavam; Miguilim gostava de inventar estórias, com personagens, "Mãe disse que Miguilim era muito ladino[236]".

No domingo bem cedinho pai e Luisaltino foram tomar banho no *poço das pedras, menino-homem podia ir junto.* Mais tarde veio a notícia

---

232. Já nos modernistas de primeira fase, tornou-se usual o emprego do tu (segunda pessoa do singular) com você (pronome de tratamento, terceira pessoa), numa elevação da fala popular à condição de linguagem literária.

233. Refere-se às vestimentas de couro que os vaqueiros do sertão costumam usar.

234. O mesmo que zombar, brincar, escarnecer, debicar.

235. Regionalismo, mesmo que parar, cessar.

236. Astuto, manhoso, inteligente, esperto.

triste: "Tinham achado o Patori morto, parece que morreu mesmo de fome, tornadiço[237] vagando por aquelas chapadas".

"Pai largou de mão o serviço, carecia visitar o seo Deogracias." (p.65) Aquilo foi ótimo para todos pois Vovó Izidra "*teve de dormir na Vereda do Bugre, para servir de parteira; sem ela a casa ficava mais alegrada*". *Naquela noite, sem pai nem Vovó Izidra foi o dia mais bonito de todos. Tinha lua-cheia, e de noitinha Mãe disse que todos iam executar um passeio, até onde se quisesse, se entendesse. Eta fomos, assim subindo, para lá dos coqueiros. Mãe ia na frente, conversando com Luisaltino.* (p.66)

Comentários:

1. Devemos notar aqui como a ausência das duas figuras repressoras (Pai e Vovó Izidra) possibilitam uma clima de alegria e descontração, principalmente para as crianças.
2. Vale a pena observar também que o emprego de "pai" sem o artigo, impossibilita saber se quem fala é o narrador ou o próprio protagonista, sendo isso reforçado pela inserção da expressão "Eta fomos", que denota o estado emocional da personagem, além de sugerir que quem narra parte junto. Esse recurso é freqüente em toda esta narrativa.

Aquele momento foi muito agradável para todos porque o luar era bem como expressou o Dito: "É luão."[238]

"Quando a gente voltou, se tomou café, nem ninguém não[239] precisou de fazer café forte demais e amargoso, só pai e Vovó Izidra é que bebiam daquele café desgostável. No outro dia, foi uma alegria: a Rosa tinha ensinado Papaco-o-Paco a gritar, todas as vezes: - "Miguilim me dá um beijim! (...) Era uma lindeza".

Comentário:
Queremos observar que essa calmaria ou bonança antecipa toda uma série de tempestades, invertendo os pólos, até chegar ao ponto de maior tensão da narrativa.

"Mas vem um tempo em que, de vez, vira a virar tudo de ruim, a gente paga os prazos. Quem disse foi o vaqueiro Salúz (...)" Numa caçada[240] o tamanduá bandeira "estraçalhou o cachorro Julim. Notícia tão triste, a gente não acreditava, mas Pai trouxe para enterrar o Julim morto, dependurado no cavalo, ninguém que via não esbarrava de chorar". O tamanduá depois de furar a barriga do cachorro, furou-lhe os olhos, ninguém pôde fazer nada, mas "o pai" matou o tamanduá, depois foi

237. O termo deriva do verto tornar e pode significar desertor, renegado.

238. Luão (aumentantivo inesperado, porque é masculino, ao mesmo tempo enche a boca, sugerindo o próprio arredondamento da lua cheia, estabelecendo uma relação íntima entre o significante e o significado, muti mais do que ocorreria em "luona".

239. O acúmulo de negações "nem ninguém não" é prática comum na fala regional.

240. Ou tamanduá-açu, mamifero desdentado pouco maior que um cachorro grande, usa as enormes unhas das patas dianteiras para atacar e se defender.

preciso sacrificar o pobre animal "mó de não sofrer".

"Marimbondo ferroou Tomezinho, que danou chorou..." Miguilim foi passar a mão no Rio Negro, um touro que estava lambendo sal; o bicho levantou a cabeça numa chifrada e machucou a mão de Miguilim. Ele chorou muito. O Dito aproximou-se dele e comentou da burrice do touro, Miguilim entendeu aquilo como provocação e brigou de tapas com o Dito. Ficou muito triste. Arrependido. Até que não agüentou mais, "mas o Dito já vinha vindo" e eles se falavam e logo voltavam a brincar:

"Dito, você não guarda raiva de mim, que eu fiz?

- Você fez sem por querer, só por causa da dor que estava doendo..."

- Você acha que o Rio-Negro tem demônio dentro dele, feito o Patori?

- Acho não.

Dito era os olhos de Miguilim, que estava sempre disposto a escutá-lo. Dito dizia: "O ruim tem raiva do bom e do ruim. O bom tem pena do ruim e do bom... Assim está certo". Fica-se sabendo que o vaqueiro Jé tinha fugido com a Maria Pretinha.

De manhãzinha Dito foi olhar um ninho de coruja; Miguilim não havia ido e pediu para o Dito não ir mais lá, numa espécie de agouro.

"Mas no meio do dia o micoestrela fugiu..." todos correram atrás. "Não se pegou: ele mesmo, sozinho por si quis voltar para a cabacinha. Mas foi aí que o Dito pisou sem ver num caco de pote, cortou o pé." A mãe lavava o pé do Dito e enchia a bacia de sangue. Ficou muito doente, às vezes melhorava, mas tornava a piorar. Miguilim sempre estava junto dele, trazia notícias de fora, falava das vacas, das galinhas, dos cachorros, da plantação. Dito dormia muito, tinha muita febre. Miguilim contava estórias para o Dito, este gostava de ouvi-las, então Miguilim disse que um dia lhe ia contar a estória mais linda de todas, a da Cuca-Pingo-de-ouro. Mas o Dito fica mal, "o corte tinha apostemado muito, criando matéria. Vovó Izidra comandava rezas, Dito chorava de dor na nuca, "dizia que estavam enfiando um ferro na cabecinha dele. Tanto gemia e exclamava, enchia a casa de sofrimento. Aí Luisaltino montou a cavalo, ia daí a mais de um dia de viagem, aonde tinha um fazendeiro que vendia, buscar remédio para tanta dor." O garoto vomitava muito, e a reza continuava.

O presépio era montado todos os anos por Vovó Izidra, que carregava isso desde sua mocidade. Vinha gente de longe olhar. Dito continuava de cama, por isso Rosa levou para ele ver as filhotinhas de perdiz.

Luisaltino trouxe o remédio. Dito tomava os comprimidos, melhorava, mas era por pouco tempo, pois a febre era intensa e o garoto piorava. *"Dito, de repente, pegava a fazer caretas sem querer, parecia que ia dar ataque. Miguilim chamava Vovó Izidra. Não era nada. Era só a cara da doença na carinha dele*". Dito, quando podia, conversava com Miguilim, pedia que lhe contasse estórias e lhe contasse do mundo lá fora.

Seo Deogracias veio ver o menino, muitos de muitos lugares

vinham para fazer visita e rezar pela saúde do Dito. Muito mal, com as juntas do corpo endurecidas, ele chama pelo irmão e diz um dos trechos mais ricos em poesia da obra:

"Miguilim, vou ensinar o que agorinha eu sei, demais: é que a gente pode ficar sempre alegre, alegre, mesmo com toda coisa ruim que acontece acontecendo. A gente deve de poder ficar então mais alegre, mais alegre, por dentro!..."

Miguilim chorava muito. Correu para o quintal, mas logo escutou a Drelina gritar desesperada que o Ditinho tinha morrido. Miguilim queria ver o Dito, olhava para ele e não acreditava, mas chorava muito e as pessoas grandes tiraram-no de lá.

Mãe lavava o corpo do Dito, com muito cuidado, como se o corte pudesse ainda doer. A dor foi grande, Miguilim só conseguiu pegar no sono depois de muitas horas.

Pessoas de toda a redondeza vieram para o velório. Os homens iam carregar o corpo para ser enterrado no cemitériozinho de pedras, para diante da vereda do Terentém. "Tinham de sair cedo, por forma que precisavam de caminhar muito, e estavam comendo farofa de carne, com mandioca cozida, todos bebendo café e cachaça". Todos choravam muito.

Miguilim entra num processo muito difícil para aceitar a morte do irmão, "ele não era ele mesmo. . Diante dele, as pessoas, as coisas, perdiam o peso de ser..." O tempo passa e o menino vai ficando estranho, provocando reclamações de Vovó Izidra. Miguilim e Mãitina simbolizam o enterro do corpo do Dito, pegando algumas de suas roupas e alguns de seus brinquedos e enterram-nos debaixo do jenipapeiro[241]. "Era mesma coisa se o Dito estivesse depositado ali, e não no cemitériozinho longe no Terentém." Desenvolve-se a partir daí uma cumplicidade entre Miguilim e Mãitina, por isso ele furtava cachaça para a preta.

Porém o pai estava reclamando da tristeza do Miguilim: "Diacho de menino, carece de trabalhar, fazer alguma coisa". Vovó Izidra concordava. Por isso Miguilim não parava, "tinha que debulhar o milho no paiol, capinar canteiro e horta, buscar cavalo no pasto". Ia trabalhar com Pai e Luisaltino, tudo muito difícil e cansativo, além disso o pai estava muito agressivo, muita raiva, vivia brigando e reclamando. Miguilim lembrava-se do Patori, tentava resgatar os bons momentos, quando o Patori imitava cavalo, pato, era engraçado, Miguilim ria. "No Dito, pensava sempre".

"No dia seguinte, sem ninguém esperar, chegou o mano Liovaldo, com tio Osmundo Cessim." Este trouxe presente para todos, mas não simpatizou com Miguilim. Pai mandava Miguilim levar leite no Bugre. O menino voltava cansado, no caminho uns garotos maus jogavam-lhe pedras. Sempre pensava em Dito e em suas palavras. As lembranças das conversas com o Dito animavam Miguilim. Chegava em casa muito cansado, o Liovaldo vinha conversar assunto irritante com Miguilim: "- Você

---

241. Árvore frutífera do jenipapo, fruta com que se faz excelente licor.

precisa mostrar sua pombinha à Rosa..."

Miguilim não respondia, acabava a refeição e saía.

Um dia o Liovaldo deu uma surra por maldade num garotinho pobre chamado Grivo. Miguilim sentiu ódio e deu no Liovaldo, que chorava e gritava. Pai estava lá e deu uma surra em Miguilim. Bateu muito, mas o menino não chorava, ficando muito magoado com o pai, e com raiva da mãe porque não fez nada para impedir aquilo. Só chorou depois, quando a mãe veio lhe fazer carinho .

Miguilim foi passar três dias na casa do vaqueiro Salúz, até que pai estivesse mais calmo. Olhava o verde das árvores, gostava da viagem queria não pensar em nada e esquecer os momentos ruins. Ele e o vaqueiro iam tocando a boiada, e olhando os pássaros. Alguns deles, Miguilim não conseguia ver direito. O menino sentiu-se bem na casa do vaqueiro, onde comia bem e desprezava qualquer saudade. Quando voltou não falou nada, não pediu a bênção. "Mas pai não bateu", soltou os passarinhos de Miguilim e pisou nas gaiolas destruindo-as. A mágoa de Miguilim era grande, quebrou todos seus brinquedos "jogou tudo fora, no terreiro. E então foi para o paiol (...) Agora chorava".

Tio Osmundo Cessim e Liovaldo foram embora e Miguilim teve vontade de também ir embora de casa.

O menino voltou a trabalhar duro na roça, desanimava algumas vezes, até que começou a passar mal, ficou doente de cama. Todos ficaram apavorados, angustiados. Pai caiu em desespero. Miguilim então adormecia.

Acordou com gritaria e choro, pai matou o Luisaltino e fugiu para o mato. Vovó Izidra rezava com Miguilim: "quando Miguilim tornou a acordar, era de noite... Vovó Izidra estava sempre lá rezando". O menino fica sabendo que o pai "perdeu a cabeça depois do que fez" e se enforcou.

"Miguilim chorava devagar, com cautela para a cabecinha não doer: chorava devagar, com cautela para a cabecinha não doer; chorava pelo Pai, por todos juntos. Depois ficava num arretriste[242] , aquela saudade sozinha". Com o tempo, Miguilim foi melhorando. Tio Terêz apareceu para morar com eles. Mãe acaba se casando com o tio Terêz. "De repente vinha lá vinha um homem a cavalo", era o doutor José Lourenço, do Curvelo. Era um homem de óculos. O menino olhou muito para o homem e foi então que se descobriu que o garoto tinha miopia. Miguilim colocou os óculos e pôde ver tudo em seus contornos e detalhes, ficando contente com a sensação.

"Mãe foi arrumar a roupinha dele. O doutor era homem muito bom, levava o Miguilim, ele comprava uns óculos pequenos, entrava para a escola, depois aprendia ofício." A princípio o menino hesita, depois aceita e vai. Ao partir, "abraçava todos, um por um, dizia adeus até aos cachorros, ao Papaco-o-Paco, ao gato Sossõe que lambia as mãozinhas se

---

242. Neologismo que sugere uma enorme tristeza, combinando a interjeição "arre" que reforça o adjetivo triste"".

asseando". Antes de sair o menino pediu os óculos ao doutor e olhou bem para todos, olhou para tudo, viu que o Mutum era bonito!

"Olhava mais era para Mãe. Drelina era bonita, a Chica, Tomezinho. Sorriu para Tio Terêz: - "Tio Terêz, o senhor parece com Pai..." Todos choravam. O doutor limpou a goela, disse: - "Não sei, quando eu tiro esses óculos, tão fortes, até meus olhos se enchem d'água..." Miguilim entregou a ele os óculos outra vez. Um soluçozinho veio. Dito e a Cuca Pingo-de-Ouro. E o Pai. Sempre alegre, Miguilim... Sempre alegre, Miguilim... Nem sabia o que era alegria e tristeza. Mãe o beijava. A Rosa punha-lhe doces-de-leite nas algibeiras, para viagem. Papaco-o-Paco falava, alto, falava." (p.103)

V - SÍNTESE DO ENREDO

Miguilim era um garoto que morava com sua família num lugar distante chamado Mutum. a narrativa descreve o mundo infantil, rico em experiências afetivas, mostrando o deslumbramento diante da natureza, os problemas morais, as angústias, alegrias e tristezas, assim como as contínuas descobertas desse menino sensível.

O garoto percebe um conflito gerado pelo relacionamento existente entre o pai, a mãe (que era linda), e o tio Terêz. No decorrer da estória, acaba perdendo o irmão Dito por causa de um acidente. A experiência da morte do irmão querido faz com que Miguilim se entregue à dor. Toda essa experiência constitui uma descoberta que busca traduzir e sentir o mundo, ainda que seja uma dolorida aprendizagem.

A relação de Miguilim com o pai é delicada, difícil, chegando a ser surrado por ele num momento de grande tensão. Mais tarde, o pai mata um empregado, que supostamente tinha se tornado amante da mulher, para logo em seguida cometer suicídio. Tio Terêz, que estava viajando, volta e casa-se com a mãe de Miguilim. Este descobre sua miopia quando recebem a visita de um médico, que leva o garoto para ir morar na cidade, onde poderá estudar e trabalhar.

VII - ESTRUTURA DA OBRA

FOCO NARRATIVO

O **foco narrativo** utilizado é de terceira pessoa, apresentando um narrador onisciente, que revela o íntimo de algumas personagens e faz largo uso do discurso indireto livre, em que a fala da personagem muito se confunde com o discurso do narrador. Um dos aspectos mais importantes desse narrador é o modo como ele se funde com o protagonista, ao dar suas opiniões e pontos de vista, seus pensamentos e percepções. A visão de mundo de Miguilim é, ao mesmo tempo, a visão de mundo do narrador. Vejam este fragmento: "*O pai estava lá, capinando, um sol batia na enxada,* *relumiava. Pai estava suado, gostava de ver Miguilim chegando com a comida do almoço. Tudo estava direitim direito, Pai não ralhava. Se sentava no toco, para principiar a comer. Miguilim sentava perto, no capim. Gostava do pai, gostava até pelo barulhinho d'ele comendo o de comer. Pai comia e não conversava. Miguilim olhava. A roça era um lugarzinho descansado bonito, cercado com uma cerquinha*[243] *de varas, mó de os bichos que estragam. Mas muitas borboletas voavam.*" (p.47)

O narrador faz uso dos três tipos de discurso:

- **Discurso direto**: "Ninguém não tocava o Gigão para fora de dentro de casa, porque o pai dizia: - "[244] Ele salvou a vida de todos!"
  Guimarães Rosa, algumas vezes faz tal uso do discurso direto que aproxima-se muitas vezes da dramaturgia, ou seja, da forma de representação do discurso teatral. Vamos transcrever aqui, como se fosse para teatro, um diálogo mostrado no resumo:

> **Miguilim** - Dito, você não guarda raiva de mim, que eu fiz?
> **Dito** - Você fez sem por querer, só por causa da dor que estava doendo..."
> **Miguilim** - Você acha que o Rio-Negro tem demônio dentro dele, feito o Patori?
> **Dito** - Acho não

- **Discurso indireto**: Ao partir, "abraçava todos, um por um, dizia adeus até aos cachorros
- **Discurso indireto livre**: "Esperou, esperou, sensato. Até de noite, pensava fosse ela, quando um cão repuxava latidos. Quem ia abrir a porta para ela entrar?" (p.21) O narrador vinha falando, mas abruptamente deixou de falar de Miguilim, como se fosse uma câmera que o mostrasse de cima, ou de fora, para fundir-se com ele, revelando sem prévio aviso seu pensamento. Aqui o que patenteia isso é a interrogação.

ESPAÇO

O espaço em que transcorre a ação é a zona rural de Minas Gerais, em um lugar remoto, chamado Mutum, o que permite a classificação da obra como regionalista. *Campo Geral* é uma obra em que a paisagem mineira aparece em toda sua beleza selvagem, isto é, a vida nas fazendas, os vaqueiros, uma vida de gente simples, um mundo conhecido pois nele o autor passara a infância e a juventude.

Há, no entanto, referências a outros lugares, também rurais, como o Sucuriju, o cemitério em Terentém, o lugar onde Miguilim nascera, chamado Pau-Roxo, na beira do Sarinhém. Podemos dizer que esses

243. O excesso de diminutivos muito colabora nessa fusão do narrador e do protagonista estabelecendo uma relação afetiva entre ambos e que se projeta no leitor.

244. Guimarães Rosa poderia ter empregado só o travessão ou apenas as aspas, mas preferiu usar os dois ao mesmo tempo.

lugares são citados como referências de acontecimentos passados, cujas ações antecedem o momento em que a história de Miguilim está acontecendo ou acontecem fora do espaço em que o menino se encontra.

AÇÃO

O escritor constrói quadros dinâmicos, nos quais insere as personagens numa movimentação decorrente do seu cotidiano: as crianças brincando, os vaqueiros com suas atividades com o gado, as mulheres na cozinha fazendo comida etc. A partir daí, a ação passa a ganhar gradativamente a dimensão de enredo com as digressões, divagações e lembranças da personagem.

Como no teatro, algumas ações não aparecem no palco, mas são narradas ou descritas pelas demais personagens. Assim, o suicídio do pai se dá num lugar distante e não nos é mostrado pelo narrador, mas é narrado, anunciado, pela boca de uma personagem, Vovó Izidra que conta a Miguilim, à semelhança do arauto ou mensageiro (personagem dramática): "*Escuta, Miguilim, (...) seu pai também está morto. Ele perdeu a cabeça depois do que fez, foi achado morto no meio do cerrado, se enforcou com um cipó, ficou pendurado numa moita grande de miroró...*"

TEMPO

O tempo não é claramente enunciado, mas sabe-se que Miguilim tem oito anos e tudo se passa enquanto ele se encontra nesse período da infância.

PERSONAGENS

Miguilim. Garoto sensível, delicado e inteligente. Como é comum na criança, ele é muito observador, busca sempre compreender as pessoas e as coisas. Assim, pode-se dizer que Miguilim é um menino bom, com ótimo caráter, que gosta de brincar, questiona o mundo que o circunda e, como é normal, tem seus medos: "... não gostava de pôr os olhos no escuro, não queria deitar de costas, porque vem uma mulher assombrada, senta na barriga da gente.[245] Se os pés restassem para fora da coberta, vinha mão de alma, friosa, pegava o pé." (p.23) Vejamos agora como a personagem central é vista pelos olhos de outra personagem, tio Terêz: "... você é menino bom, menino direito, você é meu amigo". (p.58) Miguilim é o poeta.

Dito. Irmão menor de Miguilim de quem ele gosta muito por sua sabedoria nata, "era capaz de brincar com Dito a vida inteira, o Ditinho era a melhor pessoa, de repente, sempre sem desassossego". Dito é o filósofo.

Nhô Bero. Pai de Miguilim, homem emotivo, mas amargo e violento: "o Bero tinha osso no coração". Homem bruto, grosseiro, mas que também "gostava de mamãe, muito demais". Trata-se de uma das personagens mais complexas.

---

245. Referência a mito popular que sobrevive desde a Antigüidade, segundo o qual uma figura demoníaca vem sugar as energias da pessoa. Na verdade, são dois tipos de demônio o Íncubo (que deita por cima) e o Súcubo (que fica por baixo).

Nhãnina. Mãe de Miguilim. Mulher morena, bonita, jovem ainda, carinhosa e sensual. Vive triste pela frustração de morar no Mutum, lugar isolado de tudo. Anseia por uma vida mais plena. Ao que parece, é sexualmente insatisfeita e sente-se amargurada por um casamento mal realizado.

Tio Terêz. Irmão de Nhô Bero, mas apesar disso apaixona-se pela cunhada. É um homem jovem, carinhoso, paciente. Torna-se amante da mãe de Miguilim e acaba casando-se com ela, após o suicídio do irmão.

Vovó Izidra. Velha religiosa, supersticiosa, intratável, vigia a todos quanto à moral, retratada como uma pessoa "riscada magra, e seca, não parava de zangar com todos, por conta de tudo". (p.12)

Mãitina. Agregada da casa. "Tomava cachaça, quando podia, falava bobagens. Era tão velha, nem sabia que idade. Diziam que ela era negra fugida, debaixo de cativeiro, que acharam caída na enxurrada, num tempo em que mamãe nem era nascida". (p.14)

Rosa. Personagem enigmática, pois o narrador não a descreve. O leitor vai criando sua imagem durante a leitura, através de suas ações: "A Rosa punha-lhe doces-de-leite nas algibeiras, para a viagem". Revela-se como uma figura querida e carinhosa.

Seo Deogracias. "Excomungado, porque um dia ele tinha ficado agachado dentro da Igreja. Mas ele entendia de remédios, quando alguém estava doente ele vinha ver. Era viúvo. Morava dali a diversas léguas, na Vereda do Cocho." (p.25)

Patori. Menino levado, de caráter maldoso e dissimulado, filho de seo Deogracias, mas em quem Miguilim reconhece certas qualidades.

Irmãos. Logo no início da narrativa, encontramos um fragmento que coloca em cena os irmãos de Miguilim: "**Drelina** era bonita: tinha cabelos compridos, louros. O Dito e o **Tomezinho** eram ruivados. O Dito se parecia muito com o pai, Miguilim era o retrato da mãe. Mas havia ainda um irmão, o mais velho de todos, **Liovaldo**, que não morava no Mutum. Este último incomodava Miguilim dizendo-lhe indecências: "Miguilim, você precisa de mostrar sua pombinha à Rosa, à Maria pretinha, quando não tiver ninguém perto..." E havia ainda a **Chica**, menina de cabelos pretos e a que mais apanhava, pois "tinha malgênio - todos diziam. Ela aprontava birra, encapelava no chão, capeteava, mordia as pessoas, não tinha respeito nem do pai". (p.13)

Outros. Aparecem ainda tio Osmundo Cessim, os vaqueiros Jé e Salúz, e Luisaltino, suposto amante da mãe de Miguilim.

VI - ESTILO DE ÉPOCA E ESTILO INDIVIDUAL

Desde o Romantismo o ambiente rural brasileiro torna-se cenário de várias obras literárias. A tradição vem de Alencar, Visconde de Taunay, Bernardo Guimarães e outros. No início deste século, Euclides da Cunha e Monteiro Lobato são os grandes nomes do regionalismo. Na década de 30, já na segunda fase do Modernismo, a literatura regionalista reaparece com todo vigor nas obras de Graciliano Ramos, José Lins do Rego, Jorge Amado e Rachel de Queiroz, citando os principais.

Guimarães Rosa publica seu primeiro livro, *Sagarana*, em 1946. Era o início de uma retomada do tema regional, porém o autor modifica e amplia essa temática. Pode-se dizer que o sertão que aparece em sua obra não se limita aos aspectos geográficos. É pano de fundo da representação do próprio universo. As personagens não são apenas indivíduos de determinada região, e sim seres humanos se deparando com conflitos eternos, arquetípicos, universais. Vejamos o comentário que o crítico Alfredo Bosi faz sobre a obra de Rosa: "*A sua obra situa-se na vanguarda da narrativa contemporânea que se tem abeirado dos limites entre real e surreal*" igualando-se aos italianos Dino Buzzati e Italo Calvino, "*e tem explorado com paixão as dimensões pre-conscientes do ser humano*" como o irlandês James Joyce, o americano Willian Faulkner e o argentino Julio Cortazar. "*A obra de Guimarães Rosa é um desafio à narração convencional porque os seus processos mais constantes pertencem às esferas do poético e do mítico*".

Agora seria bom também tomarmos conhecimento do julgamento do próprio escritor: "*Não sou romancista; sou um contista de contos críticos. Meus romances e ciclos de romances são na realidade contos nos quais se unem a ficção poética e a realidade. Sei que daí pode facilmente nascer um filho ilegítimo, mas justamente o autor deve ter um aparelho de controle: sua cabeça. Escrevo, e creio que este é o meu aparelho de controle: o idioma português, tal como usamos no Brasil; entretanto, no fundo, enquanto vou escrevendo, extraio de muitos outros idiomas. Disso resultam meus livros, escritos em um idioma próprio, meu, e pode-se deduzir daí que não me submeto à tirania da gramática e dos dicionários dos outros. A gramática e a chamada filologia, ciência lingüística, foram inventadas pelos inimigos da poesia.*"

A leitura de Guimarães Rosa, de início, causa um certo impacto. Esse efeito se dá devido à sua linguagem singular. O crítico literário Massaud Moisés nomeou sua linguagem de barroquizante e artificiosa, "*em síntese, a naturalidade rebuscada e inventada, que não corresponde à fala de nenhuma região precisa (quanto muito norte de Minas e sul da Bahia)...*" Em outras palavras, pode-se dizer que o autor recria a fala do sertanejo, numa tentativa de narrar o inenarrável. Rosa tinha conhecimento de diversos idiomas, assim, nesse laboratório lingüístico ele vai desenvolver seu estilo.

A linguagem singular de Rosa não está no uso de um vocabulário complexo, com palavras difíceis e frases complicadas; está no processo de reinvenção da fala, para isso, faz uso de neologismos, isto é, invenção de novas palavras. Nessa alquimia, o autor vai usar uma série de recursos de expressão poética, como ousadias mórficas: "*Aquele homem parecia desinventado de uma história*"; associações raras: "*O Dito... toda vez de brigar ele economizava*"; onomatopéias, aliterações e deslocamentos sintáticos, assim como um vocabulário insólito e metáforas: "*... o bezerro laçado bufa e pula, treta bravo. (...) O bezerro punha a língua de fora. E os berros. Berru-berro feio, como quando que gado toma uma esbarrada se estremece bruto, nervoso, derruba gente, agride, pula cerca. Doidavam desespero, davam testada.*" (p.37)

Vejam mais alguns exemplos da linguagem roseana:

- **Popular**: *beijim*
- **Pleonasmo:** "*gostava de mamãe, muito demais*"
- **Neologismos**: *desgostável, arretriste*
- **Regionalismo**: Urupuca (mesmo que arapuca), armadilha para pegar passarinho. Trem "*Traz o trem..."Traziam o tatu, que guinchava*" (Trem é termo usual em Minas empregado para designar qualquer coisa ou objeto. No nordeste podemos encontrar "terém" como uma expressão equivalente. Buraco de mato é expressão equivalente a "fim do mundo" ou "cu do juda", isto é, lugar muito distante e isolado de toda civilização. Esbarrar (no sentido de parar) "Os irmãos já estavam acostumados com aquilo (castigo), nem esbarravam mais dos brinquedos para vir ver Miguilim sentado alto no tamborete" (p.23)
- **Onomatopéia**: "*o oõo das vacas*"
- **Prosopopéia**:"*O gato Sonsõe que lambia as mãozinhas se asseando.*" (p.102) (Prosopopéia é o mesmo que personificação.)
- **Sinestesia**: "*que cheirava à claridade.*"

cheirava (olfato) + claridade (visão)

VII - REGIONALISMO X UNIVERSALISMO

É necessário lembrar que Guimarães Rosa é autor de "uma grande obra que amplia o território cultural de uma literatura". Não ficou prisioneiro de um regionalismo e, sim, colocou o mundo regional dentro de um espírito universal. Miguilim é um arquétipo da criança, com seus medos, alegrias e descobertas. Podemos dizer que o sertão mineiro, representa uma temática nacional, e ultrapassa os limites do regional para alcançar os grandes temas da existência humana, tornando-se, assim, de interesse universal.

VIII - TEMÁTICA

Como já foi dito anteriormente, o tema central dessa novela é a infância, que é tratada com muita habilidade pelo autor. A narrativa com seu lirismo busca reproduzir o mundo captado pela perspectiva da personagem central, o garoto Miguilim. A infância aparece também em outras narrativas de Rosa, como em *Primeiras Estórias*, em que sempre está presente também um clima de magia, como bem nota Beth Brait: "magia de um mundo em que a sensibilidade, a emoção e o poder das palavras compõem um universo próximo ao dos poetas e dos loucos.."[246] Outros temas freqüentes na obra:

- A eterna e inevitável tendência que o homem tem para a crueldade: "*Os outros têm uma espécie de cachorro farejador, dentro de cada um, eles mesmos não sabem. Isso feito um cachorro, que eles têm dentro deles, é que fareja, todo o tempo, se a gente por dentro está mole, está sujo ou está ruim, ou errado... as pessoas mesmas não sabem, mas, então, elas ficam assim com uma precisão de judiar com a gente.*"
- A frustração pelo casamento mal realizado: "*... sua mãe se doía de tristeza de ter de viver ali*", "*uma lhora, o que o Luisaltino falou: que judiação do mal era por causa que os pais casavam as filhas muito meninas, nem deixavam que elas escolhessem o noivo*". (p.66)
- A convivência com as perdas inevitáveis: morte do irmão e do pai.
- A necessidade que a vida tem de se renovarl
- A necessidade que o indivíduo tem de superar seus conflitos para crescer, do contrário desaparece frente a essa própria vida. Cada um é responsável por seu próprio sofrimento: "*Naqueles três dias, Miguilim desprezou qualquer saudade. Ele não queria gostar mais de pessoa nenhuma de casa, afora Mãitina e a Rosa. Só podia apreciar os outros, os estranhos; os parentes, precisava de ter um enfaro de todos, juntos, todos pertencidos. Mesmo de Tomezinho; Tomezinho era muito diferente do Dito. Também não estava desejando se lembrar daqueles assuntos, dos conselhos do Dito. Um dia ele ia crescer, então todos com ele haviam de comer ferro. E mesmo agora não ia ter medo, ah, isso! Mexessem, fosse quem fosse, e mandava todo-o-mundo àquela parte, cantava o nome-da-mãe; e pronto. Quando teve de voltar, vinha pensando assim*". (p.92)

BIBLIOGRAFIA CONSULTADA

Bosi, Alfredo - *História concisa da Literatura Brasileira*, SP, 1975, Cultrix.
Chiappini, Ligia Moraes Leite - *O foco narrativo*, SP, 1987, Ática.
Lins, Álvaro - "Uma grande estréia" in *Sagarana*, RJ, 1982, Liv. José Olympio ed.
Lopes, Oscar - "Novos Mundos" in *Sagarana*, RJ, 1982, Liv. José Olympio ed.
Moisés, Massaud - *Literatura Brasileira através dos textos*, SP, 1980,

246. Em *Literatura Comentada: Guimarães Rosa*, da Abril.

Cultrix.
Rosa, João Guimarães - *Manuelzão e Miguilim*, RJ, 1976, Livraria José Olympio Editora S.A.

MORTE E VIDA SEVERINA

de João Cabral de Melo Neto
por Geraldo Chacon

I - BIOGRAFIA

João Cabral de Melo Neto nasceu em Recife, PE, no ano de 1920. Durante a infância, viveu a paisagem e o ambiente dos engenhos de açúcar e estudou com os Irmãos Maristas na cidade natal. Em 1945, prestou concurso para a carreira diplomática. Tornou-se diplomata e exerceu suas funções consulares em Assunção, servindo posteriormente na Espanha, Inglaterra, França e no Senegal. Foi eleito membro da Academia Brasileira de Letras em 1969, conseguindo unanimidade na votação. Aposentou-se após quarenta e sete anos de serviços prestados à diplomacia brasileira.

II - BIBLIOGRAFIA

Pedra do sono (1942), *O engenheiro* (1945), *Psicologia da composição, Fábula de Anfion* e *Antiode* (1947), *O Cão sem plumas* (1950); *O rio* (21954); *Duas águas* (incluindo os anteriores e mais *Morte e vida severina, Paisagens com figuras* e *Uma faca só lâmina*) (1966); *Quaderna* (1960); *Dois parlamentos* (1961); *Terceira feira* (1961); *A educação pela pedra* (1966), *A escola das facas* (1975-1980), *Auto do frade* (1984), *Agrestes, Crime na Calle Relator* (1987).

III - INTRODUÇÃO

Morte e vida severina é um auto de natal pernambucano, produzido em 1954/5) e publicado em 1965. Trata-se da obra mais popular de João Cabral, seja por ter sido muito encenada, por ter sido musicada por Chico Buarque de Hollanda ou pelo própria abordagem do autor.

Essa obra, que foi magistralmente encenada pelo TUCA[247], revela a triste peregrinação de um (dos muitos) Severino, que saindo da Serra da Costela, limite da Paraíba, vai até Recife, encontrando a seca, a fome e a morte por todo o caminho.

---

247. Teatro da Universidade Católica, grupo de teatro amador, formado por estudantes universitários. A primeira montagem deles foi o texto de João Cabral que venceu festival de teatro na França.

IV - RESUMO NARRATIVO E ANTOLOGIA COMENTADA

O RETIRANTE EXPLICA AO LEITOR QUEM É E A QUE VAI

"- O meu nome é Severino,
não tenho outro de pia.
Como há muitos Severinos,
que é santo de romaria,
deram então de me chamar
Severino de Maria;
como há muitos Severinos
com mães chamadas Maria,
fiquei sendo o da Maria
do finado Zacarias.
mas isso ainda diz pouco:
há muitos na freguesia,
por causa de um coronel
que se chamou Zacarias
e que foi o mais antigo
senhor desta sesmaria.
Como então dizer quem fala
ora a Vossas Senhorias?
Vejamos: é o Severino
da Maria do Zacarias,
lá da serra da Costela,
limites da Paraíba.
Mas isso ainda diz pouco
se ao menos mais cinco havia
com nome de Severino
filhos de tantas Marias
mulheres de outros tantos,
já finados, Zacarias,
vivendo na mesma serra
magra e ossuda em que eu vivia.
Somos muitos Severinos
iguais em tudo na vida:
na mesma cabeça grande
que a custo é que se equilibra,
no mesmo ventre crescido
sobre as mesmas pernas **finas**,
e iguais também porque o sangue
que usamos tem pouca **tinta**.
E se somos Severinos
iguais em tudo na **vida**,
morremos de morte igual,
mesma morte **severina**:
que é a morte de que se morre
de velhice antes dos **trinta**,

> Cabral não emprega verso livre como se pode observar pela contagem de ":pés" ou sílabas poéticas: "O/ meu / no / me é / Se / ve/ rí/(7) // Não / te / nho / ou / tro / de / pi/ (7). Valeu-se do verso redondilho, de origem popular e medieval, bastante coerente com a temática e proposta das obras.

> Observem as últimas palavras dos versos ímpares: 5. *chamar* 7. *Severinos* 9. *Maria* 11. *pouco*, e notem que não apresentam rimas, podendo ser classificados como "versos brancos", isto é, sem rima.
>
> Em contrapartida, vejam que os versos pares terminam com palavras (8. Maria 10. Zacarias, 12. freguesia 16. sesmaria) que apresentam identidade de som no final, isto é, rima. Essa é uma das técnicas formais bastante utilizada pelo poeta pernambucano: combinar versos ímpares brancos com versos pares rimados. Durante a leitura de outros fragmentos, verifique se isso se repete.

de emboscada antes dos vinte,
de fome um pouco por **dia**
(de fraqueza e de doença
é que a morte **severina**
ataca em qualquer idade,
e até gente não **nascida**).
Somos muitos Severinos
iguais em tudo e na **sina**:
a de abrandar estas pedras
suando-se mundo em **cima**,
a de tentar despertar
terra sempre mais **extinta**,
a de querer arrancar
algum roçado da **cinza**.
Mas, para que me conheçam
melhor Vossas **Senhorias**
e melhor possam seguir
a história de minha **vida**,
passo a ser o Severino
que em vossa presença **emigra**." (pp.203-4)

> Vejam que destacamos em negrito as últimas palavras dos versos pares. Confrontem as seguintes palavras: finas/tinta; vida/severina; trinta/ dia; severina/nascida. O que é que se pode notar? Que todas têm em comum as vogais i e a. Quando entre duas palavras como vida/severina, ocorre identidade de sons no final somente quanto fonemas vocálicos (i/a), mas não quanto aos fonemas consonantais (d/n), dizemos que é um caso de rima toante ou espanhola.

Logo no início de sua viagem, o retirante encontra dois homens que carregam um defunto numa rede, gritando: "*Ó irmãos das almas! Irmãos das almas! Não fui eu que matei não*!" Interrogados pelo retirante, informam que o defunto chamava-se Severino lavrador e que foi morto a tiro, numa tocaia, para lhe tomarem a terra.

Severino continua sua viagem, manifestando receio de se extraviar porque o rio Capibaribe, que lhe serve de guia, cortou o curso com o verão.

Depois de muito caminhar, chega o retirante a uma casa em que estão cantando excelências para um defunto, enquanto do lado de fora um homem vai parodiando as palavras dos cantadores. Cansado da viagem, pensa o retirante que podia muito bem fazer como o rio Capibaribe e interromper seu percurso por algum tempo. Talvez até encontre emprego por ali. É com essa intenção que aborda uma senhora, à janela:

"- Muito bom dia, senhora,
que nessa janela está;
sabe dizer se é possível
algum trabalho encontrar?" (p.212)

A mulher pergunta pelo que ele sabe fazer e a tudo que Severino diz, ela contesta que por ali tal e qual saber de nada adianta e, no final do diálogo, afirma que por ali só dá dinheiro quem vive de ajudar a morte. Ela, por exemplo, como rezadeira tem tanto serviço que se ele soubesse rezar benditos e cantar excelências ou encomendar defuntos e tirar ladainhas, podia trabalhar "a meias" com ela:

"De um raio de muitas léguas
vem gente aqui me chamar;
a verdade é que não pude
queixar-me ainda de azar." (p.216)

Prossegue Severino em sua desdita até chegar à Zona da Mata, quando pensa novamente em interromper a viagem, ao ver uma terra melhor coberta de plantação de cana. Assim reflete Severino:

"Não tenho medo de terra
(cavei pedra toda a vida),
e para quem lutou a braço
contra a piçarra da Caatinga
será fácil amansar
esta aqui, tão feminina." (p.217)

O retirante, no entanto, não encontra ninguém por ali, nem na usina. Avista um cemitério no alto da colina e para lá se dirige. Lá chegando assiste ao enterro de um trabalhador e ouve o que dizem os amigos que levaram o corpo ao seu abrigo derradeiro:

"- Essa cova em que estás,
com palmos medida,
é a conta menor
que tiraste em vida.
- É de bom tamanho,
nem largo nem fundo,
é a parte que te cabe
deste latifúndio.
- Não é cova grande,
é cova medida,
é a terra que querias
ver dividida.
- É uma cova grande
para teu pouco defunto,
mas estarás mais **ancho**[248]
que estavas no mundo.
-É uma cova grande
para teu defunto **parco**[249] ,
porém mais que no mundo
te sentirás largo.
-É uma cova grande
para tua carne pouca,
mas **a** <u>te</u>rra <u>da</u>da
não se abre a boca." (pp.218-9)

> Destacamos o a, em negrito, para chamar a atenção para o fato de ser uma preposição. Aí poderia ocorrer crase: *Não se abre a boca (reclama) à terra dada*. O poeta, no entanto, preferiu omitir a vogal a, provavelmente para melhorar o ritmo, já que as tônicas desse verso estão na terceira e na quinta sílabas, que sublinhamos para destacar.

Severino continua viagem apressando os passos para chegar ao Recife o quanto antes. Lá chegando, senta-se para descansar junto ao muro de um cemitério e ouve a seguinte conversa entabulada por dois coveiros:

---

248. Gordo, largo, amplo, convencido, cheio de si.
249. Magro, modesto, poupado, reduzido.

"- O dia de hoje está difícil; (8)
não sei onde vamos parar. (8)
Deviam dar um aumento, (7)
ao menos aos deste setor de cá. (10)
As avenidas do centro são melhores, (11)
mas são para os protegidos: (7)
há sempre menos trabalho (7)
e gorjetas pelo serviço; (8)
e é mais numeroso o pessoal
(toma mais tempo enterrar os ricos).
- Pois eu me daria por contente
se me mandassem para cá.
Se trabalhasses no[250] de Casa Amarela
não estarias a reclamar.
De trabalhar no de Santo Amaro
deve alegrar-se o colega
porque parece que a gente
que se enterra no de Casa Amarela
está decidida a mudar-se
toda para debaixo da terra.
- **É que o colega ainda não viu**
o movimento[251] : não é o que vê.
Fique-se por aí um momento
e não tardarão a aparecer
os defuntos que ainda hoje
vão chegar (ou partir, não sei).
As avenidas do centro,
onde se enterram os ricos,
são como o porto do mar:
não é muito ali o serviço:
no máximo um transatlântico
chega ali cada dia,
com muita pompa, protocolo,
e ainda mais cenografia.
Mas este setor de cá
é como a estação de trens:
diversas vezes por dia
chega o comboio de alguém.

Percebemos que em alguns casos o poeta não se preocupa em ser isométrico (usar a mesma medida), mas preocupa-se com a métrica e insiste na rima toante: protegidos / serviço / ricos. Logo, não podemos dizer que aqui ocorre verso livre e, sim, uma variação de metros, com versos que vão de 7 a 11 sílabas.

De uma maneira singela e vulgar poderíamos dizer que "encadeamento sintático" ou "enjambement" ocorre quando o verso termina quanto à métrica, mas não quanto à idéia, quanto à sintaxe, deixando um pedacinho que fica no verso de baixo. Veja mais na nota de rodapé.

Assim continuam a reclamar, levantando os diversos problemas de cada setor e os dos que ali vêm para sua última morada. Encerram a conversa, comentando o problema dos retirantes:

---

250. Temos aqui um caso de elipse (omissão de termo: cemitério), que pode facilmente ser subentendido pelos falantes.

251. Encontramos aqui um caso de "enjambement" ou cavalgamento, ou, ainda, como os examinadores da FUVEST mais adequadamente preferem chamar, "encadeamento sintático", pois o termo que "sobrou" para o verso de baixo, *movimento*, exerce a função sintática de objeto direto do verbo ver.

"- Mas o que vê não é isso:
é sempre nosso serviço
crescendo mais cada dia;
morre gente que nem vivia.
- E esse povo lá de riba
de Pernambuco, da Paraíba,
que vem buscar no Recife
poder morrer de velhice,
encontra só, aqui chegando
cemitérios esperando.
- Não é viagem o que fazem,
vindo por essas caatingas, vargens;
aí está o seu erro:
vêm é seguindo seu próprio enterro." (pp.223-8)

Severino retira-se dali em direção a um dos cais do rio Capibaribe, refletindo em sua desilusão. Não que ele esperasse muita coisa. Sabia que sempre encontraria trabalho e dificuldades, mas tinha a esperança de pelo menos poder contar com um pouco mais de roupa e de comida. Descobre, no entanto, que seguia o próprio enterro:

" ....
meu próprio enterro eu seguia.
Só que devo ter chegado
adiantado de uns dias;
o enterro espera na porta:
o morto ainda está com vida." (p.229)

Severino vê o morador de um dos muitos **mucambos**[252] que ficam entre o cais e o rio e faz-lhe uma série de perguntas em que se pode perceber um impulso suicida.

" ....
- Seu José, mestre carpina,
que lhe pergunte permita:
há muito no lamaçal
apodrece a sua vida:
e a vida que tem vivido
foi sempre comprada à vista?
- Severino, retirante,
sou de Nazaré da Mata,
mas tanto lá como aqui
jamais me fiaram nada:
a vida de cada dia
cada dia hei de comprá-la.
- Seu José, mestre carpina,
e que interesse, me diga,
há nessa vida a retalho
que é cada dia adquirida?
espera poder um dia
comprá-la em grandes partidas?
- Severino, retirante,
não sei bem o que lhe diga:
não é que espere comprar
em grosso de tais partidas,
mas o que compro a retalho
é, de qualquer forma, vida.
- Seu José, mestre carpina,
que diferença faria
se em vez de continuar
tomasse a melhor saída:
a de saltar, numa noite,
fora da ponte e da vida?" (p.232-3)

252. O mesmo que mocambo ou quilombo. Capão onde o gado se esconde, ou choça que serve de abrigo precário aos que vigiam a lavoura. O poeta emprega o termo adequadamente para denunciar as péssimas condições de moradia dos pobres.

(Nesse ponto, o diálago dos dois homens é interrompido pela notícia de que a mulher do mestre carpina deu à luz. Após ir ver a criança e ouvir as predições das ciganas, volta Seu José e responde à pergunta pessimista de Severino com estas palavras:)

"- Severino, retirante,
deixe agora que lhe diga:
eu não sei bem a resposta
da pergunta que fazia,
se não vale mais saltar
fora da ponte e da vida;
nem conheço essa resposta,
se quer mesmo que lhe diga;
é difícil defender,
só com palavras, a vida,
ainda mais quando ela é
esta que vê, severina;
mas se responder não pude
à pergunta que fazia,
ela, a vida, a respondeu
com sua presença viva.

E não há melhor resposta
que o espetáculo da vida:
vê-la desfiar seu fio,
que também se chama vida,
ver a fábrica que ela mesma,
teimosamente, se fabrica,
vê-la brotar como há pouco
em nova vida explodida;
mesmo quando é assim pequena
a explosão, como a ocorrida;
mesmo quando é uma explosão
como a de há pouco, franzina;
mesmo quando é a explosão
de uma vida severina." (p.241)

A fala derradeira do mestre Carpina é uma demonstração de otimismo e de valorização da vida, mas sem pieguismo, sem idealismo romântico ou esperanças fantasiosas("mesmo quando é a explosão de uma vida severina").

V - ESTILO DE ÉPOCA

A terceira fase do Modernismo brasileiro teve seu início em 1945, ano esse marcado pelo fim da Segunda Guerra Mundial, pela queda de Getúlio, pondo fim a uma ditadura de quinze anos. Nessa mesma data, surge um grupo de poetas, que denominam a si próprios "Geração de 45". Entre outros, podemos citar Ledo Ivo, Geir Campos, José Paulo Paes, Paulo Bomfim , Alphonsus de Guimaraens Filho e Péricles Eugênio da Silva Ramos.

Esses poetas propugnavam uma volta à preocupação formal, valorizando a construção, a técnica e retomando os padrões mais clássicos da poesia acadêmica, tradicional, sendo, por isso, denominados por alguns de neoparnasianos. Com isso, rompiam radicalmente com as propostas libertárias da fase heróica do Modernismo, abolindo o verso livre e a carnavalização.

VI - ESTILO INDIVIDUAL

Já em sua obra de estréia, *Pedra do Sono*, em 1942, João Cabral demonstrou optar por uma poesia voltada para a objetividade, revelando seu lado "pedra", sem recusar o sono ou o sonho. Demonstra ainda ter recebido influência da vanguarda surrealista.

Na publicação seguinte, *O Engenheiro*, percebe-se um afastamento da linha surrealista e já se pode destacar uma tendência à geometrização e exatidão da linguagem, que justificará o fato de alguns críticos o chamarem de arquiteto da poesia. Na obra *Psicologia da Composição*, de 1947, Cabral aprofunda a tendência à objetividade e cria novo conceito de poesia, criticando a chamada "poesia profunda", como torna evidente no metalingüístico poema "*Antiode*".

Nas demais obras aparecerão os traços decisivos e definitivos de sua poesia: a preocupação com a realidade social, notadamente com a sociedade nordestina; a reflexão sobre o processo de criação artística.

Cabral não se prendeu ao grupo de seu tempo, a "Geração de 45", mas também evitou a soltura ou liberdade excessiva da "Geração de 22", aproximando-se mais da poesia madura de Carlos Drummond de Andrade e de Murilo Mendes, numa evidente procura de objetividade, clareza e de uma poesia substantiva.

VII - PROBLEMÁTICA E PRINCIPAIS TEMAS

- A seca, a fome, a morte, enfim, a condição miserável da vida do pobre homem do sertão, caracterizando assim uma postura engajada, uma poesia de denúncia social.
- A descrição da paisagem e da vida nordestina.

VIII - BIBLIOGRAFIA CONSULTADA

Melo Neto, João Cabral de -*Poesias completas*, Liv. José Olympio Editora, RJ, 1979. (utilizado para citação)

Morte e vida severina é a obra mais popular do poeta pernambucano João Cabral de Melo Neto, que é considerado integrante do Modernismo, no seu terceiro tempo, que se estende de 1945 até hoje. Pode ser considerado um poema lírico-dramático que denuncia a problemática do sertanejo nordestino.

MEMORIAL DO CONVENTO

de José Saramago
por Geraldo Chacon

I - BIOGRAFIA

José Saramago nasceu em 1922, em Santarém, vive hoje em Lisboa. Muito pouco sabe-se desse grande romancista contemporâneo português. As biografias dos manuais de literatura mal chegam a mencioná-lo, o que deverá ser corrigido em breve. Sabemos dele apenas que é filho de camponeses de Azinhaga, distrito de Santarém.

Desde sua estréia, em 1966, vem produzindo em diversos gêneros: poesia, romance e teatro. Com o tempo a obra de Saramago vem se firmando cada vez mais e confirmando-se como das mais consistentes da prosa de ficção lusitana. Desde a publicação de *Levantado do Chão* (1984), romance social que associa ênfase sociológica e elaboração estética, até a publicação de *Evangelho Segundo Jesus Cristo* (1991), Saramago tem conquistado a preferência do público leitor brasileiro e arrancado elogios da crítica especializada. Sua ficção tem a marca da criatividade. Isso vem provar que Portugal ainda pode oferecer bons autores, num tempo em que muito joio se mistura ao trigo, tanto lá quanto aqui.

II - BIBLIOGRAFIA

Romances: *Levantado do Chão* (1980), *Memorial do Convento* (1982), *A Jangada de Pedra* (1988), *O Ano da Morte de Ricardo Reis* (1988), *História do Cerco de Lisboa* (1989), *Viagem a Portugal* (1990) e *O Evangelho Segundo Jesus Cristo* (1991).

III - INTRODUÇÃO

Excelente sugestão de leitura, uma obra atual, emocionante. A leitura desse romance é feita de maneira impetuosa, arrastando o leitor para um mundo mágico, em que o encanto tanto pode estar no experimentalismo do foco narrativo e da pontuação, quanto na reconstituição do cenário e do movimento humano das ruas e das cidades de um Portugal do final do século XVII e da primeira metade do século XVIII.

Aqui no Brasil, alguns denominam de Neomodernismo, o terceiro momento do Modernismo, como Alfredo Bosi em seu *História Concisa da Literatura Brasileira*. Para o romance *Memorial do Convento*, de José Saramago, essa denominação não soaria mal, já que uma das características da primeira fase do modernismo foi a experimentação ou o direito à pesquisa estética. Saramago, em *Memorial do Convento*, experimenta um foco narrativo cambiante, mutável, transformando-se de terceira para primeira pessoa e vice-versa, além de fazer o narrador principal ceder vez e voz a outros narradores menores que inserem, na narrativa maior, outras narrativas menores, criando, assim, uma verdadeira "babel" de narradores. Outra experiência significativa é a pontuação original, no sentido de ser diferente, não no sentido de ser única. Já vimos obras em que o escritor procurou eliminar o ponto trabalhando apenas com as vírgulas, como o pouco conhecido Leopoldo Lima, de Ribeirão Preto, com sua *Autobiografia Embananada*, edição própria, ou o conhecidíssimo colombiano Gabriel Garcia Marques.

José Saramago, com sua forma pessoal de pontuar, obriga-nos a uma leitura mais atenta, a um esforço de concentração maior do que habitualmente estamos acostumados, mas, se isso dá trabalho, também nos envolve mais, nos atira mais ao mundo do texto e ao mundo supra-real que ele nos revela. Vejamos dois exemplos extraídos da obra:

"..., Quando o ermitão apareceu à boca da cova, a rainha avançou três passos e perguntou, se uma mulher é rainha, se um homem é rei, que hão-de fazer para se sentirem mulher e homem, e não só rainha e rei, isto foi o que ela perguntou, e o ermitão respondeu com outra pergunta, se um homem é ermitão, que haverá de fazer para sentir-se homem e não só ermitão, e a rainha pensou um bocado e disse, deixará a rainha de ser rainha, o rei não será rei, o ermitão sairá do ermitério, isso é o que terão de fazer, mas agora farei eu outra pergunta, que mulher e homem serão esses que não são rainha nem ermitão, e só mulher e homem, que é ser homem e mulher não sendo estes ermitão e rainha, que é ser não sendo o que se é, e o ermitão responde, ninguém pode ser não sendo, ..."(p. 254/5)

Temos aqui um narrador, menor, Manuel Milho que, às noites, conta uma história aos companheiros. Notem que sua narrativa, embora não tenha pontos que permitam uma pausa maior, um relaxado descanso, apresenta muitos verbos de elocução (perguntou, respondeu, e disse.) que facilitam ao leitor a identificação de quem está falando. Compare com o trecho seguinte.

"..., E agora, Se não tens onde viver melhor, fica aqui, Hei-de ir para Mafra, tenho lá família, Mulher, Pais e uma irmã, Fica, enquanto não fores, será sempre tempo de partires, Por que queres tu que eu fique, Porque é preciso, Não é razão que me convença, Se não quiseres ficar, vai-te embora, não te posso obrigar, Não tenho forças que me levem daqui, deitaste-me um encanto, Não deitei tal, não disse uma palavra, não te toquei, ..."(p.56)

Aqui, o narrador encarrega-se de mostrar a cena aos leitores de uma maneira direta, colocando as falas como se fosse no teatro, só que uma após a outra, separadas apenas por vírgulas, mas permitindo a identificação pelo emprego de maiúsculas nas palavras que iniciam o período, mesmo que após uma vírgula.

Para facilitar, porque a imagem visual é mais simples e direta do que todo esse nosso discurso, vamos colocar o texto na forma dramática:

Baltasar - E agora?
Blimunda - Se não tens onde viver melhor, fica aqui.
Baltasar - Hei-de ir para Mafra, tenho lá família.
Blimunda - Mulher?
Baltasar - Pais e uma irmã.
Blimunda - Fica, enquanto não fores, será sempre tempo de partires.
Baltasar - Por que queres tu que eu fique?
Blimunda - Porque é preciso.
Baltasar - Não é razão que me convença.
Blimunda - Se não quiseres ficar, vai-te embora, não te posso obrigar.
Baltasar - Não tenho forças que me levem daqui, deitaste-me um encanto.
Blimunda - Não deitei tal, não disse uma palavra, não te toquei, ..." (p.56)

Esse trabalho, feito aqui por escrito, deve ser feito mentalmente pelo leitor. É claro que, após vencer as normais dificuldades iniciais, o leitor passa a ter um outro prazer, o entusiasmo de sentir-se co-participante do processo criativo. Substitui um modo de ler passivo por um novo modo de ler, muito mais vivo, dinâmico.

IV - RESUMO DO ENREDO

Comentário:
Como muitos outros escritores modernos, José Saramago dividiu sua obra em 25 capítulos, mas evitou numerá-los por quaisquer das formas tradicionais, preferindo deixar espaço em branco no final de página ou de folha terminal de cada capítulo. Respeitando essa forma, deixaremos apenas espaço entre um capítulo e outro.

D. João V casou-se com D. Maria Ana Josefa, da Áustria, que já há dois anos está em Portugal para dar um herdeiro ao trono, mas ainda não engravidou. Duas ou três vezes por semana o rei a visita na sua cama para ver se consegue seu intento. Não dorme com ela, pois a rainha tem a mania de cobrir-se com grandes cobertores de penas e ele transpira demais. Murmura-se na corte que ela dever ter a madre seca.[253]

Um dia, o rei estava se preparando para ir ao quarto da rainha deitar com ela mais uma vez, quando chegou o bispo inquisidor D. Nuno Cunha, trazendo um frade franciscano velho. O bispo informou ao rei: *Aquele que além está é frei Antônio de S. José, a quem, falando-lhe eu sobre a tristeza de vossa majestade por lhe não dar filhos a rainha nossa senhora, pedi que encomendasse vossa majestade a Deus para que lhe desse sucessão, e ele me respondeu que vossa majestade terá filhos se quiser, e então perguntei-lhe que queria ele significar com tão obscuras palavras, porquanto é sabido que filhos quer vossa majestade ter, e ele respondeu-me, palavras enfim muito claras, que se vossa majestade prometesse levantar um convento na vila de Mafra, Deus lhe daria sucessão, e tendo declarado isto, calou-se D. Nuno e fez um aceno ao* ***arrábido***[254] " (p.14)

---

253. Popularmente significa que ela é estéril.
254. Arrábido: Capucho do convendo da Arrábida (Portugal).

O rei então prometeu construir um convento de franciscanos em Mafra. O narrador descreve a riquíssima cama *tecida e bordada de florões e relevos de ouro*, porém infestada de percevejos. Após o coito, a rainha deve manter-se quieta na cama, em repouso, para não perder a semente real que guarda consigo. Adormece rezando e tem sonhos esquisitos. Num deles vê seu cunhado, o infante D. Francisco, dançando em volta dela, trepado em pernas de pau.

O narrador passa a contar milagres de que tem conhecimentos. Um deles envolve a morte de Miguel da Anunciação, frei franciscano vitimado por tifo ou febre tifóide. O corpo do frei não se endureceu, nem se corrompeu, como temiam os médicos, mas, pelo contrário, exalou um suavíssimo cheiro durante três dias, embalsamando a igreja.

Outro caso relatado é o dos ladrões que foram roubar uma igreja e o próprio santo padroeiro, S. Francisco, foi recebê-los. Um deles caiu de susto e ficou estatelado, estático, pregado no chão, até que os fiéis tiveram a idéia de colocá-lo sobre o altar do santo, dando-se então o milagre. O santo, ou melhor, a sua imagem, pôs-se a transpirar, eliminando grande quantidade de suor, enquanto o ladrão se curava, recuperava seus movimentos e tomava seu caminho.

Caso não menos interessante é o do roubo ao convento de S. Francisco de Xabregas, que teve as lâmpadas de prata roubadas. No outro vem um estudante, *cujo convém dizer logo que desde há tempos andava pretendendo o hábito da casa, e esta informação se dá, primeiro, por ser verdadeira e sempre servir a verdade para alguma coisa, e, sendo, para auxiliar quem se dedique a decifrar actos cruzados, ou palavras cruzadas quando as houver, enfim, bateu o estudante à portaria e disse que queria falar ao prelado.* (p.23) O estudante informou ao prelado que tinha ouvido dizerem na cidade que as lâmpadas roubadas estavam no mosteiro jesuíta da Cotovia, distante dali, do lado oposto da cidade. Lá foram e encontraram as ditas lâmpadas. O narrador pára a narração e passa à reflexão: *Regressaram as lâmpadas a Xabregas, e agora pense cada um de nós o que quiser. Terá sido o estudante, afinal tunante e bargante, que delineou o estratagema para poder entrar as portas e vestir o hábito franciscano como de facto veio a vestir, e por isso roubou e foi entregar, com muita esperança de que a bondade da intenção lhe perdoasse a fealdade do pecado no dia do juízo final.* (p.24) Com o mesmo disfarçado cinismo e ironia o narrador insinua que os padres, em confissão, teriam ouvido da rainha que ela estava grávida, e ainda não dissera ao rei, garantindo assim a realização do milagre.

Correu o **entrudo**[255] pelas ruas de Lisboa e muitos exageraram na diversão e "*se mais gente não se espojou, por travessas, praças e becos, de barriga para o ar, é porque a cidade é imunda, **alcatifada**[256] de excrementos, de lixo, de cães lazarentos e gatos vadios, e lama mesmo quando não chove*". (p.28)

---

255. Entrudo: carnaval.
256. Alcatifada: atapetada.

Chegou a quaresma e o tempo de mortificar o corpo "*parco e porco da pocilga que é Lisboa*". Nas procissões os penitentes se batem e urram de dor e de prazer, dor pelos ferimentos causados pelos instrumentos de auto-tortura e prazer porque sabem que suas amadas estão vendo e porque pensam nos prometidos gostos do corpo.

Enquanto os amados se machucam e o sangue corre, as mulheres latejam sob as saias, apertando e abrindo as coxas segundo o ritmo de sua excitação. É claro que tudo isso não tem nada a ver com Deus. Nesses dias, as mulheres dizem aos maridos que vão rezar, conseguindo permissão para ir à rua apenas com a companhia de uma escrava ou criada. Na verdade, de uma igreja a outra, sempre acontece ter um homem à espera, mas ao chegar em casa, tarde, a esposa diz que vem morta de canseira, moidinha dos pés, arrastadinha dos joelhos e fala apaixonada que visitou sete igrejas. Apenas as rainhas não se podem dar tais desafogamentos, principalmente quando, como D. Maria Ana, ela está grávida de seu legítimo senhor. Por isso D. Maria Ana deita-se cedo e sonha, como sempre, principalmente com D. Francisco, que hoje chega mais perto do que antes.

O narrador focaliza um homem a sacudir a espada, com desparelhadas vestes, descalço e informa que era soldado, de nome Baltasar Mateus, apelidado Sete-Sóis. Foi ferido na luta, em frente de Jerez de los Caballeros, tendo perdido a mão esquerda, na *grande entrada de onze mil homens que fizemos em Outubro do ano passado.* Sete-Sóis foi mandado embora do exército por não mais ter serventia nele. Pede esmolas durante um tempo e com o dinheiro manda fazer um gancho e um espigão que, quando quer, amarra ao coto do braço, o que lhe facilita algumas atividades.

Sete-Sóis passa por Aldegalega, onde dorme após comer umas sardinhas fritas e beber uma tigela de vinho. No dia seguinte toma um barco e vai para Lisboa. Durante a viagem, ganha de uma mulher um pouco de comida. Responde ao marido desta, quando lhe pergunta a idade, que tem vinte e seis anos.

O narrador informa que D. Maria Ana não irá hoje ao auto-de-fé porque sofreu várias sangrias em virtude de seu precário estado de saúde. Anuncia também que a rainha está de luto porque morreu o irmão dela, D. José, imperador da Áustria. Depois, comenta como os portugueses gostam dos autos-de-fé, talvez pelo cheiro de carne queimada. Durante o auto-de-fé, Sebastiana Maria de Jesus, condenada, vê sua filha Blimunda junto ao Padre Bartolomeu Lourenço e de Baltasar. Vê quando a filha trava conhecimento com Sete-Sóis. Blimunda convida o soldado maneta a ir a sua casa. Janta com ele e o convida a ficar. Ele hesita, mas acaba ficando.

Deitaram-se. Blimunda era virgem. Que idade tens, perguntou Baltasar, e Blimunda respondeu, dezanove anos, mas já então se tornara muito mais velha. Correu algum sangue sobre a esteira. Com as pontas dos dedos médio e indicador humedecidos nele, Blimunda persignou-se e fez uma cruz no peito de Baltasar, sobre o coração. Estavam ambos nus. Numa rua perto ouviram vozes de desafio, bater de espadas, correrias. Depois o silêncio. Não correu mais sangue.

Quando, de manhã, Baltasar acordou, viu Blimunda deitada ao seu lado, a comer pão, de olhos fechados. Só os abriu, cinzentos àquela hora, depois de ter acabado de comer, e disse, Nunca te olharei por dentro. (p.57)

O narrador fala de como os lusos gostam de pão: *Parece que não sabem comer outra coisa.*

Padre Bartolomeu vai ao palácio a pedido de Sete-Sóis para ver se não há uma pensão de guerra para ele. Volta o padre com a notícia de que lhe aconselharam a escrever uma petição e esperar. Ficamos sabendo que Bartolomeu nasceu no Brasil, é grande conhecedor de literatura, sabendo de cor de Virgílio a Horácio, de Ovídio a Sêneca. Além disso, freqüenta a corte e priva da amizade do rei D. João V.

Baltasar espanta-se. Como esse padre pode falar ao rei, conhece a mãe de Blimunda, mas nada fez por ela? Baltasar pergunta ao padre porque o apelidaram Voador, pois ouviu isso de João Elvas. Então o padre explica que fez um balão que voou e ardeu, depois construiu outro que subiu até o teto duma sala do paço, e enfim outro que saiu por uma janela da Casa da Índia e ninguém tornou a ver. Explica que ainda não voou em pessoa, só os balões, mas foi o mesmo que ter voado ele. Baltasar descobre então que o padre procurou conhecer Sebastiana, a mãe de Blimunda, porque ela tinha visões, esperando que tais visões o ajudassem na arte de voar. Logo viu que não, que teria que suar muito em pesquisas e experiências. Só a ciência o poderia ajudar. Na seqüência, Sete-Sóis pede ao padre que lhe explique por que Blimunda come pão antes de abrir os olhos de manhã. O padre diz que sabe mas não conta e acrescenta: *Só te direi que se trata de um grande mistério, voar é uma simples coisa comparando com Blimunda.* (p.65) O padre leva Baltasar consigo até S. Sebastião da Pedreira para ver sua máquina voadora em construção. Chegando lá, convence Sete-Sóis a ajudá-lo na confecção de sua passarola, como todos desdenhosamente a chamavam.

A serviço do padre, Baltasar vai transportar carne no açougue do Terreiro do Paço, que já visitara uma vez, ao chegar em Lisboa.[257]

A rainha D. Maria Ana está próxima do parto. Todos rezam, pedindo a Deus que a rainha tenha um "infante macho", pois isso daria muito contentamento a el-rei, mas o narrador afirma que *D. João V vai ter de contentar-se com uma menina*[258] . Enfim, nasce a infanta, logo chove e todos dizem que o nascimento da menina trouxe auspícios de felicidade. Na pia, ao ser batizada por sete bispos, a menina recebe o nome de Maria Xavier Francisca Leonor Bárbara, já recebendo o título de Dona.

Blimunda vai ver no castelo os adornos e as luminárias todas acesas. Vai também Baltasar, cansado de tanto ter carregado carne para os festejos.

Termina o narrador essa sétima unidade com uma informação e um comentário digressivo: *Em um qualquer destes meses que passaram,*

257. Aqui confirma-se o que dissera o narrador na quarta unidade ou capítulo.

258. Mais uma vez, o narrador quebra a narrativa para avisar o leitor de como acontecerá no futuro, antecipando informações com sua onisciência.

morreu de santa morte frei Antônio de S. José. Salvo se vier a aparecer em sonhos a el-rei, já não poderá recordar-lhe a promessa, porém sosseguemos, a pobre não emprestes, a rico não devas, a frade não prometas, e D. João V é rei de palavra. Haveremos convento. (p.74)

Dorme Baltasar ao lado de Blimunda. Meses já se passaram do que foi contado na unidade anterior. O ano já é outro. Cai chuva no telhado. Amanhece. Blimunda come seu pão, de olhos fechados, como sempre e hoje se saberá o motivo, pois o soldado escondeu o pão. Ela desespera-se quando não o encontra e suplica ao amante que o entregue. Lutam desesperados. Ele promete entregar-lhe o pão se ela contar que mistério é esse. Blimunda garante que se lhe der o pão, contará. Após comer, conta-lhe então que, se estiver em jejum, ela vê dentro das pessoas, mas como tinha prometido a ele nunca o olhar por dentro, precisa comer antes de abrir os olhos. Ele duvida. Então ela faz um acordo de no dia seguinte sair em jejum e contar-lhe tudo que vir, mas não quer que ele fique à frente dela, para não quebrar sua promessa.

No dia seguinte, saem, e Blimunda vai dizendo tudo que vê e que está oculto aos olhos normais.

E isto lhe diz, A mulher que está sentada no degrau daquela porta tem na barriga um filho varão, mas o menino leva duas voltas de cordão enroladas ao pescoço, tanto pode viver como morrer, a sabê-lo não chego, e este chão que pisamos tem por cima barro encarnado, por baixo areia branca, depois areia preta, depois pedra cascalha, pedra granita no mais fundo, e nela há um grande buraco cheio de água com o esqueleto de um peixe maior que o meu tamanho, e este velho que passa está como eu estou, de estômago vazio, mas vai-se-lhe a vista, é o contrário de mim, e aquele homem novo que me olhou tem o seu membro de homem apodrecido de venéreo, purgando como uma bica, enrolado em trapos, e apesar disso sorri, é a sua vaidade de homem que o faz olhar e sorrir, prouvera que não tenhas tu destas vaidades, Baltasar, e sempre te aproximes de mim limpo, e ali vai um frade que leva nas tripas uma bicha solitária que ele tem de sustentar comendo por dois ou três, por dois ou três comeria mesmo que a não tivesse...[259] Depois de muito contar, para provar ao incrédulo soldado, ela revela onde encontrará uma moeda. Ele cava e encontra uma moeda de ouro. Para encerrar seu relato de visões, avisa que a rainha já está grávida novamente, mas ainda é cedo para ver se é menino ou menina. Blimunda pede que Baltasar a leve para casa, pois quer comer e deitar com ele.

D. Nuno da Cunha torna-se cardeal. O narrador para descrever o que acontece no palácio, convida o leitor a uma cumplicidade, empregando a primeira pessoa do plural e sugerindo-lhe que empregue os poderes de Blimunda: *... mas conhecendo nós as artes de Blimunda, imaginemos que ela aqui está, veremos o cardeal subindo por entre fileiras de guardas...* e, assim por diante, narra todos os procedimentos, todas as cortesias. Com humor

---

259. Por mais de uma página segue esse vertiginoso falar de Blimunda, sem um ponto, produzindo no leitor e na leitura uma sensação de risco, de abismo, que tira o fôlego.

crítico, chega ao momento final: *...ponto por ponto, até que enfim desce o cardeal à capela onde se vai cantar o Te Deum laudamus, louvado seja Deus que tem de aturar estas invenções.* (p.85) Da tença que pediu Baltasar, não há notícia, apesar da insistência do padre Bartolomeu Lourenço. Prenuncia o narrador que o maneta será mandado embora do açougue. Anuncia que nasceu o segundo filho da rainha, o infante D. Pedro. Baltasar conta casos de sua guerra a Blimunda, que lhe segura no gancho como se a verdadeira mão fosse. El-rei foi a Mafra escolher o sítio onde há-de ser levantado o convento. Ficará neste alto a que chamam da Vela.

Baltasar carrega entre seus ferros a chave da quinta do duque de Aveiro, pois é o braço direito do padre Voador. Blimunda deixa seu casebre pegado à muralha do castelo para estar onde estivesse Sete-Sóis. O casal vive bem e feliz, bastando-se um ao outro. Essa felicidade parece conduzir o narrador a um estado lírico, pelo menos é o que se pode sentir lendo este parágrafo que vamos transcrever na íntegra:

Uma vez por outra, Blimunda levanta-se mais cedo, antes de comer o pão de todas as manhãs, e, deslizando ao longo da parede para evitar pôr os olhos em Baltasar, afasta o pano e vai inspeccionar a obra feita, descobrir a fraqueza escondida do entrançado, a bolha de ar no interior do ferro, e, acabada a vistoria, fica enfim a mastigar o alimento, pouco a pouco se tornando tão cega como a outra gente que só pode ver o que à vista está. Quando isto fez pela primeira vez e Baltasar depois disse ao padre Bartolomeu Lourenço, Este ferro não serve, tem uma racha por dentro, Como é que sabes, Foi Blimunda que viu, o padre virou-se para ela, sorriu, olhou um e olhou outro, e declarou, Tu és Sete-Sóis porque vês às claras, tu serás Sete-Luas porque vês às escuras, e, assim, Blimunda, que até aí só se chamava, como sua mãe, de Jesus, ficou sendo Sete-Luas, e bem baptizada estava, que o baptismo foi de padre, não alcunha de qualquer um. Dormiram nessa noite os sóis e as luas abraçados, enquanto as estrelas giravam devagar no céu, Lua onde estás, Sol aonde vais. (p.90)

É na quinta que o padre vem treinar os seus sermões, como o que pregará na festa dos desponsórios de S. José, encomendado pelos dominicanos. Padre Lourenço diz que vai à Holanda, terra de muitos sábios, para aprimorar seus conhecimentos e aplicar em sua máquina. Explica a Blimunda como funcionará sua nave. Ela, pelas informações, pensa que a passarola pode ir até o sol, mas o padre alerta que tem as velas para permitir a parada quando se quiser.

Espera-se o auto-de-fé. O narrador fala dos sentenciados, dando-lhes nomes e heresias. Um deles se chama Manuel Mateus, de alcunha Saramago, sobre quem o narrador indaga-se *sabe-se lá que descendência a sua será*[260] e foi condenado por ser feiticeiro. Ao todo, são cento e trinta e sete pessoas. Blimunda e Baltasar não vão ver o auto-de-fé. Padre Lourenço parte para a Holanda por mar, agora calmo, pois já se firmou a paz com a França. Baltasar e Blimunda saem de Lisboa e vão para Mafra.

---

260. Irônica referência ao próprio autor da obra.

Baltasar chega com Blimunda à casa de sua mãe, Marta Maria. O pai de Baltasar lhe diz que vendeu a terra que tinham na Vela por treze mil e quinhentos réis. Sabe que vai fazer falta, mas foi o próprio rei que assim quis, pois ali vai fazer o convento. Espera-se que o cunhado de Baltasar, Álvaro Pedreiro, possa ganhar um bom dinheiro. No outro dia, após a chegada do casal, vem Álvaro Pedreiro, que na verdade se chama Álvaro Diogo, e sua mulher, a irmã de Baltasar, Inês Antônia.

Conta o narrador que a rainha está grávida outra vez. Conta ainda que D. Maria terá seis filhos e que é muito devota, rezando muito e a muitas igrejas e conventos visitando, menos o de Odivelas, porque esse é muito visitado pelo rei, não para rezar, mas para gerar filhos bastardos nas freiras. Anda o rei doente e vai tratar-se em Azeitão, com **mezinhas**[261] e bons ares, enquanto D. Maria Ana fica em Lisboa a rezar e a ouvir as tramas do infante D. Francisco, que deseja casar com ela e ser rei, caso morra seu irmão D. João V.

Padre Bartolomeu Lourenço[262], depois de três anos, volta à quinta de S. Sebastião da Pedreira. Depois de algumas semanas vai a Coimbra para ver se lá há sábios que o possam ajudar. Passa por Mafra e visita Sete-Sóis e Sete-Luas. No dia seguinte, antes de partir, pede a Blimunda que fique em jejum, pois quer que ela olhe para as pessoas e procure ver a vontade de cada um, pois é a vontade e não a alma, que forma o éter. Crê, então, que para seu balão voar precisará de muitas vontades. Ela olha para o padre e vê uma nuvem sobre a boca do estômago, e ele interpreta isso como um sinal de que ele voará. Ele tira do alforje um frasco de vidro com uma pastilha de âmbar ao fundo, também chamado electro, que serve para atrair o éter. Pede a Blimunda que fique com ele e nele recolha a vontade das pessoas, bastando abri-lo que ele atrairá a vontade da pessoa. Termina dizendo: *Vou para Coimbra, de lá, a seu tempo, mandarei recado, então irão os dois para Lisboa, tu*[263] *construirás a máquina, tu recolherás as vontades, encontrar-nos-emos os três quando chegar o dia de voar, abraço-te Blimunda, não me olhes tão de perto, abraço-te Baltasar, até à volta.* (p.125)

Álvaro Diogo, o pedreiro, diz que vai trabalhar nas obras do convento. Inês Antônia pensa no filho que morreu e torna-se condescendente com o filho que brinca na água da chuva. Marta Maria sofre uma dor que lhe trespassa o ventre. Blimunda vai à missa comungar

---

261. Chás de ervas medicinais.

262. Religioso e inventor brasileiro, nasceu em Santos, SP, em dezembro de 1685 e morreu em Toledo a 19 de novembro de 1624. Jesuíta, interessou-se por problemas mecânicos e efetuou sua primeira experiência em Lisboa no pátio da embaixada na Casa da Índia, castelo de São Jorge, tendo o aparelho aterrado no terreiro do Paço. Projetava ainda fabricar artefatos hidráulicos particularmente um sobre o qual escreveu o opúsculo de 13 páginas publicado em Lisboa e intitulado "Vários modos de esgotar sem gente as naus que fazem água". Intrigas palacianas impediram seu intento e por duas vezes fizeram-no ser afastado da corte em Lisboa.

263. Em muitos momentos dessa narrativa, o leitor precisa ficar atento para entender quem fala ou a quem fala. Aqui, por exemplo, se estiver alerta não é difícil perceber que o construtor é Baltasar e o outro "tu", pelo que foi dito antes, só pode ser Blimunda.

sem ter comido seu pão com o fim premeditado de ver Deus na hóstia, mas apenas vê uma nuvem fechada como a que viu no padre Bartolomeu. Fica triste, soluça e é consolada por Baltasar. Recebem duas cartas do padre. Uma de Coimbra e logo outra de Lisboa, pedindo que para lá fossem. Álvaro Diogo começa a trabalhar na construção do convento. Um grande vento derruba a igreja de madeira. O rei distribui moedas de ouro e os pedreiros se desdobram refazendo tudo em tempo curto. Chega o dia da inauguração da igreja, comparece D. João V. Baltasar e Blimunda conseguem ter a sorte de entrar nela, pois "nem todos vieram a gabar-se disso". No dia seguinte, nova rajada do vento do mar, mas não fez o estrago de antes. No outro dia, "*dezassete de Novembro deste ano da graça de mil setecentos e dezassete*", quando oficialmente se dá início à construção: *Foi a pedra principal benzida, a seguir a pedra segunda e a urna de jaspe, que todas três iriam ser enterradas nos alicerces...* até o local cavado na terra em que seriam colocadas com todas as cerimônias necessárias. Nessas cerimônias, Blimunda fica atenta e recolhe as vontades daqueles que estão prontos para perdê-la.

Uma semana depois, partem Baltasar e Blimunda para Lisboa. Na despedida, a mãe de Baltasar lhe põe a bênção e diz que não tornará a vê-los, comenta o narrador que isso é verdade, pois *as paredes da basílica não terão um metro acima do chão e já Marta Maria estará enterrada.* Após uma viagem razoavelmente tranqüila, chegam os dois à quinta do duque, em que está a passarola do padre.

Baltasar encontra a máquina de voar em péssimo estado e como o padre lá não está, decide desmanchá-la e começar tudo de novo. A conselho de Blimunda, o maneta constrói uma forja na quinta. Quando o padre chega encontra a forja feita e a pia com água para temperar o ferro, faltando apenas o fole, pois Baltasar não sabia como fazê-lo. O padre quer saber quantas vontades Blimunda recolheu e ela informa que mais de trinta. Diz o padre que são necessárias mais de duas mil para fazer a máquina voar. Pede ainda que os dois façam absoluto segredo de tudo que acontece na quinta. Comunica que vai ser doutor em cânones e daqui para a frente a Corte e as Academias vão chamá-lo de Bartolomeu Lourenço de Gusmão. Continuam os trabalhos, vem a lua nova. Nesse período Blimunda só vê como todo mundo, torna-se normal.

Regressa de Coimbra o padre Bartolomeu, doutorado em cânones. Pergunta o rei ao padre se verá a máquina voar. Garante-lhe o padre que, se viver bastante, até mesmo voará nela. O rei convida-o para assistir à lição de música de sua filha, D. Maria Bárbara, orientada por Domenico Scarlatti. Ao terminar a lição, músico e padre saem conversando.

No dia seguinte à conversa desses dois, Baltasar vai à quinta e leva o músico consigo. Ao conhecer Blimunda e Baltasar, que está todo sujo naquele momento, o italiano Scarlatti pensou em Vênus e Vulcano[264], com o que não concorda o narrador, pois nem o maneta é coxo e não se sabe como o corpo de Blimunda é debaixo das roupas grosseiras que

264. Divindades da mitologia pagã: Vênus ou Afrodite, a bela deusa do amor, era esposa do feio e coxo Hefaístos ou Vulcano.

veste. O músico examina a máquina por fora e por dentro, depois se vai, ficando o padre. Scarlatti falou em voltar e disse que talvez trouxesse seu cravo para tocar para eles. Durante toda a noite fica o padre no pátio tentando examinar o mistério da trindade e unidade de Deus *olhando o céu e murmurando em tentação.* (p.173)

Volta Scarlatti e traz seu cravo para a quinta do duque de Aveiro e toca para o casal. Exprime seu desejo de subir com a máquina aos céus e tocar lá sua música. O padre avisa Blimunda que Lisboa está atormentada por uma grande doença trazida por uma nau do Brasil, que está a matar muita gente, sendo ótima a ocasião para recolher as vontades dos moribundos. Mas alerta que será perigoso. Blimunda não teme e sai a campo para recolher vontades. Quando termina a epidemia *havia, bem contadas, duas mil vontades no frascos.* Então, Blimunda ficou doente, deixando o padre roído de remorsos. Muitas vezes, ao sair à noite de volta à cidade, desejou ele que algum assaltante o atacasse, vingando Blimunda. Scarlatti vai à quinta e toca durante muito tempo. Sua música traz a vontade de Blimunda à vida como se ela estivesse esperando apenas por essa música. Durante vários dias o músico volta e toca algumas horas até que Blimunda se recupere de todo. Quando o músico pára de vir, o casal inquieta-se com a ausência do padre. Vão à cidade procurar por ele e não o encontram em sua casa. Ficam à sua espera e ao meio-dia ele chega, muito magro e abatido, dizendo que só estava à espera de que Baltasar chegasse para matá-lo. Abraçam-se e o casal comunica que a máquina está terminada. O padre quer experimentá-la antes de avisar ao rei, pois não quer que tornem a rir-se dele, como há quinze anos fizeram. Pede que voltem para a quinta que logo também para lá irá. Blimunda pede a bênção, que é recusada pelo padre: *Não posso, não sei em nome de que Deus a deitaria, abençoem-se antes um ao outro, é quanto basta, pudessem ser todas as bênçãos como essa.* (p.187)

Navegavam juntos D. Francisco e seu irmão o infante D. Miguel, quando veio uma rajada forte de vento virando a embarcação e afogando D. Miguel. O rei perde o processo contra o duque de Aveiros, dono da quinta onde está a passarola. Chega o dia de voar. *A máquina estremeceu, oscilou como se procurasse um equilíbrio subitamente perdido, ouviu-se um rangido geral, eram as lamelas de ferro, os vimes entrançados, e de repente, como se a aspirasse um vórtice luminoso, girou duas vezes sobre si própria enquanto subia...* Contente o padre abraça o casal e pensa numa analogia que o músico italiano fez: *Deus ele próprio, Baltasar seu filho, Blimunda o Espírito Santo, e estavam os três no céu, Só há um Deus, gritou, mas o vento levou-lhe as palavras da boca. Então Blimunda disse, Se não abrirmos a vela, continuaremos a subir, aonde iremos parar, talvez ao Sol.* (p.197)

Scarlatti chega à quinta a tempo de ver voar a máquina. Por precaução atira seu cravo no poço, destruindo qualquer sinal de que tenha estado ali. A passarola passa sobre Mafra Depois, em poucos minutos, atinge a costa do mar. Felizmente, por uma inspiração de Blimunda e ação resultante dela, conseguem fazer a máquina pousar suavemente. Não sabem onde estão e é noite fechada. O padre tenta pôr fogo à máquina, mas é impedido pelo casal. Quando Blimunda indaga a causa, ele responde que se terá de morrer numa fogueira, melhor seria que fosse nessa. Pouco depois, no escuro da noite, sai o padre e não volta. Cobrem a máquina com arbustos, identificam o lugar como sendo a serra do Barregudo, caso precisem voltar. Procuram o padre ou rasto seu e nada encontram. Vão para Mafra. *Levaram dois dias a chegar a Mafra, depois de um largo rodeio, por fingimento de que vinham de Lisboa. Andava procissão na rua, todos dando graças pelo prodígio que fora Deus servido fazer, mandando voar por cima das obras da basílica o seu Espírito Santo.* (p.207)

Baltasar pergunta ao cunhado, Álvaro Diogo, em que poderia ele trabalhar. Durante o jantar falam da passagem do Espírito Santo sobre a obra. Baltasar e Blimunda nada dizem. Álvaro diz a Sete-Sóis que ele pode trabalhar de servente. Baltasar, no dia seguinte, é aceito na obra, sem saber bem se foi pela apresentação do cunhado, se por ser ele dali de Mafra, ou por ter a força dos trinta e nove anos ou, simplesmente, por ter passado por ali o Espírito Santo há três dias. Baltasar corre o lugar, conhece o acampamento, mas não precisará dormir nele, pois tem casa em Mafra, *e mulher para dormir acompanhado, coitados de tantos, vindos de longe, mais custoso de aguentar é justamente quando se arma o pau no homem, de certeza não vão chegar as viúvas de Mafra para satisfazer tanta precisão, como será.* Com esses pensamentos vai o ex-soldado até chegar onde ficam acampados os soldados, então se emociona e chega a sentir saudades da guerra. O narrador descreve os sentimentos e pensamentos de Baltasar e, de um pensamento a outro, de uma digressão a outra, acaba falando de um holandês, Hans Pfaall, que teria voado à lua muito depois daquele momento e para mais espantar fala de fato semelhante no século XX: *Não faltava mais nada que conhecer Baltasar estes acontecimentos futuros, e outros mais cabais, como já terem ido dois homens à lua, que todos os vimos lá...* (p.216)

A Mafra chegaram soltas notícias de que em Lisboa se sentiu um terramoto, sem outros estragos que cairem beirais e chaminés..., mas logo depois sucedeu um terrível maremoto que destruiu cento e vinte embarcações de grande porte e matou cento e sessenta pessoas.

Dois meses depois do vôo, Baltasar voltou ao Monte Junto para ver a máquina de voar, que estava do mesmo jeito. Ao chegar em casa é recebido por Blimunda, que o espera com uma novidade: Domenico Scarlatti está na casa do senhor visconde. Durante à noite ouvem uma música de cravo, que além deles ninguém mais ouve a não ser o velho pai de Baltasar. Blimunda ronda o palácio. Scarlatti pedira licença ao rei para ver as obras do convento. Scarlatti e Blimunda passam um pelo outro, mas ambos disfarçam para não despertar comentários. O músico conta a Blimunda que o padre morreu em Toledo, Espanha, no dia "dezanove de Novembro" na mesma data da catástrofe que atingiu Lisboa, podendo muito bem ser um sinal do céu que ele fosse santo. Ao outro dia partiu triste o músico, deixando o casal também muito triste.

Descreve o narrador os bens preciosos de D. João V, vindos das terras portuguesas distantes, Macau, Melinde, Goa, São Tomé e Brasil.

Baltasar deu para beber desde que soube da morte do padre. Nas conversas dos bares diz que está agora com quarenta anos e no embalo diz coisas de sua vida, as quais acabam intrigando os demais. Um fala de uma bruxa que voava em vassoura. O maneta protesta: *Eu não sou bruxo, ponham-se a dizer essas coisas, e leva-me o Santo Ofício, e também ninguém me ouviu dizer que voei, Mas declaraste que estiveste perto do sol, e ainda outra coisa, que começaste a ser igual a Deus depois de teres ficado sem a mão, se tal heresia chega aos ouvidos do Santo Ofício, então é que não te salvas mesmo...* (p.238)

Descreve o narrador os serviços dos construtores do convento e faz digressões. Durante muitos meses, Sete-Sóis puxou e empurrou carros de mão. Cansado de ser mula de liteira, Baltasar consegue ser promovido a boieiro por influência de outro operário, o corcunda José Pequeno. Assim, o maneta passa a andar com uma junta de bois, das muitas que el-rei tinha comprado. Estava há pouco tempo nessa nova lida, quando se teve notícia de que deviam buscar uma enorme pedra em Pêro Pinheiro. Entre os muitos homens e quatrocentas cabeças de bois que vão estão o maneta e o corcunda. É um mês de julho e logo cedo já se faz quente.

Logo ao sair, um homem se distrai e tem seu pé esmagado sob as rodas. Baltasar vê o sangue esguichar e se lembra de quando perdeu a mão em Jerez de los Caballeros, quinze anos atrás. Vai o narrador descrevendo e comentando digressivamente cada aflição, cada dificuldade da viagem e as conversas dos homens nos momentos de descanso, como a de Manuel Filho sobre a rainha e o ermitão. Vai aqui uma digressão interessante do narrador, digna de um cronista do porte de Fernão Lopes: *Deve-se a construção do convento de Mafra ao rei D. João V, por um voto que fez se lhe nascesse um filho, vão aqui seiscentos homens que não fizeram filho nenhum à rainha e eles é que pagam o voto.* (p.257)

Um dos homens que trabalham no calço, Francisco Marques, descuida-se, *não se sabe como isto foi, apenas que o corpo está debaixo do carro, esmagado, passou-lhe a primeira roda por cima, mais de duas mil arrobas só a pedra* e o ventre do homem ficou feito uma pasta de vísceras e ossos e as pernas quase separadas do corpo, sem falar do sexo que, segundo o narrador, *não há sinal, nem vestígio, nem um simples farrapito.*

Depois de muito caminhar, em outra noite de descanso, Manuel Milho retoma sua narrativa e comenta o narrador *falta aqui um ouvinte, só eu, e tu*[265]*, damos pela ausência, outros nem sabiam quem fosse Francisco Marques, alguns o viram morto, a maior parte nem isso, não se vá julgar que desfilaram seiscentos homens diante do cadáver em última e comovida homenagem, são coisas que só acontecem nas epopeias*[266]*, vamos nós*

---

265. Mais uma vez o narrador intruso chama o leitor à cena, convocando-a à participação do processo narrativo.

266. De uma só vez, funde o narrador a crítica social, a ironia amarga e a metalinguagem, mostrando que sua narrativa não apresenta a história do ponto de vista da elite, mas da arraia miúda. Este estilo é o mesmo da fala do homem Saramago, sendo coerente com a afirmação dele mesmo de que é o narrador principal da obra.

então à história (p.261) e passa a contar a história que Manuel Milho conta[267]. Depois de oito dias completos chegam a Mafra sujos, esfarrapados, como chegando duma guerra perdida. Todos se admiravam do tamanho da pedra. Tão grande! *Mas Baltasar murmurou, olhando a basílica, Tão pequena.* (p.264)

Seis ou sete vezes Baltasar voltou ao Monte Junto para remediar a máquina voadora. Pela primeira vez, depois de três anos, Blimunda resolve ir junto. Lá vão eles *Toque-toque-toque, lindo burriquito, deste não o diria o verso*[268], *que tem, o verso não, não poucas mataduras debaixo do albardão, mas caminha contente o asno* carregando Blimunda e já são dezesseis anos passados desde que a vimos pela primeira vez. Cuidaram da máquina, dormiram lá, voltando para casa só na manhã do dia seguinte.

Morre o pai de Baltasar, João Francisco Mateus, deixando *um quintal e uma casa velha. Tinha um cerrado no alto da Vela. Levou anos a limpá-lo de pedras até que a enxada pudesse cavar em terra fofa. Não valeu a pena, as pedras já lá estão outra vez*[269], *afinal para quem vem um homem a este mundo.* (p.276)

Digressivamente o narrador comenta que os gostos e atitudes dos reis são como de todo mundo. Por exemplo, atualmente D. João tem deixado de lado um hábito seu que consistia em armar uma réplica da basílica de S. Pedro de Roma, que tem ficado na arca, esquecida. O jogo já não tem mistério para ele. Para retomar esse gosto, procura fazer que os filhos, D. José e D. Maria Bárbara, enfeiada pelas marcas da bexiga, montem a basílica. D. José está com catorze e D. Maria com dezessete anos.

No dia seguinte, o rei mandou chamar o arquiteto de Mafra, um tal João Frederico Ludovice e disse-lhe: *É minha vontade que seja construída na corte uma igreja como a de S. Pedro de Roma.* Pensou o arquiteto: *este rei não sabe o que pede, é tolo, é néscio, se julga que a simples vontade , mesmo real, faz nascer um Bramante, um Rafael*, mas sabe o arquiteto que não se pode responder a um rei com negativa. Por isso, com muitos rodeios, diz ao rei que levaria tanto tempo, que muito antes da obra terminar já teriam morrido os seus netos, então não valeria começar uma obra que só terminaria lá pelo ano dois mil. Troca o rei seu projeto por outro, resolve aumentar o convento de Mafra para abrigar trezentos frades e já emite ordens para que tudo se inicie. Manda ordens para arrasar o monte onde já começaram os trabalhos e dar início à nova construção. O vedor, doutor Leandro de Melo, quando lê a carta com as novas ordens fica pálido, mas não recusa nem vacila; levanta-se e reúne todos os encarregados dando-lhes as novas ordens. Muitos são os esforços e

---

267. Temos aqui mais uma narrativa de encaixe, gerando com isso um grande número de vozes falando na mesma história, criando uma polifonia de narradores, como se fosse uma narrativa feita socialmente pelo povo, num trabalho coletivo.

268. Referência a um poema do último livro (*Os Simples*) do escritor realista português Guerra Junqueiro.

269. Referência às pedras com que estão construindo o convento, aproveitando para questionar a ironia do destino a nos pregar tantas peças durante a nossa existência.

também os acidentes, como quando explodem *cinco minas que rebentaram inesperadamente e fizeram em pedaços três homens inteiros.*

Sete-Sóis precisa escrever uma carta-resposta ao rei, mas não tem coragem e se acanha de pedir a outros que o façam por ele. Enquanto isso, imagina mentalmente a carta que escreveria. Comenta o narrador que as palavras da carta pensada, mas não escrita, acabam atingindo o rei de alguma forma misteriosa, como as palavras em que diz ter sua mãe visto o início das obras do convento, mas que não verá o término, pois morreu. Pensa então o rei que com ele poderá acontecer o mesmo. Determina, por isso, que a inauguração da basílica seja no dia do seu aniversário, daqui a dois anos, em vinte e dois de outubro de mil setecentos e trinta, dizendo: *"assim o quero, ordeno e determino"* e conclui o narrador: "*e quando isto ouviram foram os camaristas beijar a mão do seu senhor, vós me direis qual é mais excelente, se ser do mundo rei, se desta gente*[270]." (p.289)

Mas Leandro de Melo e o arquiteto alemão, Ludovice, colocam água na fervura, dizendo que não é possível, talvez para dez anos depois, em mil setecentos e quarenta, quando o rei, se estiver vivo, teria cinquenta e um anos[271]. Claro que o rei não gostou. Finalmente decidiu, ficaria a mesma data já marcada, 1730, quando faria a sagração, faltando ou sobrando tempo, com sol ou chuva, neve ou vento, nem mesmo que se alague o mundo. Para atender ao desejo real, muitos trabalhadores são requisitados à força para apressar a obra.

"*Porém, ainda se encontram famílias felizes. A real da Espanha é uma. A de Portugal é outra.*" D. Maria Bárbara casa-se com um espanhol, D. Fernando, indo para lá com sua cara feia e bexigosa e seu professor de música, Domenico Scarlatti. Em janeiro de 1729, João Elvas sai de Lisboa, passa a Aldegalega, por onde também passa D. João V. João Elvas está entre o povo, pretendendo acompanhar o cortejo real à espera de esmolas.

Comentário: João, o pobre, vê passar o João, rei, acompanhado do príncipe D. José e do infante D. Antônio.

Ajoelhado no chão, João Elvas sente um momento de felicidade perfeita, depois vai se juntar ao rebanho de pedintes, que lá era o seu lugar. É recrutado para consertar as estradas por onde passam, pois tem chovido muito, e fica conhecendo Julião Mau-Tempo, que trabalhou com Baltasar em Mafra. João pede que se o encontrar de novo mande um abraço. O narrador comenta que Maria Bárbara está indo para a Espanha sem conhecer o convento que está sendo construído por causa de seu nascimento. Passam por Elvas, cidade do João, mas ele nem entra.

Chega da Espanha a comitiva para buscar D. Maria Bárbara. Na cerimônia de despedida, ouve-se uma música *delgadinha, suavíssima, um tilintar de sininhos de vidro e prata, um harpejo às vezes rouco, como se a*

270. Citação irônica da décima estrofe do canto I de *Os Lusíadas*, quando Camões dedica sua epopéia ao rei D. Sebastião: "Daqueles de quem sois senhor superno, / E julgareis qual é mais excelente, / Se ser do mundo Rei, se de tal gente.".

271. Com esses dados, fica fácil o leitor, mesmo que não conheça História, descobrir que o rei nasceu em 1689.

comoção apertasse a garganta da harmonia, emocionando todo mundo, inclusive João Elvas, que nunca saberá que naquele dia ouviu o cravo de Domenico Scarlatti.

Fala o narrador de diversos santos em procissão para serem levados para Mafra: S. Vicente, S. Sebastião, S. Francisco, Santa Isabel, Santa Clara e Santa Teresa. Sobre S. João de Deus, comenta o narrador: *cuja casa em Montemor foi visitada, há mais de ano e meio, por D. João V, quando levou a princesa à fronteira, e dessa visita não se falou na ocasião própria, o que demonstra a pouca importância que damos às glórias nacionais, oxalá o santo nos perdoe a ofensa da omissão* e continua dizendo que atrás desse vem mais outra meia dúzia de santos. Seguem também para a inauguração os caixões com paramentos e atavios para o culto divino e os noviços, *trinta esparvados e bisonhos adolescentes, com seu mestre frei Manuel da Cruz.* Chegam em Mafra, com os pés moídos e os olhos brilhantes[272], e aí são recebidos triunfalmente. Desce Baltasar ao vale e vai para sua casa. O narrador o descreve, mostrando como está envelhecido, com rugas e cabelos brancos.

Em casa, Baltasar ouve Álvaro Diogo dizer que os santos vão ficar onde deixaram, pois não há tempo de colocá-los em seus nichos, principalmente porque têm muito serviço a fazer para que a construção, ainda incompleta, dê pelo menos um ar melhor. Todos vão dormir e Baltasar convida Blimunda para ver os santos. Era uma noite de lua clara e fria. Visitam os santos e Blimunda sai descontente com a visão das figuras paradas, inertes, levando-se ao seguinte questionamento: *se isto é a santidade, que será a condenação?* Conversando com Baltasar, diz mais, diz que o pecado não existe, que só há morte e vida. Voltam para casa e fazem amor.

No dia seguinte, volta Baltasar, depois de meses, ao Monte Junto, na serra do Barregudo, para ver a passarola. Pensou em desmontar a máquina e transportá-la peça por peça. Entrou nela e... *distraído, não reparou onde punha os pés, de repente duas tábuas cederam, rebentaram, afundaram-se. Esbracejou violentamente para se amparar, evitar a queda, o gancho do braço foi enfiar-se na argola que servia para afastar as velas, e, de golpe, suspenso em todo o seu peso, Baltasar viu os panos arredarem-se para o lado com estrondo, o sol inundou a máquina, brilharam as bolas de âmbar e as esferas. A máquina rodopiou duas vezes, despedaçou, rasgou os arbustos que a envolviam, e subiu. Não se via uma nuvem no céu.* (p.335)

Em toda essa noite, Blimunda não dormiu. Pusera-se a esperar que Baltasar regressasse ao cair do dia, como em outras ocasiões acontecera, mas ele não apareceu. Cansada de esperar vai até o lugar da máquina e o encontra deserto, recolhendo o espigão que Baltasar tinha deixado cair. Dá um grito de desespero. Perambula durante todo o dia e à noite recolhe-se numa igreja, onde um frade dominicano tenta violentá-la[273], mas é morto por ela com o mesmo espigão que um dia Baltasar usara para matar um assaltante.

Blimunda vai para casa, recolhe roupas suas e de Baltasar, alguns

---

272. O narrador se pergunta se aquele brilho nos olhos será transporte de fé ou fome, deixando, como muitas outras vezes, a pergunta no ar, sem resposta.

273. Leia esse trecho na íntegra na antologia.

utensílios, colocando tudo em um alforje e sai. "Começava a escurecer, mas, agora, de nenhuma noite teria medo, se tão negra é a que leva dentro de si." (p.352)

Durante nove anos, sem parar, andando por todas as terras de Portugal e até chegando à Espanha, porque ela não via nada no chão que marcasse quando terminam as terras de cá e começam as de lá, Blimunda procura por Baltasar. É tomada por louca nuns lugares, em outros é apedrejada, mas nada a faz desistir.

No final desses nove anos, volta a Lisboa pela sétima vez e, em S. Domingos, sente cheiro de carne queimada. São onze condenados, queimados pela Inquisição. Ao perguntar quem são, ouve de uma mulher: *De três sei eu, aquele além e aquela são pai e filha que vieram por culpas de judaísmo, e o outro, o da ponta, é um que fazia comédias de* ***bonifrates***[274] *e se chamava Antônio José da Silva*[275] *, dos mais não ouvi falar.*

"São onze os supliciados. A queima já vai adiantada, os rostos mal se distinguem. Naquele extremo arde um homem a quem falta a mão esquerda[276] . Talvez por ter a barba enegrecida, prodígio cosmético da fuligem, parece mais novo. E uma nuvem fechada está no centro do seu corpo. Então Blimunda disse, Vem. Desprendeu-se a vontade de Baltasar Sete-Sóis, mas não subiu para as estrelas, se à terra pertencia e a Blimunda." (p.357)

V - SÍNTESE DO ENREDO

D. João V casa-se com D. Maria da Áustria, que sente dificuldades em dar-lhe um filho. Um frade diz ao rei que se ele prometer construir um convento em Mafra, Deus lhe dará o desejado filho. Faz o rei a promessa e a rainha fica grávida, se é que já não estava e só contara ao seu confessor.

Num auto-de-fé, várias pessoas vão ser castigadas, entre elas, Sebastiana Maria de Jesus, mãe de Blimunda. A filha, enquanto a mãe é castigada, trava conhecimento com um ex-soldado, maneta, de nome Baltasar Sete-Sóis, e o convida a ir para sua casa na companhia do padre Bartolomeu Lourenço. Jantam. O padre sai. Ela convida Baltasar a ficar e ele aceita, só se separando dela, mais tarde, por um acidente.

O padre fez algumas experiências com balões e está engendrando uma máquina para voar. Para construí-la pede ajuda a Baltasar. Um dia, quando a máquina fica pronta, saem os três para um vôo experimental. Caem perto de Mafra, terra de Baltasar. O padre desaparece

---

274. Bonifrates: teatro de bonecos, fantoches.

275. Antônio José da Silva, o Judeu, poeta e dramaturgo, nascido no Rio de Janeiro em 1705, autor de "As guerras de Alecrim e Manjerona", foi queimado pela Inquisição no ano de 1739. Esse é portanto o ano em que termina a narrativa.

276. É claro que se trata do maneta Baltasar, que Blimunda tanto procurara e que finalmente encontrou sendo queimado pela Inquisição.

na noite. Baltasar esconde a máquina e vai para casa de seus pais com Blimunda. Esta jamais o abandona.

Baltasar trabalha na construção do convento. Por volta de 1730, quando está próxima a sagração da igreja do convento, Baltasar acidentalmente faz a máquina voar e desaparece. Blimunda procura-o por todo o país, encontrando-o finalmente em Lisboa, em 1739, sendo executado num auto-de-fé do Santo Ofício.

VI - ESTRUTURA DA OBRA

FOCO NARRATIVO:

O narrador assume diferentes posições, podendo empregar tanto o foco narrativo de terceira pessoa, quanto o de primeira, além de inserir outros narradores em narrativas encaixadas. Vejamos um fragmento em terceira pessoa:

"*Frias hão-de ter parecido, a quem perto estivesse, as palavras ditas por Blimunda, Ali vai minha mãe, nenhum suspiro, lágrima nenhuma, nem sequer o rosto compadecido, que ainda assim não faltam estes no meio do povo apesar de tanto ódio, de tanto insulto e escárnio, e esta que é filha, e amada como se viu pelo modo como a olhava a mãe, não teve mais dizer senão, Ali vai, e depois voltou-se para um homem a quem nunca vira e perguntou, Que nome é o seu, como se contasse mais sabê-lo que o tormento dos açoites depois do tormento do cárcere e dos tratos, e que a certa certeza de ir Sebastiana Maria de Jesus, nem o nome a salvou, degredada para Angola...*" (p.54)

Em outros momentos, porém, podemos encontrar o foco de primeira pessoa, seja no singular, seja no plural, envolvendo o leitor (leitor incluso), buscando sua cumplicidade. Vejam alguns exemplos:

- "*...se não soubésse**mos** que alguns têm os seus amores à janela...*"
- "*... só muito mais tarde aprendere**mos** a chamar sádico...*"
- "*... que se declarou uma doença que **nos** ia matando a todos, por isso soltaram aqueles, **um deles sou eu**.*"

Ou como no momento em que a mãe de Blimunda, Sebastiana, identificou-se no texto ao apresentar as pessoas que iam ser castigadas no auto-de-fé, apontando para si mesma e dizendo "**esta** (ao contrário das outras a quem apontava dizendo "aquele" ou "aquela" como se estivesse apontando outra pessoa lá, fora de si) **sou eu**".[277]

Essa variação, mais os avisos do que vai acontecer depois, interligando dois pontos distantes da narrativa, conferem ao narrador um aspecto não apenas onisciente, mas divino mesmo, com visão panorâmica, cinematográfica e eterna, podendo falar do sermão que padre Antônio Vieira pregou na capela de S. Luís do Maranhão (séc. XVII) e dos homens que foram à lua no século XX: *Não faltava mais nada que conhecer Baltasar estes*

---

277. Isso levou-me a dizer anteriormente que ela era a narradora, o que poderia ser comprovado pelas suas visões, mas depois de ouvir do próprio Saramago, quando lhe disse isso, que ele mesmo era o narrador, retirei minha afirmação.

acontecimentos futuros, e outros mais cabais, como já terem ido dois homens à lua, que todos os vimos lá... (p.216).

Algumas vezes, a identificação da autoria de uma frase fica ambígua, impossibilitando ao leitor definir com precisão quem foi que a disse. É o caso do fragmento seguinte: *E para que alguma coisa se fosse adiantando entretanto, estendeu a mão à esmola, primeiro a um fidalgo que de boa maré lha deu, depois, por distracção, a um frade mendicante que passava exibindo uma imagem e oferecendo-a ao ósculo devoto, com o que João Elvas acabou por largar o que tinha recebido, Não me cair um raio em cima, será pecado praguejar, mas alivia muito.* (p.61)

Quem pronunciou a última frase? Seria o narrador? Seria o João Elvas? É o mais provável, se levarmos em conta que era o narrador que estava falando no momento anterior, introduzindo a fala da personagem através do discurso indireto livre.

TEMPO:

Prevalece o tempo cronológico, com datas (*dezassete de Novembro deste ano da graça de mil setecentos e dezassete*), ou registro de fatos históricos que permitem o levantamento cronológico que regula a narrativa como, no final, a execução na fogueira de Antônio José da Silva, o comediógrafo brasileiro que foi queimado pelo Santo Ofício em 1739.

Durante o ato de narrar, muitas vezes, vale-se o narrador do presente, reforçando esse efeito que acabamos de citar e favorecendo um modo de narrar cinematográfico, como se fosse uma câmera que está mostrando neste exato momento ao leitor o que está acontecendo. Vejamos um exemplo de presentificação da narrativa e da ação:

Este que por desafrontada aparência, sacudir da espada e desparelhadas as vestes, ainda que descalço, parece soldado, é Baltasar Mateus, o Sete-Sóis. (p.35)

ESPAÇO:

No romance encontramos alguns espaços fundamentais:

1. o palácio com a nobreza e o clero dominantes e seus rapapés intermináveis, com suas convenções vazias e superficiais e sua vida luxuosa.

2. as ruas povoadas pela arraia miúda, desprestigiada, lutando para sobreviver: *Correu o entrudo pelas ruas de Lisboa"* e muitos *exageraram na diversão e "se mais gente não se espojou, por travessas, praças e becos, de barriga para o ar, é porque a cidade é imunda, alcatifada de excrementos, de lixo, de cães lazarentos e gatos vadios, e lama mesmo quando não chove.* (p.28)

3. o espaço rural, revelado positivamente: "*...estavam viçosos todos os campos para cima de Valverde, por via das muitas fontes perenes, que ali eram abundantes, às portas da cidade*" (p.66)

PERSONAGENS:

Baltasar Sete-Sóis: Ex-soldado, perdeu a mão esquerda em combate. Homem do povo, sem cultura, de sensibilidade média, trabalhador, mas sem um ideal de vida. Pode ser comparado com a água, vai adaptando-se e acomodando-se às diversas situações, espraiando-se ou concentrando-se de modo econômico. No entanto, se preciso for, pede esmola ou mata, trabalha no açougue ou de ajudante de pedreiro na construção do convento.

Blimunda de Jesus: Mulher extraordinária, capaz de ver as pessoas por dentro e enxergar o que está sob a terra. Não segue religião, nem é feiticeira. Apenas tem esse dom de ver o que os outros não vêem. É muito sensual e não se reprime. Quanto gostou de Baltasar tomou a iniciativa, convidando-o a ficar com ela. Come pão com os olhos fechados porque assim deixa de ver o que está sob a pele da existência. Ela só vê em jejum.

Padre Bartolomeu Lourenço de Gusmão: Personagem histórica, nascido no Brasil em 1685, foi o inventor do aeróstato (apelidado "O Voador") por ar aquecido e memorialista. Morreu em 1724. Tratado aqui ficcionalmente, aproveitando sua grande cultura e suas pesquisas, levadas ao absurdo imaginário que só é possível na ficção, na construção de uma supra-realidade. A sua passarola, ou máquina voadora, termina voando com o efeito das "vontades" ou almas, recolhidas por Blimunda das pessoas que morriam. Estas almas eram aprisionadas em esferas ligadas a um complexo mecanismo da máquina.

João V: Personagem histórica, rei de Portugal na primeira metade do século XVIII, retratado aqui como um libertino visitador contumaz de freiras, gerando nelas muitos filhos bastardos. É impulsivo e ignorante, sendo um exemplo disso seu desejo de fazer em Portugal uma basílica igual à de Roma.

Maria Ana Josefa: Personagem histórica, mulher de D. João V, mulher beata, isolada de tudo e de todos, só tendo algum amparo e alguma ligação com os padres, principalmente com seu confessor. Sente muito frio e se cobre com um cobertor de penas.

Sebastiana Maria de Jesus, cristã nova, mãe de Blimunda, é uma mulher que vê o futuro.

Outros: Domenico Scarlatti (músico barroco famoso), João Elvas, Manuel Milho, José Pequeno, Álvaro Diogo (cunhado de Baltasar), Inês Antônia (irmã de Baltasar), João Francisco (pai de Baltasar) e Marta Maria (mãe de Baltasar).

VII - ESTILO DE ÉPOCA E ESTILO INDIVIDUAL

O narrador faz com que nos lembremos de Almeida Garrett em *Viagens na Minha Terra*, quando, em comentários metalingüísticos, explicita o processo digressivo e fala de como faz a transição para outro assunto ou para retomar o fio da narrativa. Saramago, também em *Memorial do Convento*, quando faz várias digressões na unidade em que trata do tempo de Entrudo /

Quaresma / Páscoa, encerra falando dos "maridos **cucos**[278]" que aumentaram, então aproveita a imagem de "cuco", que é um pássaro, para transitar para as promessas, que é até o momento o assunto central da narrativa: "Em casa há mais uns tantos maridos cucos, mas bastante ferozes para o caso de outras quedas fora da estação. E porque **andando, andando** (passando de um assunto a outro), acabámos por falar de aves, é altura de ouvirmos os canários que, dentro das igrejas, em gaiolas enfeitadas de fitas e de flores, cantam loucos de amor, enquanto no púlpito o frade prega o seu sermão e fala de coisas que presume de mais sagradas. É Quinta-Feira de Ascensão, sobe para as abóbadas o canto dos pássaros, subirão ou não as preces ao céu, se eles as não ajudam não haverá esperança, talvez se nos calássemos todos." (p.33)

VIII - PROBLEMÁTICA E PRINCIPAIS TEMAS

O narrador apresenta uma cosmovisão moderna e problematizadora, questionadora, denunciando e criticando os poderosos e sua tirania, ridicularizando D. João V que faz sexo em uma cama cheia de percevejos, deitando-se para dormir em outra não menos infestada. Denuncia a prepotência e a maldade do infante D. Francisco, que não tem nada que o coíba de suas atrocidades, como treinar pontaria, brincando de matar inocentes marinheiros dos barcos que passam junto ao palácio.

Do mesmo modo, critica o jogo dos padres para conseguir que o rei construa um convento, ridiculariza os religiosos, vazios de uma vivência mística verdadeira, através da conduta imoral de alguns deles e denuncia o seu apego aos valores mundanos, como fama e desejo de elevação social, de que é exemplo D. Nuno.

Denuncia ainda o discurso histórico que mostra as transformações como resultado da vontade dos poderosos e não da ação dos humildes, fazendo exatamente o contrário e revelando os esforços e sacrifícios com que os pequenos constroem esse mundo.

Para o narrador, a verdade não está com os poderosos nem com a Igreja, muito menos com o Santo Ofício mas, se verdade há, só pode estar com alguns humildes, de coração puro e livre.

---

278. Cucos: traídos, cornos, chifrudos.

Quaresma ... Páscoa, encerra falando dos "maridos cucos"[279], que aumentaram, então porventura a imagem de "cuco", que é um pássaro (na ilusão para as promessas, que é até o momento o assalto [illegible] da narrativa: "Em casa há mais uns tantos maridos cucos, mas basta-te [illegible] para, o caso de outras nuvens, fora da estância. E porque andando, mudando, passando de um assunto a outro), acabamos por falar de aves, é altura de ouvirmos os canários que, dentro das igrejas, em gaiolas, enfeitadas de fitas e de flores, davam laivos de amor, enquanto no púlpito o frade prega o seu sermão e fala de coisas que presume de mais sagradas. Quinta-feira de Ascensão, sobe até as abóbadas o cântico dos pássaros, subirão ou não as preces ao céu, se eles as não ajudam não haverá esperança [illegible] nos esquecemos todos" (p. 29).

VIII - PROBLEMÁTICA E PRINCIPAIS TEMAS

O romance representa uma cosmovisão moderna, problematizadora, questionadora, denunciando e criticando os poderosos e sua lógica, ridicularizando D. João V que faz sexo em uma cama cheia de percevejos, obrigando-se para dormir em outra não menos infestada. Denuncia a prepotência e a maldade do Infante D. Francisco que não se pena em [illegible] como [illegible] por [illegible] evitar incidentes [illegible] que passa [illegible] no paço.

Do mesmo modo, critica o jogo dos [illegible] para [illegible] que constitui um convento, infidelidade de religiosos, [illegible] vida [illegible] místico [illegible] e [illegible] sem [illegible] cuidados, [illegible] de que é exemplo [illegible].

Longe [illegible] [illegible] [illegible] das [illegible] [illegible].

Para o narrador, a verdade [illegible] a Igreja [illegible] com o Santo Ofício [illegible] estar com alguns humildes, do coração puro e livre.

279 - [illegible]

EXERCÍCIOS

1. Leia o texto seguinte: "Autor onisciente intruso: É a primeira categoria proposta por Friedman. (...) Esse tipo de NARRADOR tem a liberdade de narrar à vontade, de colocar-se acima, ou, como quer J. Pouillon, por trás, adotando um PONTO DE VISTA divino, como diria Sartre, para além dos limites de tempo e espaço. Pode também narrar da periferia dos acontecimentos, ou do centro deles, ou ainda limitar-se e narrar como se estivesse *de fora*, ou *de frente*, podendo, ainda, mudar e adotar sucessivamente várias posições."[279]

Um narrador com essas características pode ser encontrado em:

a) *MEMÓRIAS DE UM SARGENTO DE MILÍCIAS*
b) *A CIDADE E AS SERRAS*
c) *AUTO DA BARCA DO INFERNO*
d) *DOM CASMURRO*
e) *MORTE E VIDA SEVERINA*

2. "EU COMO TESTEMUNHA: Seguindo na classificação de Friedman, o NARRADOR-TESTEMUNHA dá um passo adiante rumo à apresentação do narrado sem a mediação ostensiva de uma voz exterior.
Ele narra em 1ª pessoa, mas é um "eu" já interno à narrativa, que vive os acontecimentos aí descritos como personagem secundária, que pode observar, desde dentro, os acontecimentos, e, portanto, dá-los ao leitor de modo mais direto, mais verossímil."[280]

Esse tipo de narrador pode ser encontrado em:

a) *Memórias de um sargento de milícias*
b) *A cidade e as serras*
c) *Contos novos*
d) *Dom Casmurro*
e) *São Bernardo*

3. "NARRADOR-PROTAGONISTA: Podemos escolher Riobaldo, em Grande sertão: veredas, como representante desta quarta categoria de NARRADOR. Aí também desaparece a onisciência. O NARRADOR, personagem central, não tem acesso ao estado mental das demais personagens."[281]
Quais os romances em que podemos encontrar essa categoria de narrador? Dê o nome dos narradores.

4. "O quinto tipo (DE NARRADOR), chamado por Friedman de ONISCIÊNCIA SELETIVA MÚLTIPLA, ou multisseletiva, é o próximo passo, nessa progressão rumo à maior objetivação do material da HISTÓRIA. (...) Difere da ONISCIÊNCIA NEUTRA porque agora o autor

---

279. Leite, Ligia Chiappini Moraes - *O foco narrativo*, SP, 1987, Ática, p.26.
280. Leite, Ligia Chiappini Moraes - op. cit., p.37.
281. Idem, p.43.

traduz os pensamentos, percepções e sentimentos, filtrados pela mente das personagens, detalhadamente..."[282] fazendo largo uso do discurso indireto livre.

Indique a obra e o autor que melhor se enquadram no texto acima.

5. O que há de comum entre *Auto da barca do Inferno* e *Morte e vida severina*?

6. Quais são os dados do contexto histórico do Humanismo?

7. Quem introduziu o teatro em Portugal, em que ano, e qual a primeira peça?

8. Sobre Gil Vicente só está correta a alternativa:

   a) Foi contemporâneo do rei-trovador D. Dinis, com quem conviveu na corte.
   b) Influenciou o teatro de Fernão Lopes.
   c) Escreveu suas peças somente em português arcaico.
   d) Não respeitou a regra clássica das 3 unidades: tempo, espaço, ação.
   e) Evitou criticar os padres e as pessoas importantes.

9. (UFRJ) Sobre o *Auto da Barca do Inferno*, de Gil Vicente, é INCORRETO afirmar:

   a) O autor apresenta severa crítica à prepotência e tirania dos nobres, e à desonestidade e corrupção dos homens da lei.
   b) na luta entre o Bem e o Mal são favorecidos aqueles que em vida pertenceram à classe social privilegiada.
   c) O diabo atua como agente crítico, que revela as mentiras e falsidades das personagens.
   d) pelo julgamento do Anjo, o Parvo embarca para o paraíso, uma vez que o céu pertence aos simples.
   e) o autor vale-se do tema do Juízo Final para estabelecer uma crítica à sociedade, fazendo desfilar em cena os tipos sociais identificados através de suas qualidades e defeitos.

10. Sobre Gil Vicente somente está certa uma das afirmações abaixo. Assinale-a.

   a) Produziu várias peças entre 1418 e 1502.
   b) Sempre respeitou a regra clássica das três unidades.
   c) Seu teatro pode ser considerado sacro e satírico.
   d) Procurou evitar a crítica aos nobres e ao clero.
   e) Foi sempre perseguido pelos reis da corte portuguesa de seu tempo.

---

282. Idem, p.47.

11. Assinale a única alternativa INCORRETA sobre Mário de Andrade e seu livro de contos:

a) Em *Contos Novos* Mário transcende o projeto modernista através da psicologia que suplanta a cor local no tempo e espaço.
b) A marca de Brasil não desaparece mas continua fundindo-se ao humano universal, presente na relação homem/mundo, tema muito bem explorado pelo ficcionista.
c) Personagens como Juca, Maria, Tio Velha, podem ser vistos como criações com raízes autobiográficas.
d) O contista evitou demonstrar suas simpatias com os pobres, oprimidos e marginalizados.
e) Seus relatos privilegiam o instante, criando verdadeiras células dramáticas.

12. Assinale a única alternativa que contenha postura ou técnica comum a todos as narrativas de *Contos Novos.*

a) Emprega a mesma técnica e foco narrativo.
b) Gosto pela análise introspectiva, sondagem psicológica.
c) A ação desenvolve-se no mundo urbano, na capital paulista.
d) Apresentam linearidade narrativa e tempo cronológico.
e) Insere palavras e frases em francês dificultando a leitura.

13. Leia o fragmento seguinte.

"E se auxiliou desvairada do gesto homicida: "Poum! poum! poum! et poum! ..." Olhou Dona Lúcia, olhou as meninas, assustada, indecisa. E numa das considerações leais, de quando se enganava de "lisière" - J'ai manqué un poum: çà fait cinq."

Nesse texto há elementos suficientes para identificar o conto de que foi extraído. Assinale a alternativa que o apresenta:

a) Atrás da Catedral de Ruão
b) O poço
c) Nelson
d) Tempo da camisolinha
e) Vestida de preto

14. Leia o fragmento seguinte e assinale a alternativa que apresente o título do conto de onde foi retirado.

"O 35 apressou a navalha de puro amor. Era em Madri, no Chile que ele não tinha bem lembrança se ficava na América mesmo, era a gente dele... Uma piedade, um beijo lhe saía do corpo todo, feito proteção sadia de macho, ia parar em terras não sabidas, mas era a gente dele, defender, combater, vencer... Comunismo? ... Sim, talvez fosse isso. Mas o 35 não sabia bem direito, ficava atordoado com as notícias, os jornais falavam tanta coisa, faziam tamanha mistura de Rússia, só sublime ou só horrenda, e o 35 infantil estava por demais machucado pela experiência pra não desconfiar, o 35 desconfiava."

a) Primeiro de maio

b) O ladrão
c) Frederico Paciência
d) O peru de Natal
e) Nelson

15. LEIA: "Salvou-se lendo com pressa, ôh os deputados trabalhistas chegavam agora às nove horas, e o jornal convidavam o povo pra ir na Estação do Norte (a estação rival, desapontou) pra receber os grandes homens. Se levantou mandado, procurou o relógio da torre da Estação da Luz, ora! não dava mais tempo! quem sabe se dá!"

I. Qual o foco narrativo empregado e que tipo de narrador percebemos nesse texto?
II. Que característica modernista ressalta nesse trecho?
III. Que tipo de discurso foi utilizado no final do texto?
IV. Reescreva o final mudando o tipo de discurso.

16. Leia o texto e assinale a alternativa correta sobre ele.

"Mas isso ainda diz pouco:
se ao menos mais cinco havia
com nome de Severino
filhos de tantas Marias
mulheres de outros tantos,
já finados, Zacarias,
vivendo na mesma serra
magra e ossuda em que eu vivia."

a) Poema da obra inédita de Guimarães Rosa, *Magma*, premiada pela ABL em 1936.
b) Texto marcado pelo versilibrismo da primeira fase modernista.
c) O prosaísmo e o antilirismo desses versos indicam tratar-se de obra de Carlos Drummond de Andrade.
d) Há sinais evidentes de que são versos de João Cabral de Melo Neto: temática nordestina, preocupação social e o nome da personagem que se tornou muito conhecida com as diversas encenações desse auto de natal pernambucano.
e) Esses versos estão impregnados de ironia e carnavalização, características de Oswald de Andrade.

17. Assinale a alternativa correta.

a) A lírica de João Cabral iniciou-se na década de 30 com a publicação do livro *Alguma Poesia*.
b) Na poesia de João Cabral predomina a contenção do **eu lírico** integrada a uma visão distanciada dos problemas nordestinos e uma retomada saudosa da infância feliz.
c) No caráter modernista da poesia de João Cabral permanecem elementos simbolistas que marcaram o início de sua produção poética.
d) João Cabral de Melo Neto desenvolveu sua produção na terceira geração modernista. Sua primeira obra foi *Pedra do Sono*, mas foi *Morte e Vida Severina*, que se tornou mais popular.

e) "Prefácio Interessantíssimo" e "Ode ao burguês " são textos de João Cabral de Melo Neto representativos do primeiro momento modernista.

18. Assinale a afirmação incorreta sobre o poeta João Cabral de Melo Neto:

a) Seus versos revelam cuidado formal e uma grande preocupação com a técnica. A emoção é sempre contida e a economia, ou concisão, sempre valorizada.
b) Entre a sua temática encontramos o sertão pernambucano, o homem nordestino, a Espanha, o esporte (tourada, futebol), a arte e a própria poesia.
c) Em geral, quando valoriza um toureiro ou um futebolista (Ademir da Guia) é porque eles são concisos e precisos, valorizando assim o mesmo ideal que procura na poesia.
d) Embora preocupado com a forma, Cabral não preteriu a denúncia social, revelando o sertão nordestino sempre com uma aguda visão crítica.
e) A sua preocupação formal e objetividade aproximam-no muito mais do Parnasianismo do que do Realismo, com que não apresenta qualquer aproximação.

19. Leia o fragmento e assinale a figura de linguagem que pode ser percebida nos destaques em negrito

"- Mas o que vê não é i**ss**o:
é **s**empre no**ss**o servi**ç**o
cre**sc**endo mais cada dia;

a) onomatopéia
b) prosopopéia
c) personificação
d) aliteração
e) e)assonância

20. Leia o fragmento seguinte e assinale a melhor afirmação a seu respeito.

"Vejo-o, uns anos mais tarde,
na ilha do Maruim,
vestido negro de lama,
voltar de pescar siris;
e vejo-o, ainda maior,
pelo imenso lamarão
fazendo dos dedos iscas
para pescar camarão."

a) O emissor aqui, ou primeira pessoa do discurso, é a primeira cartomante que apresenta uma previsão mais pessimista que a segunda.
b) O referente, ou terceira pessoa do discurso, ou seja, o ser de quem se fala é o filho recém-nascido de Seu José, mestre carpina.

c) O sujeito do verbo ver (vejo-o) é Severino, que não consegue imaginar um futuro melhor para a criança do que exercer a mesma atividade que seu pai.

d) O objeto direto da oração "vejo-*o" é o mestre carpina, que vive na lama catando caranguejo.*

e) O poeta registrou a fala da cigana em versos brancos e livres.

(FUVEST) LEIA ATENTAMENTE:

"Comprou-se o peru, fez-se o peru, etc. E depois de uma Missa do Galo bem mal rezada, se deu o nosso mais maravilhoso Natal."

21. a) Dê o título do conto de que se extraiu o texto acima.

b) Quem é o seu autor?

22.a) A que "escola" ou estilo de época pertence o autor? Justifique a resposta com elementos do texto.

b) Cite outro autor da mesma escola.

(FUVEST) LEIA COM ATENÇÃO:

"O Leonardo abandonara de uma vez para sempre a casa fatal onde tinha sofrido tamanha infelicidade, nem mesmo passara mais por aquelas alturas; d maneira que o compadre por muito tempo não lhe pôde pôr a vista em cima.

O pequeno, enquanto se achou novato em casa do padrinho, portou-se com toda sisudez e gravidade; apenas porém foi tomando mais familiaridade, começou a pôr as manguinhas de fora."(Manuel Antônio de Almeida)

23. a) Dê o título do romance do qual se extraiu o texto acima.

b) Por que o romance tem esse título?

24. Cite, além dos referidos no texto, dois outros personagens do mesmo romance.

25. De autor(es) contemporâneo(s) de Manuel Antônio de Almeida, cite duas obras cuja ação se passe na mesma cidade em que se desenrola a história narrada no romance, objeto das questões anteriores.

26. LEIA o que disse o crítico Antônio Cândido sobre os comentários de Álvares de Azevedo em seu prefácio. Depois assinale a melhor alternativa a esse respeito.

"Não é possível descrever com maior consciência a própria obra, nem resolver de antemão problemas que os críticos futuros remoerão sem a menor necessidade - como o de saber se é sincero no satanismo ou experiente nos desregramentos que canta. Uns, impressionados com a sua eficácia acadêmica, atribuem esta parte ao puro exercício mental; outros preferem considerá-lo um tenebroso devasso, precocemente viciado; nem faltou quem lhe negasse virilidade." (Antônio Cândido in *Formação da Literatura Brasileira.*)

a) O crítico acredita que o poeta é sincero em seus desregramentos poéticos porque também sua vida foi desregrada.

b) Concorda o crítico com aqueles que dizem que o poeta era devasso e viciado.

c) Afirma Antônio Cândido que o satanismo de Álvares de Azevedo é puro exercício intelectual.

d) Não admite o crítico que o poeta possa ter maior consciência ou melhor conhecimento de sua obra estética do que os críticos, os estudiosos.

e) Problemas que os críticos discutirão inutilmente já tinham sido abordados com argúcia e consciência pelo próprio poeta.

27. Leia o seguinte comentário de um leitor sobre certa parte de *LIRA DOS VINTE ANOS*.

"Esta parte está impregnada de sentimentalismo doce, de devaneios, de desejos por jovens puras e vaporosas que surgem dentro das nuvens de sonhos, convivendo tais desejos com o sentimento de culpa por tais desejos carnais. Nela também podemos verificar o desejo de fuga, escapismo, de anseio pela morte."

a) As referências sãos mais adequadas à prosa de Álvares de Azevedo do que propriamente à sua poesia.

b) Os dados presentes no texto apontam para os poemas característicos da primeira parte de *Lira dos vinte anos*.

c) Todas as características apontadas indicam que se trata da segunda parte da obra *Lira dos vinte anos*.

d) Há dados suficientes para o leitor reconhecer os textos que marcam a segunda e terceira parte de *Lira dos vinte anos*.

e) Essas características demonstram que *Lira dos vinte anos* já representa um momento de transição do Romantismo para a poesia realista que predominou no Brasil da segunda metade do século XIX.

28.

"Minh'alma tenebrosa se entristece.
É muda como sala mortuária...
Deito-me só e triste, sem ter fome
Vendo na mesa a ceia solitária."

Esses versos apresentam características que revelam

a) estética rebuscada e conflituosa do século XVII.

b) o estilo de época romântico da primeira metade do século XIX.

c) a tendência literária que valorizava o indefinido e vago no final do século XIX.

d) o formalismo parnasiano preocupado com a "arte pela arte".

e) o estilo de época neoclássico do século XVIII.

SONETO

Pálida, à luz da lâmpada sombria,
Sobre o leito de flores reclinada,
Como a lua por noite embalsamada,
Entre as nuvens do amor ela dormia!

Era a virgem do mar! na **escuma**[283] fria
Pela maré das águas embalada!
Era um anjo entre nuvens d'alvorada
Que em sonhos se banhava e se esquecia!

Era a mais bela! o seio palpitando...
Negros olhos as pálpebras abrindo...
Formas nuas no leito **resvalando**[284]...

Não te rias de mim meu anjo lindo!
Por ti - as noites eu velei chorando,
Por ti - nos sonhos morrerei sorrindo!

29. No primeiro verso encontramos

a) aliteração.
b) quiasmo.
c) onomatopéia.
d) comparação.
e) metonímia.

30. Assinale a única afirmação verdadeira sobre o soneto acima.

a) A presença de uma mulher de olhos negros ainda é uma herança ou reminiscência do arquétipo feminino do Classicismo.
b) Não há qualquer sinal de erotismo ou sensualidade na jovem descrita.
c) Nos dois últimos versos podemos dizer que ocorre anáfora, mas não antítese.
d) Apesar das diversas referências à pureza e idealização da amada (virgem, anjo, nuvens) sentimos também a presença do erotismo (seio palpitando, formas nuas).
e) Nesse soneto não encontramos referências à morte tão comuns nas criações de Álvares de Azevedo.

31) Compare as duas frases emitidas pelo narrador de *São Bernardo*, Paulo Honório, analise as diferenças de linguagem e explique como pode aparecer isso na mesma personagem.

a) "...um tiro na costela mindinha e bateu as botas ali mesmo na estrada."
b) "Tive, durante uma semana, o cuidado de procurar afinar a minha sintaxe pela dela, mas não consegui evitar numerosos solecismos."

32) "Para que, realmente? O que eu dizia era simples, direto, e procurava debalde em minha mulher concisão e clareza. Usar aquele vocabulário, vasto, cheio de **ciladas**, não me seria possível. E se ela tentava empregar a minha linguagem resumida, matuta, as expressões mais inofensivas e concretas eram para mim semelhantes às **cobras**:

---

283. O mesmo que espuma.
284. O mesmo que escorregando, caindo.

faziam voltas, picavam e tinham **significação venenosa**." (G. Ramos, *São Bernardo*)

a) Que a relação podemos encontrar entre a linguagem, aqui mencionada por Paulo Honório como sua, e seu temperamento e sua narrativa?

b) Como o narrador encara o discurso da esposa?

33) "Foi este modo de vida que me inutilizou. Sou um aleijado. Devo ter um coração miúdo, lacunas no cérebro, nervos diferentes dos nervos dos outros homens. E um nariz enorme, uma boca enorme, dedos enormes." (G. Ramos, *São Bernardo*)

a) Que significação pode ter a expressão "coração miúdo"? Está aqui denotativa ou conotativamente?

b) Explique por que seria que ele se vê com nariz, boca e dedos enormes?

34) Se dividíssemos a trajetória de Paulo Honório em duas, como você denominaria e resumiria cada uma delas?

35) "Abandonei a empresa, mas um dia destes **ouvi novo pio de coruja** - e iniciei a composição de repente, valendo-me dos meus próprios recursos e sem indagar se isto me traz qualquer vantagem, direta ou indireta." (G. Ramos, *São Bernardo*)

De que significado simbólico pode se revestir esse pio de coruja que aparece sempre na história e que muitas vezes deixa o narrador em sobressalto?

36. (FUVEST) A narração dos acontecimentos com que o leitor se defronta no romance *Dom Casmurro*, de Machado de Assis, se faz em primeira pessoa, portanto, do ponto de vista da personagem Bentinho. Seria, pois, correto dizer que ela se apresenta:

a) fiel aos fatos e perfeitamente adequada à realidade;
b) viciada pela perspectiva unilateral assumida pelo narrador;
c) perturbada pela interferência de Capitu que acaba por guiar o narrador;
d) isenta de quaisquer formas de interferência, pois visa à verdade;
e) indecisa entre o relato dos fatos e a impossibilidade de ordená-los.

37. (FUVEST) "Sentaram-se todos em redor da merenda, metendo a mão no cesto, à vez, sem outro resguardar de conveniências que não atropelar os dedos dos outros, agora o cepo que é a mão de Baltazar, cascosa como um tronco de oliveira, depois a mão eclesiástica e macia do padre Bartolomeu Lourenço, a mão exata de Scarlatti, enfim Blimunda, mão discreta e maltratada, com as unhas sujas de quem veio da horta e andou a **sachar**[285] antes de apanhar as cerejas." (J. Saramago, *Memorial do Convento*)

---

285. Afofar a terra com o instrumento chamado sacho.

a) Qual a figura de linguagem que o narrador utiliza para marcar as diferenças de nível e grupo social das personagens?

b) Levando em conta, agora, o conjunto do romance, qual é o denominador comum das personagens acima mencionadas que permite que elas se aproximem, se solidarizem e se estimem umas às outras, apesar das diferenças apontadas?

38. (FUVEST) Os romances de Eça de Queirós costumam apresentar críticas a aspectos importantes da sociedade portuguesa, freqüentemente acompanhadas de propostas (explícitas ou implícitas) de reforma social. Em *A cidade e as serras*,

a) qual o aspecto que se critica nas elites portuguesas?

b) qual é a relação, segundo preconiza o romance, que essas elites deveriam estabelecer com as classes subalternas?

39. (FUVEST) "Já vai andando a récua dos homens de Arganil, acompanham-nos até fora da vila as infelizes, que vão clamando, qual em cabelo, Ó doce e amado esposo, e outra protestando, Ó filho, a quem eu tinha só para refrigério e doce amparo desta cansada já velhice minha, não se acabavam as lamentações, tanto que os montes de mais perto respondiam, quase movidos de alta piedade (...)".

Em muitas passagens do trecho transcrito, o narrador cita textualmente palavras de um episódio de *Os Lusíadas*, visando a criticar o mesmo aspecto da vida de Portugal que Camões, nesse episódio, já criticava. O episódio camoniano citado e o aspecto criticado são, respectivamente,

a) O Velho do Restelo; a posição subalterna da mulher na sociedade tradicional portuguesa.

b) Aljubarrota; a sangria populacional provocada pelos empreendimentos coloniais portugueses.

c) Aljubarrota; o abandono dos idosos decorrente dos empreendimentos bélicos, marítimos e suntuários[286].

d) O Velho do Restelo; o sofrimento popular decorrente dos empreendimentos dos nobres.

e) Inês de Castro; o sofrimento feminino causado pelas perseguições da Inquisição.

40. "O Dito vinha, desfazendo de conta. Quando um estava de castigo, os outros não podiam falar com esse. Mas o Dito dizia tudo baixinho, e virado para outro lado, se alguém visse não podiam exemplar por isso, conversando com Miguilim até que ele não estava." (G. Rosa, *Campo Geral*)

a) Tomando a narrativa como um todo, como é mostrada a relação entre criança e adultos?

b) Reescreva o fragmento seguinte substituindo o termo sublinhado por outro ou por uma expressão que se lhe seja equivalente,

---

286. Referente a despesas ou a luxo, mesmo que suntuosos.

mantendo o mesmo sentido: "...se alguém visse não podiam exemplar por isso..."

c) Que figura de linguagem podemos encontrar em destaque nesse mesmo fragmento? "...se **alguém** visse não **podiam** exemplar por isso..."

RESPOSTAS

1. A
2. B
3. Podemos encontrar tal narrador tanto em *São Bernardo* quanto em *Dom Casmurro*, sendo os narradores, respectivamente, Paulo Honório e Bento Santiago. (Atenção ao que se pede. Não vale citar os contos de Mário de Andrade, pois o pedido restringiu-se a romances.)
4. A obra que mais se aproxima do que diz o texto é a novela *Campo Geral*, de Guimarães Rosa, pois adentramos nos pensamentos e sentimentos de Miguilim quase imperceptivelmente, pois a voz do narrador mistura-se com a da personagem de tal maneira que muitas vezes ficamos sem saber se uma determinada frase é comentário de Miguilim ou da terceira pessoa que narra.
5. Há alguns pontos comuns muito interessantes entre as duas obras. O primeiro deles é o fato de todas duas serem escritas em verso e não em prosa. O segundo é que ambas são dramáticas, isto é, dispensam a figura de um narrador, privilegiando o discurso direto, que ganha toda sua dimensão quando dito no palco pelos atores. É o predomínio da cena, da ação, sobre o sumário ou narração.
6. O Humanismo, ou segunda fase da Era Medieval, abrange o período que vai de 1418 a 1527, marcado pela transição da Idade Média para o Renascimento. Em Portugal, esse período é marcado pelo surgimento da burguesia e pelo início da expansão marítima.
7. Quem introduziu o teatro literário em Portugal foi Gil Vicente, em 1502, quando encenou ele mesmo o seu *Auto da Visitação* ou *Monólogo do Vaqueiro*

8. D
9. B
10. C
11. D -
12. B -
13. A -
14. A
15.

I. Foco narrativo de terceira pessoa, com narrador onisciente.

II. A elevação da fala popular, da linguagem coloquial a nível de linguagem literária, artística.(Ex.: *pra, jornal convidavam, se levantou*)

III. Discurso indireto livre, em que a fala da personagem é inserida na fala do narrador sem qualquer aviso prévio ou separação.

IV. "... procurou o relógio da torre da Estação da Luz, e pensou:
- ora! não dá mais tempo!, mas em seguida mudou de opinião:

- quem sabe se dá!"

16. D
17. D
18. E
19. D
20. B

21. **a)** Esse conto intitula-se *O peru de Natal*, extraído de *Contos novos*.
b) O autor é Mário de Andrade.

22. **a)** Mário fez parte da primeira fase do Modernismo, denominada "Geração de 22" ou "Fase heróica". Uma das características do Modernismo que aqui se patenteia é o emprego de uma linguagem coloquial, descontraída, bem brasileira, não evitando o emprego do se em início de oração, prática condenável pela boa gramática tradicional. Veja também a repetição de peru e o emprego de "etc".
b) Oswald de Andrade ou Manuel Bandeira. Pode-se mencionar ainda Alcântara Machado e vários outros de menor projeção como Cassiano Ricardo, Raul Bopp.

23. **a)** *Memórias de um sargento de milícias.*
b) Porque, embora narrado em terceira pessoa, consta que o autor teria ouvido tais memórias de um colega de trabalho.

24. Há Vidinha, Luisinha, Dona Maria, Maria Regalada, Vidigal.

25. *A luneta mágica*, de Joaquim Manuel de Macedo e *Senhora*, de José de Alencar.

26. E
27. B
28. B
29. A
30. D

31. PH no primeiro fragmento emprega uma linguagem grosseira que é o seu natural, reveladora de sua origem e formação, mas eventualmente, como no segundo fragmento, emprega termos que parecem inusitados (sintaxe, solecismos), explicáveis, porém, pela convivência com Madalena que é uma mulher instruída, uma verdadeira biblioteca como afirma o Padilha.

32. **a)** Há uma grande coerência, porque Paulo Honório é um homem objetivo, direto, enérgico, preciso, bruto, dominador. Ninguém poderia dizer que foi por ele enganado, pois tanto a sua aparência, quanto seu falar ou modo de ser são autoritários, dominadores. A obra também apresenta essa linguagem direta, já que foi redigida por ele, pseudo-autor, Paulo Honório.
b) Complexado e neurótico, Paulo vê o discurso mais sofisticado de Madalena não como demonstração de uma cultura mais elevada, mas como conjunto de falsidades, atribuindo a tudo uma possibilidade de ofensa ou enganação. Esse comportamento, além de revelar sua obsessiva desconfiança de todos, pode significar uma tentativa de camuflar sua ignorância, evitando encará-la, embora ela se apresente a todo momento.

33. **a)** A expressão está no sentido figurado, conotativo, significando que ele não tem lugar para sentimentos, para emoções.
b) São seus instrumentos de dominação do mundo: com os olhos vê o que deseja possuir, com os dedos agarra e com a boca devora. Por isso mesmo, se vê algumas vezes como um monstro e outras vezes como um porco.

34. A primeira poderia se chamar ascensão, revelando a trajetória de Paulo Honório até o casamento, e a segunda, decadência, mostrando os dois anos depois da morte de Madalena, com o progressivo abandono dos amigos e prejuízo dos negócios, encerrando-se com o ato de escrever o livro.

35. O pio de coruja pode ser associado à consciência culpada do narrador. Embora recuse-se a admitir sua culpa, há nele algo que sempre reaparece, como um peso na consciência. A expressão exterior disso é o pio de coruja, ave noturna, considerada agourenta, que está como a chamá-lo para uma outra realidade que ele quer evitar a qualquer custo. Por isso mesmo, teria mandado o empregado matá-las.

Outra interpretação, mas menos convincente, é a de que a coruja, como símbolo arquetípico da sabedoria, pode representar o conhecimento, a cultura, a sabedoria de Madalena, ou seja, tudo aquilo que Paulo Honório não conseguiu ter.

36. B

37. a) O narrador empregou a **metonímia**[287], ou, mais adequadamente a sinédoque, que consiste no emprego da parte pelo todo, concentrando nas mãos (parte) as características inerentes à classe social de cada personagem (todo).

b) Dois fatores se fundem na determinação desse encontro de figuras tão díspares. Por um lado há o conjunto de qualidades dessas pessoas que são dignas, honestas, sinceras e de coração puro; por outro lado, há um sonho que lhes é comum, a construção de uma máquina voadora. O sonho de voar pode ser visto como o desejo inconsciente e simbólico de escapar das vilezas do mundo que os circunda.

38. a) A adoção de hábitos culturais importados, principalmente da França, e o conseqüente desprezo da tradição, da cultura portuguesa, da vida campestre em valorização de tudo que é urbano e moderno.

b) O romance sugere uma relação mais humanitária, mais protetora, sendo exemplo disso o comportamento de Jacinto ao descobrir a vida miserável de quem trabalha em suas terras, providenciando para eles não apenas assistência médica, mas casas mais confortáveis, escolas, etc. No fundo, percebe-se que é uma postura paternalista.

39. D

40. a) A relação é de autoritarismo e opressão, levando a criança desde cedo a precisar mentir e disfarçar. Até o Dito, que é um menino maravilhoso, precisa ficar dissimulando para conversar com seu irmão, Miguilim, que está de castigo.

b) "...se alguém visse não podiam ralhar por isso...", ou ainda "chamar a atenção", etc.

---

287. Figura de linguagem que "consiste no emprego de um vocábulo por outro, com o qual estabelece uma constante e lógica relação de contigüidade." Moisés, Massaud - *Dicionário de termos literários*, SP, 1995, Cultrix, p.334.

c) Silepse de número, pois alguém está no singular e o verbo poder no plural, concordando com a idéia de "pessoas" que a palavra alguém pode comportar.

JÁ ESTÁ EM PREPARAÇÃO O VOLUME 2 DE LITERATURA PORTUGUESA E BRASILEIRA ANÁLISE E RESUMO DE OBRAS

1. POESIA LÍRICA, de Gregório de Matos
2. SENHORA, de José de Alencar
3. O PRIMO BASÍLIO, de Eça de Queirós
4. O MULATO, de Aluísio Azevedo
5. O CORTIÇO, de Aluísio Azevedo
6. MISSAL, de Cruz e Sousa
7. BROQUÉIS, de Cruz e Sousa
8. TRISTE FIM DE POLICARPO QUARESMA, de Lima Barreto
9. MENSAGEM, de Fernando Pessoa
10. MEMÓRIAS SENTIMENTAIS DE JOÃO MIRAMAR, de O. Andrade
11. OLHAI OS LÍRIOS DO CAMPO, de Érico Veríssimo
12. LAÇOS DE FAMÍLIA, de Clarice Lispector
13. SAGARANA, de João Guimarães Rosa

Atenção

Está previsto para o segundo semestre

o

lançamento do volume 3

de

Literatura Portuguesa e Brasileira

Análise e resumo de obras

com as seguintes obras

1. SONETOS, de Camões
2. AMOR DE PERDIÇÃO, de Camilo Castelo Branco
3. O GUARANI, de José de Alencar
4. MEMÓRIAS PÓSTUMAS DE BRÁS CUBAS, de Machado de Assis
5. AMAR VERBO INTRANSITIVO, de Mário de Andrade
6. VIDAS SECAS, de Graciliano Ramos
7. A ROSA DO POVO, de Carlos Drummond de Andrade
8. CLARO ENIGMA, de Carlos Drummond de Andrade
9. CORPO, de Carlos Drummond de Andrade
10. A HORA DA ESTRELA, de Clarice Lispector
11. O NARIZ E OUTRAS CRÔNICAS, de Luís F. Veríssimo
12. AS MENINAS, de Lygia Fagundes Telles

Impressão:
Gráfica Palas Athena